エリア・スタディーズ 148

テュルクを知るための61章

小松久男〔編著〕

明石書店

はじめに

「テュルク語を学べ、なぜなら彼らの支配は長く続くから」預言者ムハンマドはこう語ったと、1077年ころマフムード・アル＝カーシュガリーは自分の編んだ『テュルク諸語集成』（テュルク・アラビア語辞典）の序文に記しています。じっさいにセルジューク朝は当時のイスラーム世界の東半を征服し、さらに周知のとおり、オスマン帝国は何世紀にもわたってイスラーム世界に君臨したことを想起すれば、この言葉は11世紀の時点でその後の歴史の展開を見事に予見していたと言えます。しかし、はたしてムハンマドは本当にこう語ったのでしょうか。カーシュガリーは、このムハンマドの言葉はブハラとニーシャープールの信頼できる学識者から聞いたと書いていますが、じつは自身も確信は持っていなかったようです。この後に彼はこう続けます。「たとえ、この伝承《ハディース》が正しくなかろうと、理智はこれを命じる」と。いずれにせよ、これは遠く中央アジアに発し、1055年バグダードに入城して、アッバース朝のカリフを戴いて政権を担うことになったセルジューク朝のテュルクたちの覇気を率直に表現するかのような言葉ではないでしょうか。

　ただし、テュルクの歴史と文化は、これよりもさらに遠く遡ります。彼らの姿が初めて文字史料に記されたのは、古代中国の史書においてであり、それは「丁零《ていれい》」や「高車《こうしゃ》」などと呼ばれていました。おもにモンゴル高原にいたとされる彼らの活動舞台は、その後めざましく広がります。それは、西へ、南へ、あるいは北へと、まさにユーラシア規模で広がってゆきます。しかも、この広がりは一時的なものではなく、ほとんど現代にも連なっているのです。これほど広大な空間にダイナミックな展開をとげた集団は、世界史のなかでも類例はないでしょう。

それではテュルクとはいったい誰でしょうか。端的に言えば、テュルク系の言語を話した／話す人々であり、言語以外でも一部ではあれ記憶や系譜を共有する人々と言えるでしょう。しかし、テュルクとされる人々がみな、自分はテュルクの一員だと考えているわけではありません。現代においては個別の民族や集団あるいは宗教への帰属意識がまさり、とくにテュルクというアイデンティティを意識しないことがむしろ普通でしょう。巨大な同族の存在を喚起する汎テュルク主義にしても、その発現には近代のさまざまな条件が作用しており、主張する者や時代と地域によって方向性も多様でした。19世紀末にガスプリンスキーがロシア・ムスリム社会の改革のために掲げた連帯のメッセージと冷戦期のトルコで唱えられた、反共主義と結びついた汎テュルク主義とを同列に見ることはできません。テュルクという認識は、むしろ過去数世紀来のテュルク諸民族の言語や文化、文学、歴史に関する研究、すなわちテュルク学の成果に基づいて形作られたと言った方がよいかもしれません。じっさい、テュルクの移動と拡散、変容の様相は、こうした言語や文学、歴史研究によって明らかにされているからです。

それにしても、テュルクとはいわば時空を越えた超域的な存在であり、一見するととりとめもないように見えることも事実です。しかし、テュルクに注目することによって見えてくるものは少なくありません。とりわけユーラシアの歴史と文化、その現在を考える上でテュルクの存在を無視することはできません。本書は、ここから出発しており、構成もこれに沿って考えました。

第一に、テュルクの活動は、中央ユーラシアを中心にその東南の中国、西方の西アジアやロシア、ヨーロッパ、南方の南アジア、さらに北方は北アジアの隣接地域に広く及んでおり、世界史を俯瞰《ふかん》して理解する上ではきわめて重要です。第Ⅳ部の「世界史のなかのテュルク」では、このような歴史の動因としてのテュルクの拡大や台頭を物語るテーマを選びました。これによって、世界史においてテュルクの果たした役割と意義を伝えたいと考えたからです。現代のテュルク諸民族については、第Ⅲ部で個々に扱っています。ここではその名前を冠した国を持つ民族にとどまらず、さまざまな少数民族、歴史の転変のなかでディアスポラの状態に陥ったクリミア・タタール人やドイツをはじめとする西ヨーロッパ諸国への移民もとりあげました。彼らの動向は、現代世界を考える上でも無視できません。

第二に、テュルクというアイデンティティは、大きくとらえれば、古来の伝説や碑文、叙事詩、系譜書などに刻印されながら（これはおもに第Ⅰ部と第Ⅱ部で解説します）、やがて姿を隠し、近現代になって再生するという流れをたどりました。それはたとえ想像されたものであったとしても、ナショナリズムの形成や国際関係に一定の影響を与え、近現代の世界を考える上でも無視することはできません。このことは、おもに第Ⅴ部の「イデオロギーと政治」で扱うことになります。現代との関係で言えば、ソ連解体後のトルコの対中央アジア・コーカサス政策はその一例と言えます。第Ⅵ部の「テュルク学」では、それぞれ特徴のあるテュルク学をはぐくんだ国々の研究動向をとりあげました。先にもふれたように、現代におけるテュルクの認識は、このようなテュルク学の成果によるところが大きいからです。

第三に、テュルク世界は日本とは遠く離れた世界と思われがちですが、目を凝らしてみると、意外なところで関係のあることがわかります。ロシア革命後に日本にやってきたタタール移民については、最近大きく研究が進展していますが、これは戦前日本を相対化してとらえる意味でも貴重な視座を提供してくれることでしょう。さらに食物やスポーツ、文化にも目配りすると、いろいろな接点が見えてきます。第Ⅶ部として「テュルク世界と日本」を設けたのは、このためです。なお、付言すれば、本書は現在の日本におけるテュルク学の最新の成果を収めたものとも言えます。

以上、本書の概要を説明しました。本書はこのように構成されていますが、読者はどこからでも読み進めていただければと思います。どこかでテュルク世界の魅力をお伝えできれば幸いです。最後に、冒頭にあげたカーシュガリーのひそみにならって、テュルクを知れ、そうすれば世界がわかる、と申し上げておきましょう。

２０１６年７月20日

編者　小松　久男

付　記

本書で使う「テュルク」は、英語で言えばTurkicにあたり、テュルク系の民族や言語の総称を意味しています。「トルコ系」という表現もありますが、これは現在のトルコ共和国やトルコ語、トルコ人(Turkish)のニュアンスが強くなるので、ここでは使わないことにしました。また、カナ表記では「チュルク」という表記も長く使われており、この方が発音しやすいかもしれませんが、本来の語頭のTの語感をいかしたいと考え、あまりなじみのない「テュルク」を採用した次第です。

テュルクを知るための61章

目次

I 記憶と系譜そして信仰

II 文学と言語

III　テュルク系の諸民族

IV　世界史のなかのテュルク

CONTENTS

V　イデオロギーと政治

VI　テュルク学――テュルクの歴史・言語・文化に関する研究

Ⅶ　テュルク世界と日本

※本文中、とくに出所の記載のない写真については、原則として執筆者の撮影・提供による。

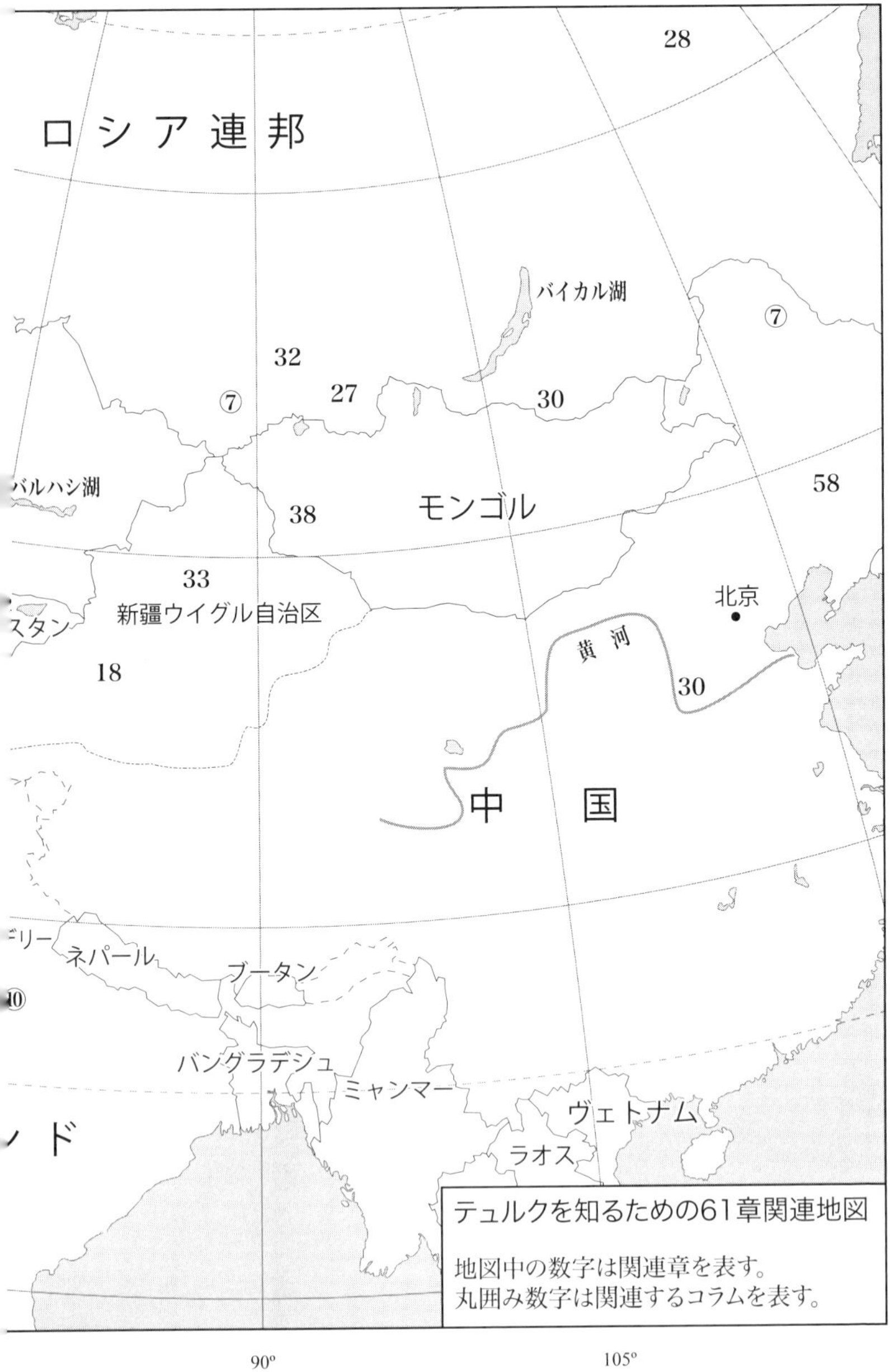
28
ロシア連邦
バイカル湖
⑦
32
⑦
27
30
バルハシ湖
58
38
モンゴル
33
北京
新疆ウイグル自治区
スタン
黄河
18
30
中国
ネパール
ブータン
バングラデシュ
ミャンマー
ヴェトナム
ンド
ラオス
テュルクを知るための61章関連地図
地図中の数字は関連章を表す。
丸囲み数字は関連するコラムを表す。
90°
105°

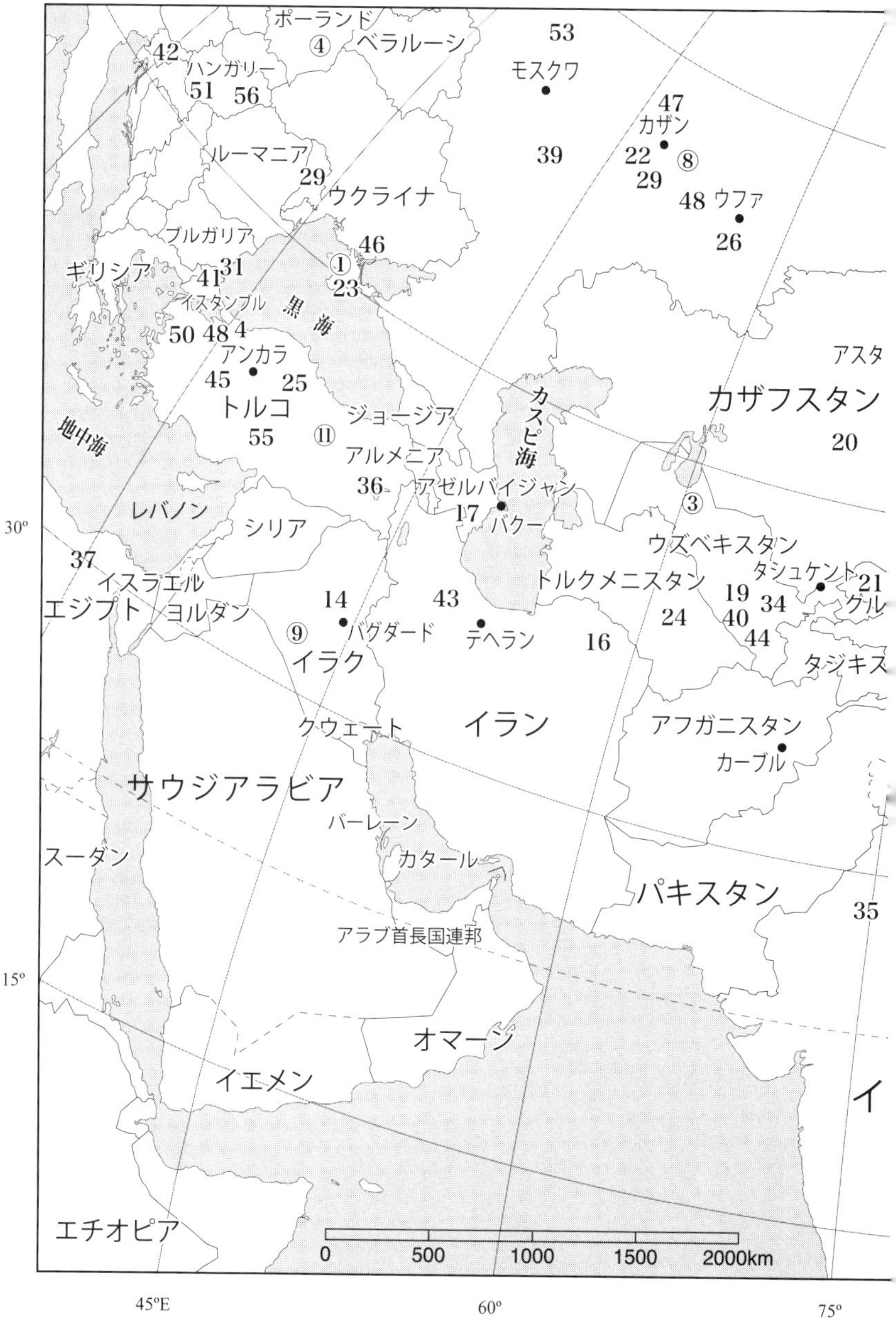

ポーランド
ベラルーシ
53
42
④
ハンガリー
51
56
モスクワ
47
カザン
39
22
⑧
29
ルーマニア
29
ウクライナ
48
ウファ
26
ブルガリア
46
ギリシア
41
31
①
23
イスタンブル
黒海
50
48
4
アンカラ
45
25
アスタ
カザフスタン
トルコ
ジョージア
カスピ海
地中海
55
⑪
20
アルメニア
36
アゼルバイジャン
③
レバノン
17
バクー
シリア
ウズベキスタン
30°
37
タシュケント
21
イスラエル
トルクメニスタン
19
34
エジプト
14
43
ヨルダン
24
40
グル
⑨
バグダード
テヘラン
16
44
イラク
タジキス
クウェート
イラン
アフガニスタン
カーブル
サウジアラビア
バーレーン
スーダン
カタール
パキスタン
35
アラブ首長国連邦
15°
オマーン
イエメン
イ
エチオピア
0
500
1000
1500
2000km
45°E
60°
75°

I

記憶と系譜
そして信仰

1

狼とテュルク

★「蒼き狼」の伝説★

「蒼き狼」（灰色の狼とも）はテュルクのシンボルである。汎テュルク主義を標榜するトルコのナショナリスト団体は「蒼き狼」と呼ばれ、「蒼き狼」をデザインしたロゴや狼の頭部を手で模したサインを用いる。トゥバのシャマンの祝詞には、「わが蒼き狼が休まずに犠牲の肉を食う！　わが神のしもべ、蒼き狼よ！」との文句がある。クルグズでは、羊を奪い合う伝統的な騎馬競技をコクボル（コク〈蒼き〉ボル〈狼〉）といい、カザフには「われら獰猛な狼なり」という歌詞の「蒼き狼の詩」を歌うグループもある。このように、テュルクの人々にとって「蒼き狼」は、しばしば自分たちのアイデンティティを象徴する特別な存在なのである。それはテュルクの古い伝承に「蒼き狼」がしばしば彼らの先祖として現れることに由来する。たとえば、6世紀に興ったテュルクの国家突厥《とっけつ》の支配一族である阿史那《あしな》氏の来歴は次のように伝えられる。

「阿史那氏の祖先の国は隣国に滅ぼされたが、10歳ほどの子どもが一人、生き延びた。牝の狼がその子に肉を与えて育てた。長じたその子と牝の狼は交わり、子を宿した。隣国の王はその子の生存を知り、殺そうとした。狼は神が乗り移ったようになり、高昌国の西北の山の洞窟に逃げ込み、そこで10人の男の子を産んだ。彼らは穴の外に出て、子孫を残した。その一つが阿史那氏で、最も賢い彼が君長となった。このことから、彼らはいつも狼頭の旗印を掲げていた。阿史那は代々、金山（アルタイ山）で鉄鉱鍛冶を特技とした」（『隋書突厥伝』）。中央ユーラシアを統治し、その後のテュルクの歴史に多大な影響を与えた突厥の君主は狼の血を引き、狼頭の旗印がそのシンボルとされたと伝承されるのである。この伝承とよく似た話がラシードゥッディーンの著した『集史』に書き記されている。「エルゲネ・クン」伝説である。

「モンゴルは異民族によって皆殺しにされかかり、二人の男（ヌクス、キヤン）と二人の女だけが難を逃れ、『エルゲネ・クン（険しい断崖の意）』と呼ばれる、切り立つ岩壁に閉じ込められた地へ避難した。やがて彼らの子孫はここから脱出しようとした。彼らは山から鉄鉱を採掘する技術を持っていたので、70個のふいごで鉄鉱を溶解させて、通路を開いた」。狼のモティーフは見られないが、洞窟信仰に基づくと思われる、洞窟や狭隘《きょうあい》な渓谷への逃亡と脱出、鉄鍛冶に長けていたことなど、阿史那氏の伝承とその根を同一にするものであろう。

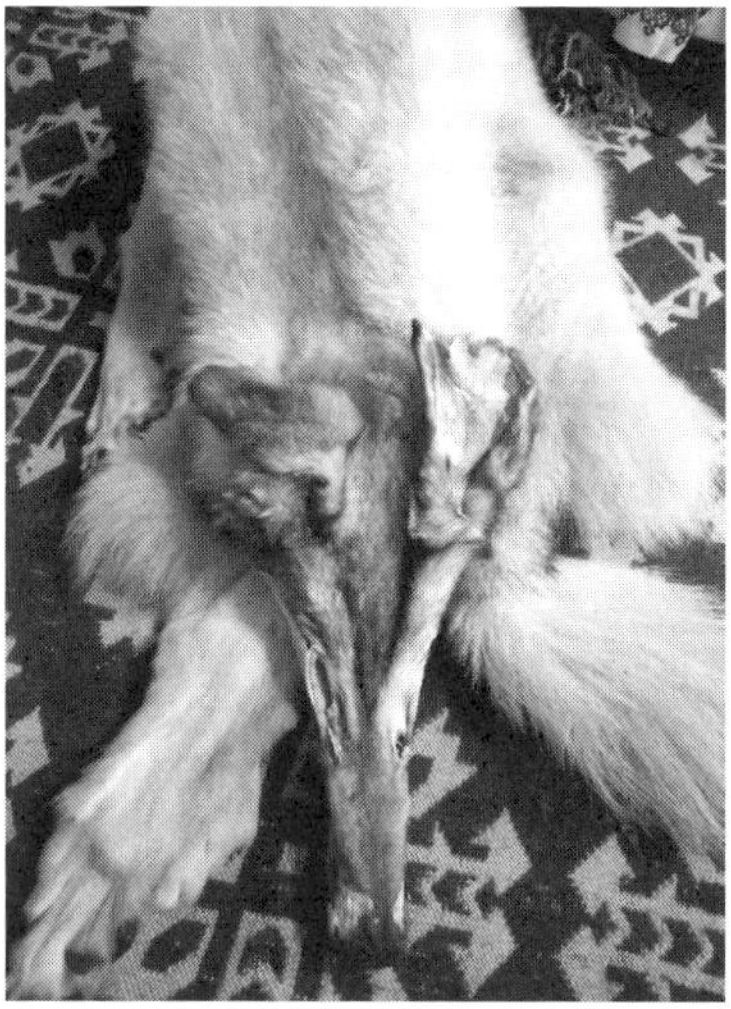
狼の毛皮（クルグズスタン）

また、4〜6世紀のテュルク系遊牧集団の高《こう》車《しゃ》にも、彼らが狼の子孫であったと伝える伝承がある。「高車はもともと狄歴《てきれき》と称し、鉄勒《てつろく》ともいった。匈奴《きょうど》の単于《ぜんう》は、二人の美しい娘を天に与えようと高台の上に置いた。しばらくすると、年老いた一頭の狼が現れ、その高台の下に居座り、二人を守った。妹は天が差し向けた狼であると考え、姉の制止を振り切り、台から降りて、狼の妻となり、子どもを産んだ。その子孫は多くなり、一国を成した。」この狼祖伝承もまた、テュルクと狼との強い結びつきを示している。高台は、天に近い場所は聖なるところであると考えるテングリ信仰（第5章参照）によるものである。

モンゴルにはチンギス・カンが、「蒼き狼と生白き雌鹿」の子孫であるとの有名な伝説があるが、この「狼の子孫」というモティーフはテュルクの人々から取り入れられたものであろう。テュルク・モンゴルにおいて、狼は他の動物とは異なる独自の位置を占めるのである。

以上のような狼祖伝説は、テュルクの人々が自分たちの先祖を狼であると見なすトーテミズムから生まれたと理解されることが多いが、単にトーテミズムの枠組みだけではなく、テングリ信仰やシャマニズムにも深くかかわることに注意が必要である。狼が果たした役割とは、テングリと人間との間をとりもつことであり、テングリからのカリズマを長となる人間に与えることである。このことを暗示する興味深い例を『新唐書回鶻伝下《しんとうじょかいこつでんげ》』から挙げよう。鉄勒の一部族、7世紀の薛延陀《せつえんだ》の滅亡にまつわる話である。「狼の頭をした者が食事を乞うてやってきた。食事を終えて去ったこの者をウテュケン山まで追うと、その者は『私は神である。薛延陀はまさに滅びるであろう』と予言した。やがて、その言葉の通り、薛延陀は滅んだ」。この「狼頭人」とは、おそらくシャマンであると考えられ、滅亡を予言する神（テングリ）の言葉を伝えたのである。狼の頭はシャマンが巫術《ふじゅつ》のときに身にまとう仮面と同じ役割を担うのであろう。なお、テュルクでは、狼のほかに、白鳥や鷹、鹿などさまざまな動物も彼らの先祖として伝承されてきた。これらの動物もまたテングリとの結びつきのために機能したものと考えられる。「狼頭人」が向かったウテュケン山は突厥における重要な聖山であった。このこともまた山岳信仰と関係の深い垂直多層的世界観（第5章参照）の表れである。高車の先祖が天に捧げられ、高台の上に置かれた背景にも同様の世界観があるだろう。

狼はテュルク諸民族のシンボルである。

もっとも、ここで取り上げてきた狼祖神話は、テュルクの人々の間に脈々と伝えられてきたものではない。中国史書に記録された狼祖神話が19世紀後半以降「再発見」された結果、「蒼き狼」の子孫であるという意識がテュルクの人々の間で復興したものであり、近代におけるナショナリズムの勃興と重なって、「蒼き狼」は、現在ではテュルクのシンボルとしてすっかり定着したのである。

しかし、口承で古くから語り継がれてきた、狼にまつわる伝承もある。バシュコルト（バシキール）には「われら、狼の一族なり」という言葉が伝わる。彼らの祖先が狼の長に導かれ、美しく豊かな地に移住し、その地バシュコルトスタンに住むようになり、長（バシュ）の狼（コルト）に因んで、バシュコルトと呼ぶようになったという伝承がある。また、夢で「東に行けば安住の地があり、その道中に一頭の狼が現れるから、それに従え」とのお告げを聞き、その通りにした人々の子孫がバシュコルトであるという、別の伝説も伝わる。異説もあるが、バシュコルトという名称は狼に結びつけられるのである。次章で取り上げるオグズ・カガン説話には、主人公のオグズが狼に導かれて、軍勢を率い、遠征する様が描かれる。狼に従って、一族が行動するという伝承は、かつてのテュルクの狼信仰や狼祖神話とつながるものである。

突厥碑文（キョル・テギン碑文、第32章参照）に「テングリ（天神）が力を与えたため、わが父なるカガンの軍隊は狼のようであった」と記されているように、狼は強さの象徴であった。しかし、やがて狼を「聖獣」とする畏怖の念はイスラーム化とともに薄れていき、オグズの人々は狼を「蛆虫」と同じ語（クルト）で呼ぶようになった。「聖獣」と「害獣」。相反する顔を持つ狼は、いずれにせよ、遊牧の民であったテュルクにとって特別な獣であったのである。

（坂井弘紀）

2

オグズ・カガン説話

★テュルクの伝説的君主★

テュルク系集団の始祖についての伝承に、オグズ・カガン説話（『オグズ・ナーメ』）がある。オグズ・カガンは、遊牧集団オグズの伝説的なカガン（君主）である。オグズは、中国史料では鉄勒《てつろく》と記されるテュルク系集団の一部であったが、中央ユーラシアの広大な地域を支配した突厥《とっけつ》と対立した。突厥碑文には「トール川からオグズがやってきた。その軍勢は６千であった。我らの軍勢は２千であった。戦った。テングリ（天神）のご加護で、我らは（オグズを）敗走させた」と、オグズと突厥との抗争が記されている。やがてオグズは西進し、アラル海北岸・シル川下流域に展開した。オグズは次第にイスラーム化し、10世紀ころマー・ワラー・アンナフル（シル川とアム川との間のオアシス地域）に入る。イスラーム化したオグズはトルクメン（テュルクマーン）の名で知られていた。オグズはさらに西アジアに進出し、その一集団クヌクの族長セルジュークの孫トゥグリル・ベグがセルジューク朝（１０３８～１１９４年）を興した。クヌク族は、『テュルク諸語集成』（第14章参照）ではオグズの24集団の筆頭とされている。オグズの諸集団は、11世紀以降アナトリア地方へと広がり、アナトリア各地に諸侯国を建てた。のちに三大陸にまたがる大帝国へと発展するオスマン侯国もそのうちの一つである。中央ユーラシアの最初のシャマンとされるコルクトもオグズのバヤト族出身であったという。今日、トルコ、アゼルバイジャン、トルクメンの人々が居住する地域は、かつてオグズの活躍した地であった。それゆえ、彼らの言葉は、言語学では「オグズ語群」と分類されることがある（第13章参照）。

オグズ・カガン説話は、かつては口承で伝えられていたと考えられるが、現在、我々が知りうるのは、文字に記録された資料からである。15世紀ころに記されたとされるウイグル文字テキストによると、オグズの始祖オグズ・カガンは、次のように誕生・成長した。「ある日、アイ・カガンの目が輝いて、男児が生まれた。この男児の顔は蒼く、口は炎のように赤かった。その目は薄茶色で、その髪と眉は黒かった。よき精霊よりも美麗であった。この子は母の初乳を飲むと、それ以上は飲まなかった。生肉を汁を葡萄酒を求めた。口を聞き始めた。40日後、大きくなった。歩いた。遊んだ。その足は牛の足のようであった。その腰は狼のようであった。その肩はクロテンの肩のようであった。その胸は熊の胸のようであった。全身は毛に覆われていた。馬群を追い、馬に乗り、狩りをした。日々が過ぎ、夜が過ぎ、益荒男《ますらお》になった」。この伝承に描かれるオグズ・カガンの超自然的な誕生と成長は、テュルク英雄叙事詩の英雄の誕生や成長と重なり合う。

オグズ・カガンは「ある日狩りに出て、槍と弓矢と、刀と盾をもち出発し」、鹿や熊を狩る。オグズは、光のなかにいる美しい娘と出会い、同衾すると、その娘は三人の男の子を生む。三人は、それぞれ日、月、星と名付けられる。またある日、オグズは樹の洞にいる美しい娘とも同衾すると、その娘は三人の男の子を生んだ。その三人はそれぞれ空、山、海と名付けられた。この六人の息子の名は、彼らの

オグズと息子たち

自然崇拝の対象と重なり、ここからは当時の彼らのテングリ崇拝に基づく世界観が垣間見られる。

オグズ・カガンが出征すると、彼の軍隊を蒼い雄の狼が先導した。イティル（ヴォルガ）川に至り、敵と戦った。オグズを導く蒼き狼は、テュルクの人々がかつて持っていた狼祖神話やオオカミ信仰に由来するものであり、テュルクと狼とのつながりを象徴的に示すものである。さらにオグズは、ローマ（ビザンツ帝国）やロシアと戦い、インドやタングート（チベット）、シリアを攻め、たくさんの戦利品を手に入れたと描かれる。この各地への遠征の描写は、モンゴル帝国の実際の侵攻が反映され、脚色されたものであろう。

オグズ・カガンのそばには、「ウルグ・テュルク（偉大なテュルク）」という名の「白い髪、灰色の髭の経験豊かな老人」が付いていた。この老人は「三本の銀の矢」が飛ぶ夢を見て、オグズ・カガンに奪い取った土地を子孫に譲るよう助言する。有能な賢者がそばに控え、夢などの超自然的な力による助言に従うこともまた、テュルクの英雄伝承に広く描かれることである。

オグズ・カガンは死を前に「私は長いこと生きた」と言って、弓や矢をそれぞれ三つに折り、「遺産の象徴」として息子たちに分け与え、自分の国を彼らに譲ったと伝承される。スキタイやブルガル、モンゴルなど、遊牧民の間には、自らの死期を悟った君主が息子たちに矢などの武器を分け与える伝承がある。「毛利元就《もうりもとなり》の三本の矢」とよく似たこれらの伝承は、遊牧民が重視してきた団結の重要さを諭す教訓となっている。ところで、オグズ・カガンの六人の息子が二組の三兄弟からなっていることは、左右両翼に有力者が三人ずつ展開する騎馬軍団のシステムを示していると考えられる。古来の遊牧騎馬民の体制も、この英雄譚には示されていたのである。

オグズの人々がイスラーム教徒になると、オグズ・カガン伝承もまた「イスラーム化」した。14世紀初め、フレグ・ウルス（イル・ハン国）で編纂された歴史書『集史』の「オグズ史」や、17世紀にヒヴァ・ハン国で著された『テュルクの系譜』、『トルクメンの系譜』にオグズ・カガンに関する記述がある。そこでは、オグズの祖先は、『旧約聖書』に登場する「ノアの箱舟」で知られるノアの三人の子の一人ヤーフェス（ヤフェト、ヤペテ）とされる。オグズ・カガンは生まれながらにして、アッラーの信仰者であった。生後三日経っても母の乳を飲まず、母の夢に現れ「神を信仰しなさい。それまではあなたの乳を飲まぬ」と言い、母に唯一神を信仰させた。結婚を勧められた女性たちには、唯一神を信じなければ、結婚しないと言い放ち、また息子がイスラーム教徒であると知った、「異教徒」の父カラハンが息子を殺そうとすると、息子はこれを迎え撃つ。こうしたイスラーム聖戦士としてのオグズ・カガン像は、イスラーム化以前の伝承にはもちろん見られない姿である。父の死後、君主となったオグズは、イスラームに改宗するよう民に呼びかけ、これを受け入れた者は国に残し、受け入れなかった者は国外へ追放した。シャマニズム的信仰を持っていたオグズという集団が中央アジアを南下・西進し、次第にイスラーム化していく過程において、このようにオグズ・カガン説話にもイスラーム

トルコで出版されたオグズ・カガン叙事詩

的要素が強く反映されるようになったのである。
　オグズ・カガン伝承は、ユーラシア各地において、テュルクが共有する「代表的な文化遺産」として認められ、ウイグル人やトルクメン人の間では、自分たちの祖先の物語として、とくに人気が高い。トルコではオグズ（オウズ）という人名も珍しくなく、トルクメニスタンでは、１００マナト紙幣にオグズ・カガンの肖像が描かれ、一時期６月を「オグズ月」と表したことさえあった。オグズ・カガンは、今なおテュルク世界のヒーローである。

（坂井弘紀）

3

テュルクの系譜

★仮想構築された親族関係の体系★

系譜とは、親子関係（擬制的関係をも含む）や宗教的な師弟関係（理念上の関係をも含む）によって系統づけられた社会的関係を具象化した表現とその形態様式のことであるが、テュルク諸族に伝えられている系譜とはいかなるものであり、歴史的にテュルクの人々は自身をいかなる系譜に位置づけていたのであろうか。

まず、テュルク諸族の間に伝えられている系譜としては、文献史料に伝えられるテュルク諸族の族祖の系譜、テュルク・イスラーム化したチンギス・カン一族等の系譜、そして、中央ユーラシアのテュルク系遊牧諸集団、カザフやクルグズ、バシキール等の間に口頭で伝承された系譜、その他を挙げることができる。

多くのテュルク諸族は歴史的にイスラーム教を信奉してきたが、いくつかのイスラーム史料では、テュルク諸族の祖はノアの子ヤペテに遡る。ユダヤ教に入信したハザル（コラム1を参照）に伝えられた系譜も同様である。これらの多くは『旧約聖書』の系譜体系中に位置づけられる。『旧約聖書』によると、ヤペテにはゴメル、マゴク、メディア、ヤワン、トバル、メシェク、ティラスの七子があり、ゴメルの子がトガルマである。コルドバの後ウマイヤ朝の宰相《ワズィール》であったユダヤ人のハスダイ・イブン・シャプルトがハザル王（カガン）ヨセフに送った書信への返信にして、ハザル研究の一級史料として有名なハスダイ宛ハザル王ヨセフ返書（コラム1を参照）によると、トガルマには十子があり、三男はアヴァル、七男はハザル、九男はブルガル、十男はサヴィルである。953年の成立とされ、ヨーロッパのユダヤ教徒に広く流布した擬古的ヘブライ語著作『ヨシッポン』によると、トガルマの長男はコザルすなわちハザル、次男はパツィナクすなわちペチェネグ、四男はブルガル、六男はトゥルク、九男はウングリすなわちハンガリー（第56章を参照）とあり、相違はあるが、テュルク諸族はヤペテの子ゴメルの後裔とされる。一方、イスラーム文献、タバリー（859〜923）の『預言者と帝王の歴史』によると、トルコ人とハザル人の祖はヤペテの末子ティラスとされる。なお、モンゴル帝国期イラン（イル・ハン国）のハムドゥッラー・ムスタウフィー・カズヴィーニーの『選史』では、ヤペテの子はトゥルク、ハザル、サカーリバ、ルース、ミーシュク（モンゴル人の祖）、ホタン（中国人の祖）、キマーリー（ブルガル人、ブルタス人、バシュグルド人の祖）、ヤヴァン（ヨーロッパ人の祖）とされ、『旧約聖書』の系譜を逸脱している。このように、ヤペテ以降の系譜は史料ごとに著しい相違があるが、テュルクをヤペテ裔とする系譜はテュルク自身にも受容されていた。

これらは、ユダヤ教、イスラーム教と接触する以前のテュルク諸族の系譜伝承ではない。新しく創造または受容された神話・伝承が、より古い神話・伝承よりも時間軸において前に配置されて組み込まれる、という「架上説」に従えば、『オグズ・ナーメ』（第2章を参照）に伝えられたオグズ・ハン（カガン）の子孫と他のテュルク諸族の系譜は、イスラーム化したテュルク諸族（オグズ＝トルクメン諸集団）

の、より古層の系譜伝承と見做すことができる。

『オグズ・ナーメ』によると、オグズ・ハンには六人の男子があり、彼らにはそれぞれ四人の男子があり、それら二十四人からオグズ＝トルクメンの各氏族が生じた。オグズ・ハンの末子デンギズ・ハン（海王）の末子はクヌクである。クヌク氏族は、西アジアを制覇したセルジューク朝の王家が出自した氏族であり、マフムード・アル＝カーシュガリーの『テュルク諸語集成』（第14章を参照）によるとトルクメンの「第一の、中心の氏族」とされる。ここにはテュルク遊牧民における末子相続の慣行が系譜伝承に反映されていると考えられる。一方、オスマン朝のもとで創作された族祖説話によると、オスマン家の祖はオグズ・ハンの長子ギュン・ハン（日王）の長子カユとされる。これはオスマン帝国における長子相続の観念に基づき、系譜をカユにつなげたと理解されよう（第4章を参照）。

チンギス・カン一族の系譜は、イル・ハン国のラシードゥッディーン編『集史』第一巻「モンゴル史」において、『オグズ・ナーメ』に組み込まれている。それによると、イスラームに入信したオグズ・ハンに従った一族からウイグル、カンクリ、キプチャク、カルルク、カラジュなどのテュルク諸集団が生じ、彼に反対して敗れた多神教を信奉する一族がモンゴル諸集団になったとされ、イスラーム化したオグズ・ハン伝承のなかにモンゴルが位置づけられている。この、ラシードによって構築されたテュルク＝モンゴルの系譜は、その後の文献史料上のテュルク系譜の基礎となり、後世に甚大な影響を与えた。

中央ユーラシアのテュルク系遊牧諸集団における口頭の伝承系譜は、バシコルトではシェジェレ、カザフではシェジレ、クルグズではサンジラと言い、いずれもアラビア語の「樹木《シャジャラ》」を語源とする。

かつて、カザフ等の遊牧諸氏族の共同体構成員には、数世代さらに十数世代前にまで遡る父祖の名前と事跡を記憶していることは社会生活上、必須の知識と見做されており、「七代前の先祖の名を知らぬ者は孤児である」という諺もあったと言われる。シェジェレには彼らの歴史情報が記憶・保存され、歴史認識が反映されている。

独立後のカザフスタンでは、民族主義の高揚と軌を一にして、現代に到る系譜情報を収録した、さまざまな氏族のシェジレが新たに作成、刊行された。ここには、ソヴィエト期にロシア化の進んだカザフ人が、自らを族祖アラシュに始まる父系同族集団の一員に位置づける（ただし、チンギス・カン裔のトレと、ムハンマドの外孫の子孫とされるセイト等を除く）ことにより自己のアイデンティティを確認しようとした社会的背景が存在していると考えられる。

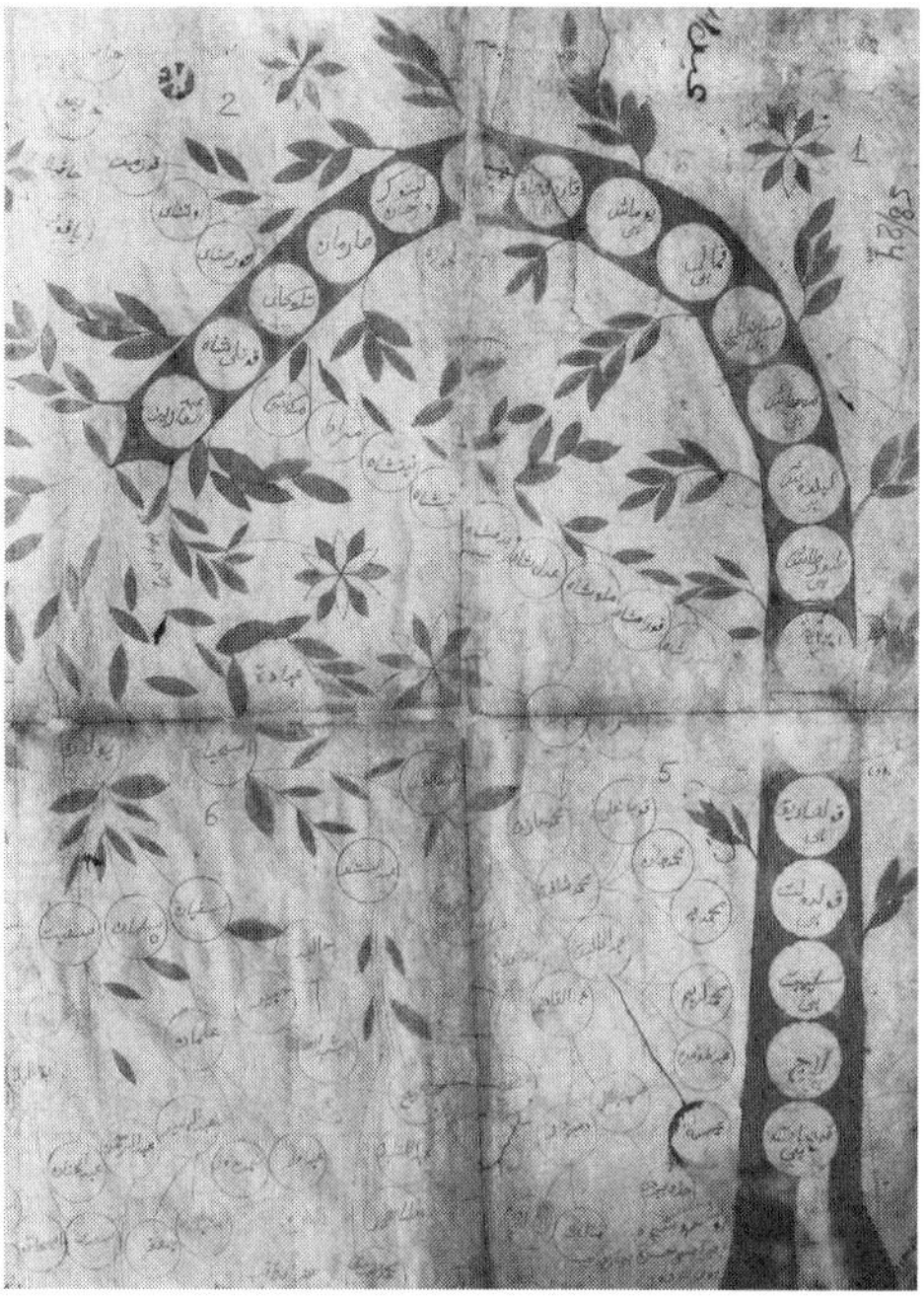

図示化されたバシコルトのキプチャク氏族のシェジェレ（Навеки с Россией. Сборник документов и материалов, Часть 1. Уфа, Китап, 2007）

これらの系譜に伝えられた諸情報は、すべてを史実として受け入れるわけにはいかないが、そこに仮想構築された系譜体系には、系譜が編纂・構成された当時の状況が反映されており、そこに分析対象としての系譜の資料的価値が認められよう。

（赤坂恒明）

4

オスマン朝におけるテュルクの系譜

★オグズ伝承から「系譜書」へ★

オスマン朝という国家について、「オスマン・トルコ」と民族名を付した表記をしばしば目にする。しかしこの王朝は多民族・多宗教からなる国家であり、エリート層には多くの非トルコ系の人々が入り込んでいた。オスマン人士による自称としては「至高の国家」という表現が最も多く用いられ、トルコ民族主義が登場する近代までは「トルコ」国家だとは自認されていなかった。「オスマン・トルコ」という呼称は、政治単位を民族によって分節しがちなヨーロッパ人のオリエンタリズムと、トルコ民族の称揚を目的とするトルコ人のナショナリズムによって成立しているのであり、我々はこうした政治性に無自覚であるべきではない。

もちろん、この国を建てたオスマン王家の出自に限って言えば、彼らがテュルク系のオグズ族出身であることに異論はなかろう。オスマン朝の人々の自意識も、基本的にはそうであった（モンゴル人、あるいはビザンツ王家の血を引く、はてはアラブのサイイドであるという説も一部史料に散見されるが、さすがにこれらは珍説・奇説の域を出まい）。その最初期においてテュルク系遊牧戦士集団であったオスマン朝は、かなり早い段階から部族的性格を脱し、雑多な出自を持つ戦士たちを糾合して束ねたガーズィー（辺境戦士）集団へと変貌を遂げた。オスマン朝の史書を紐解くと、モンゴル系諸王朝や同時代の隣国サファヴィー朝の史料と比べて、部族単位での記述がまったく現れないことに驚く。オスマン朝において部族は、軍事的・政治的単位として、少なくとも上位のレベルでは力を持っていなかったのである。

このように部族的紐帯の影響力は限られていたものの、テュルク遊牧戦士的なメンタリティーは多くの人々に共有されており、オスマン朝の興隆期においてはこうした人々の存在感も小さくなかったと思われる。ながらくオスマン王家に仕えていたテュルク系の人々と、デヴシルメによって徴集され新たに帝国エリートに参入した非テュルク系の人々との軋轢は、オスマン朝興隆期の支配構造を説明する際の一つのライトモティーフである。たとえば、15世紀末に『オスマン王家の武勲詩』という年代記を著し、自身もテュルク系戦士であり戦争にも参加したアーシュクパシャ・ザーデは、非テュルク系エリート層の台頭に不快感を隠さない。

そうしたエートスのなかにあって、オグズ族の貴種であるという血筋を強調することが、オスマン王家の正統性の強化に一定の寄与をなしたであろうことは想像に難く

オスマン集団発祥の地、ソユトに建てられたエルトゥールル（オスマンの父）の像

ない。オスマン朝年代記冒頭には、「…の息子…、その息子…」という形で、王統譜が記されるのが常である。この系譜は50余人からなり、建国者オスマン一世から、伝説的なテュルクの王オグズ・ハン（カガン）を経て預言者ノアにまで連なる。オグズ・ハンは通例、ノアの子ヤペテの血筋に位置する。

ここで重要となってくるのが、オスマン王家がオグズ・ハンのいずれの息子・いずれの孫の血筋であるかである。オグズ・ハンには六人の息子がおり、それぞれが四人ずつの子をなした。この計24人のオグズ・ハンの孫たちが、のちにオグズ24氏族と呼ばれる集団の名祖となったとされる。イスラーム世界のテュルク系諸王朝は、自らの出自を24のいずれかの氏族に帰した。セルジューク朝はクヌク氏族出身、アク・コユンル朝はバユンドゥル氏族出身とするように。オスマン王家の公式年代記によれば、オスマン王家は、オグズの長子であるギュンのさらに長子であるカユ・ハンの血を引く、カユ氏族の出身であるとされる。テュルク系の人々に伝わる叙事詩『デデ・コルクトの書』冒頭には、「のちの世に王権は再びカユ氏族のもとに戻るであろう。誰もその手から奪わないであろう、のちの世になり最後の審判が行われるまで」と記されている。おそらくはオスマン朝時代の付加であるこの記述によれば、カユの血筋こそが、オグズ族の王位を継ぐ存在なのであった。

オスマン王家がカユ氏族出身であることは、その正統性を支える大きな柱となり、「オスマン朝の公式イデオロギー」とすら評される。しかし古い年代記のなかには、異説を伝えるものも少なくない。いわく、オスマン王家はオグズ・ハンの第四子ギョクの血筋だと言うのである。この場合、もちろんオグズ・ハンの長孫であるカユの血筋とは、両立しない。このことから、オスマン王家がカユ氏族であるという主張は、一定の作為を含んでいることがわかる。オスマン王権がテュルクの血筋の持つ権

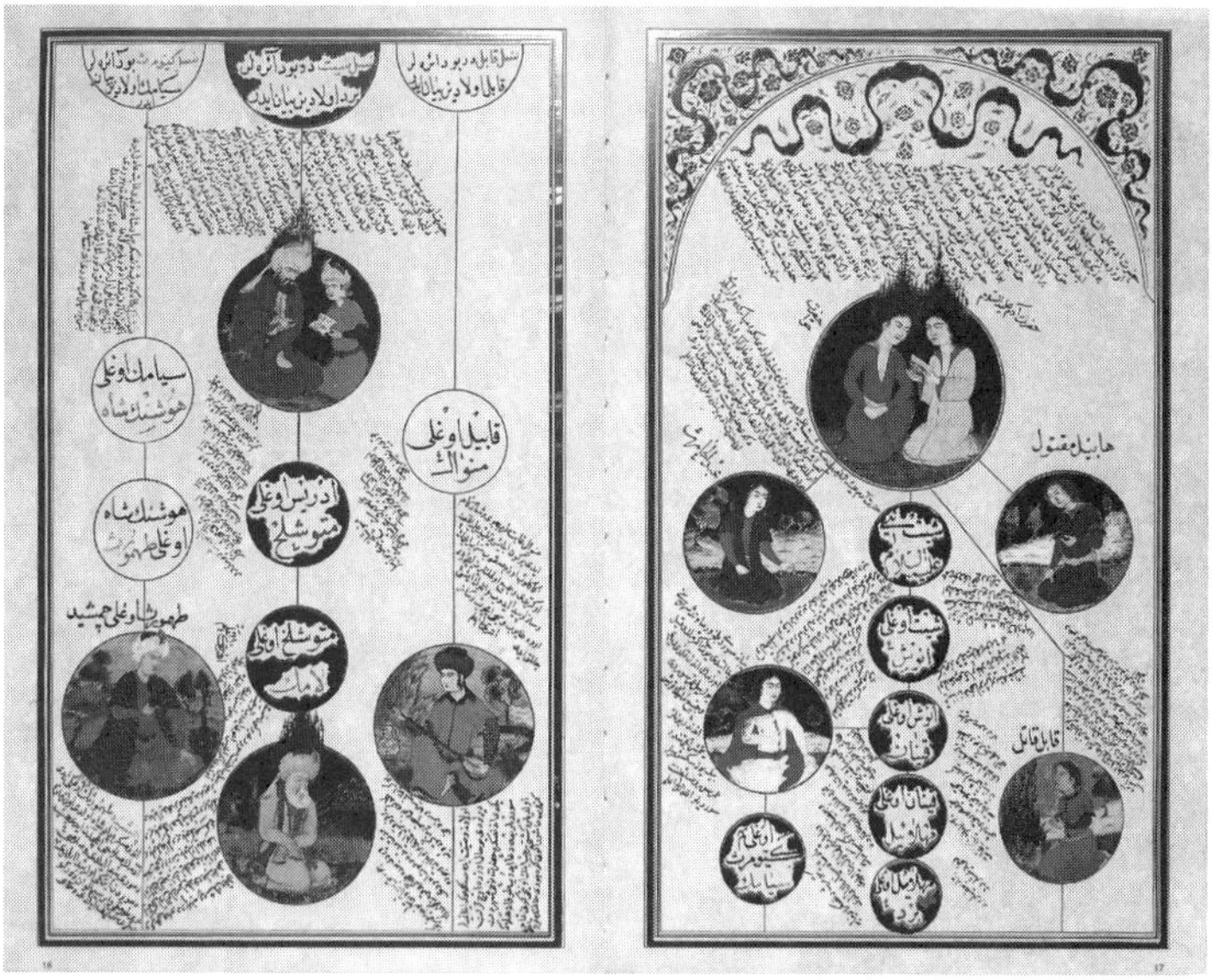

『系譜書』（アダムから）（*Silsile-name*. Ankara: Vakıflar Genel Müdürlüğü ve Vakıfbank. 2000.）

威を重視し操作していた、その最も顕著な例である。テュルク的価値観は、15世紀末までは根強い影響力を持っていた。メフメト二世（在位1451～81）没後の継承争いに敗れ、ヨーロッパを流浪したことで有名な皇子ジェムは、自らの息子に「オグズ」という名を与えた。また、そのジェムを退けて君主となったバヤズィト二世（在位1481～1512）には「コルクト」という皇子がいた。すなわちこの時期のオスマン朝では、時勢さえ味方していれば「オグズ一世」や「コルクト一世」なる君主が登場してもおかしくなかったのである。ただし帝国は、16世紀に入るとテュルク的な価値観から離れ、正統的なスンナ派イスラーム帝国としての性格を急速に強めてゆく。以降の王族のなかに、テュルク系を思わせる名は見受けられない。

　といっても、系譜が王家にとって意味をなくしたわけではない。16世紀初頭以降、オスマン朝では多数の「系譜書」が作られた。最初の人類であるアダ

『系譜書』（オスマン家）（*Silsile-name*. Ankara: Vakıflar Genel Müdürlüğü ve Vakıfbank. 2000.）

ムに始まり、諸預言者とイスラーム諸王朝を経てオスマン王家まで連綿と連なる系譜を図示した作品である。色鮮やかな人物画が付されることもあり、外国への贈り物としても珍重され写本も数多く伝存している。たとえば、イスタンブルのトルコ・イスラーム芸術博物館に展示されている『諸情報の精髄』という作品は、宮廷史官ロクマンの手による「系譜書」の豪華版である。しかしこの「系譜書」において、オグズ・ハンやカユ・ハンの名は、系譜の埋め草として登場するにとどまり、まったく重要性を与えられていない。「系譜書」で誇られるべきはテュルクの系譜ではなく、イスラームの長い歴史の最後にオスマン王家が立ちあらわれる、そのパノラミックな構図こそが重要なのであった。（小笠原弘幸）

5

シャマニズムとテングリ信仰

★テュルクの基層文化★

テュルクの人々は、ゾロアスター教や仏教、キリスト教やマニ教、そしてイスラームなどさまざまな信仰・宗教を心の拠り所としてきた。現在では、その多くはイスラームを信仰しているが、チベット仏教やキリスト教を信ずる者もいる。しかし、テュルクでは、長きにわたり、シャマニズム（シャーマニズム）とテングリ（天神）崇拝が大きな意味を持っていた。シャマニズムとは、テングリや精霊の世界とこの世界を媒介するシャマン（シャーマン）を軸とする信仰体系である。シャマンが病の治療や予言、占いを行い、人々がシャマンから異界の情報を受け入れる信仰体系が、いくつかの層（3層、9層など）が垂直に重なって世界が成り立つとする「垂直多層的世界観」とともに、古くからテュルクの間に根付いていた。

シャマンという言葉は、トゥングース系エヴェンキ語に由来する、呪術師・祈禱師を意味する用語である。テュルク系の言語

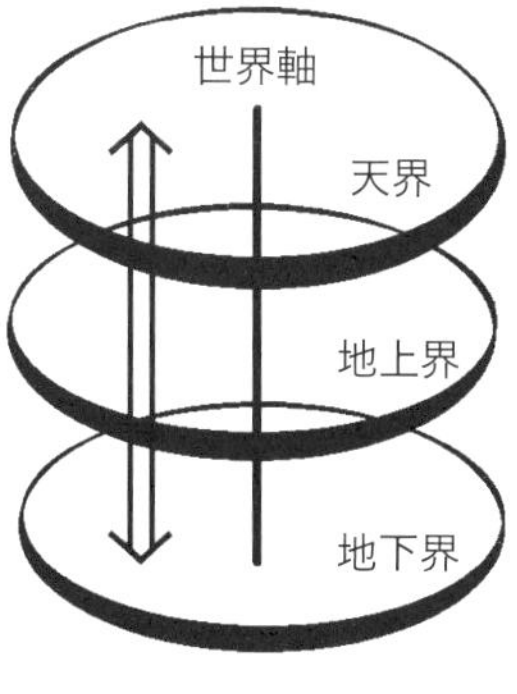

垂直多層的世界概念図

「踊るシャマン」（M.Ş.İpşiroğlu, “*Bozkır Rüzgârı*” *Siyah Kalem*, Istanbul, 1985 より）

では、「カム」と呼ばれていた。13世紀モンゴル帝国に旅した修道士ルブルクは「カムは呪文をとなえ、太鼓を強く叩き、託宣を口走る」と書き記している。こうした巫術《ふじゅつ》は、現在のシャマンの巫術とほぼ同一である。カムという言葉は日本のカミ（神）と関連するとの指摘もある。

中央ユーラシアでは、テュルクの最初のシャマンはコルクトであったと伝わる。コルクトは、『デデ・コルクトの書』でも知られる、テュルク世界の伝説的賢者である（第9章参照）。コルクトは、山や海、動物とも会話ができる特殊な力を持ち、死とは何かと常に自問していたが、やがて死が不可避であると悟ると、コブズという擦弦楽器を発明し、シル川に浮かべた絨毯の上で美しい曲を演弓で奏した。シャマンは太鼓や弦楽器を伴いながら、巫術を行ったが、これはコルクトのシャマンとしての特徴がよく理解できる伝承である。

テュルクでは14世紀以降、シャマンをバフシ（バクス）という言葉でも表すようになった。バフシとは、現在では叙事詩の語り手や詩人を意味する言葉となっているが、かつてはシャマンを指したのである。

おそらくは、イスラーム化の過程において、それまでのシャマンの役割が失われ、人々に言葉を伝えるという役目だけが残ったのであろう。現在でもバフシはコブズなどの楽器を弾きながら語るが、それは先のコルクトの姿とも重なり合う。ちなみに、日本の巫女《ふじょ》であるイタコは梓弓という弓型の楽器を用いて、霊と交信するが、これはコブズを使うコルクトやバクスの姿に似る。なお、イタコという言葉の語源はいくつかの説があるが、モンゴルやシベリアで「巫女」を意味する言葉（ウダガンやイトガなど）と関連があるとの説もある。また、テュルクのイスラーム化に貢献したスーフィー（イスラーム神秘主義者）の姿ともシャマンの姿は相似する。

シャマンがまみえるテングリとは本来「天空」を意味したが、それが崇拝の対象となると「天神」、もしくは「神」を指す言葉となった。テングリは擬人化され、アルタイ地方には、最高神ウルゲンや地下世界の悪神エルリクに関する神話伝承も残されている。そこには、世界や人類の創造など、独自の神話世界が描かれる一方、『旧約聖書』に登場する「禁断の果実」と最初の人間やインド・イラン神話のミトラ・ミスラ、仏教のマイトレーヤにつながるマイテレなど周辺地域からの影響もうかがえる。

テングリに次ぐ神格は母神・女神ウマイとされる。ウマイは、テングリの妻とも見なされる、女性・母性と深くつながる神で、豊穣や多産をもたらす。人々は無事な出産や子どもの成長をウマイに祈願した。イスラーム化が進むにつれ、ウマイはムハンマドの娘ファーティマに重ねられたり、トルコではウマジュという子どもを脅かす存在となったりと、その姿はさまざまに変容した。

さらにイエル・スーという自然崇拝を具現する存在もあった。イェル（大地）とスー（水）が崇拝対象とされていたことは、突厥《とっけつ》オルホン碑文にテングリ、ウマイとならんで「聖なる大地と水」と刻ま

太陽神（カザフスタン、タムガル遺跡の岩絵）

れていることからも明らかである。カガン（君主）をはじめ人々は5月中旬に川に集まり、テングリを祀ったという。洞窟も崇拝の対象とされ、突厥では始祖がいたとされる洞窟で祭を行った。洞窟を母の子宮ととらえる観念があり、母神ウマイとの強いつながりが認められる。熊の毛皮を着た勇士が、厳冬の洞窟で、ウマイのもたらす火によって生き残るというカザフの伝承も、これを示している。

　テングリの神性は自然界の至るところにも見出され、とくに天に近いもの、すなわち樹木や山岳も神聖なる存在とされた。11世紀の『テュルク諸語集成』（第14章参照）によると、高い山や大きな木はテングリと呼ばれていた。突厥における聖山がモンゴル高原にあるウテュケン山で、カガンがそこで過ごしたことやウテュケン山の西方に「地神」を意味する勃登凝利《ぼつテングリ》という山があったことが中国史書に記されている。また、南シベリアのアルタイ地方では、英雄叙事詩は山の神に対して語られ、狩猟の成功が祈られた。山岳崇拝は本来、こうした狩猟文化に起源を持つのであろう。アルタイ地方には、モンゴルやチベットにも見られる石積みの習慣（オボー）があり、石を積んだ小山やそこにある樹木にリボン状の布を結びつけて、山神に祈りを捧げる。このような信仰は聖樹信仰にもつながる。現在でも、木々にリボン状の布きれを結びつける光景は、中央ユーラシアの至るところで目にすることができる。

テュルクの神話世界では、バイテレクなどと呼ばれる聖なる世界樹・生命樹（世界軸）が大地のへそ（中心）に天界・地上界・地下界を貫く形で生えているとイメージされた。これにまつわる伝承も数多く伝えられ、たとえば、クルグズの英雄叙事詩『エル・トシュテュク』で、地下世界に降りた主人公を地上界に送り届ける霊鳥カラクスの巣は、この聖樹に営まれている。カラクスは、アルタイのシャマンの巫術の手助けをする補助精霊でもある。またテュルクには、聖樹とされる木のそばに宿営し、その枝に布きれを結び、犠牲として家畜を屠ったり、馬の鬣《たてがみ》を束ねたりする習慣もあった。なお、カザフスタンの首都アスタナにそびえるランドマークタワーは、聖樹の名に因んだ「バイテレク・タワー」といい、その上部は霊鳥の卵を模した球形をしている。

中央ユーラシアにおけるシャマニズムは、ソ連解体後に復活し、再認識されるようになった。病気やけがの治療、失せものの発見のためにシャマンを頼る人もいる。シャマンの能力が評価される一方、怪しげなシャマンの施術がしばしば問題視され、イスラーム聖職者がこうしたシャマンの存在を非難している。チュヴァシでは、かつて「キレメチ」という霊的存在への祈禱が行われていたが、近年では知識人によりキレメチを民族の文化的シンボルと見なす傾向があるという。テュルクの歴史と現在の理解に、シャマニズムや自然崇拝は欠かせない。

（坂井弘紀）

6

祖先崇拝から妖怪まで

★目には見えない世界から★

シャマニズムやテングリ崇拝とならんで、祖先崇拝はテュルクの重要な信仰であった。とくに「部族社会」である遊牧民は父系の血統を重視し、彼らは七代前までの自分の祖先の名を諳《そら》んじなくてはならないとされた。カザフやクルグズなどでは、現在でも系譜は彼らのアイデンティティと強く結びついており、アラビア語の「樹」に由来するシェジレやサンジュラといわれる系譜が語り伝えられてきた（第3章参照）。現在では各部族の系譜が書籍化され、市販もされている。系譜とともに、祖霊信仰が血縁関係を持つ共同体への帰属意識を強めた。祖霊は、アルワク（カザフ）、アルバク（クルグズ）、アルヴォフ（ウズベク）などといい、戦の一騎打ちなどで、祖先の名を叫んで、その霊を呼び、助力を求めた。この鬨《とき》の声はカザフ語やクルグズ語ではウランといい、英雄叙事詩でもウランを叫ぶ英雄の姿が描かれる。祖先の霊は、ユルタ（天幕）の天窓に宿るともいわれる。今でも祖母のアルワクが窓の外に現れたなどという話が日常的になされる。

霊的存在は祖霊に限らない。森林や湖沼、風呂や墓場などには超自然な精霊が棲むと信じられている。こうした精霊信仰では、ある特定の場所には「主」がいるとされ、オイ・イヤセ（家の主）やウルマン・イヤセ（森の主）などが知られる（タタール）。ロシアのレーシィ（森の精）とよく似たシュラレは「森の主」ともいわれ、人を森へ連れ去り、長い指でくすぐり、笑わせ殺すこともある。またタタールやバシュコルトのビチュラは、浴場や地下室、屋根裏に住み、寝ている人を苦しめるが、幸福をもたらすこともある。筆者がカザフ人から実際に聞いた話では、「家の主」がいるかどうかは、カイマク（生クリーム）をコップに満たして、夜中に放置するとわかる。その表面に指でなぞった跡が残っていれば、「家の主」がいるという。

テュルク世界には、妖怪や怪物など邪悪なキャラクターが多い。中央アジアや西アジアに広がる邪悪なジンは、本来、ジャーヒリーヤ時代からよく知られたアラブの超自然的存在であったが、イスラーム化が進むにつれ、テュルクの間にも定着し、それまで彼らが持っていた悪魔的存在と融合して変容していった。ジンという言葉が一般化すると、巫術《ふじゅつ》でシャマンを手伝う精霊もこの名で呼ばれるようになった。トルコの民話には、褐色の肌をしたジン、アラプが登場する。悪魔を意味するシャイタン（サタン）もまたイスラーム化によって広がった概念である。シャイタンは信心深い人間を恐れる。

デヴ

デヴは、テュルクの民話や叙事詩に頻繁に登場する、巨大な体躯で、恐ろしい容貌のキャラクターである。デヴという言葉は、古いインド・ヨーロッパ系の「神」にまつわる言葉に遡ることができるが（サンスクリット語のデーヴァやラテン語のデウス（神）、ギリシア神話のゼウスや「歌姫」を指すディーヴァ、女性の名デヴィ（女神）なども同様である）、直接的にはゾロアスター教の邪悪な神ダエーワに由来する。デヴは蛇の姿に化けることもあり、人々を苦しめ、死に追いやる恐ろしい悪鬼である。

アルタイ地方の神話に登場するコルモスという悪魔は、地下世界の悪神エルリクに仕える。「目に見えない」という意味のコルモスはまさに人の目にはつかないが、エルリクの命を受け、人々に害悪をもたらす。また、サハのアバース（アバーフ）も目に見えぬ邪悪な精霊であり、人々に災厄をもたらし、英雄叙事詩（オロンホ）では英雄たちと戦う。アバースは、『テュルク諸語集成』（第14章参照）に記載されているアバージー（妖怪）の流れをくむ悪霊であろう。

カザンのエラン（ジラント）

エジュデルハ（トルコ）、アジュダルハ（カラカルパク）、アジュダハ（タタール）、アズダー（ノガイ）など、ゾロアスター教の経典『アヴェスター』に見られるアジ・ダハーカに由来する、蛇や龍の特性を持つ神話的キャラクターもテュルク世界には広がる。クルグズの英雄叙事詩には、世界の中心にそびえる世界樹に住む霊鳥の雛を狙う龍のアジュダルが登場し、典型的な龍の怪物の姿を示す。タタルスタン共和国の首都カザンには、かつてエラン（ロシア語ではジラント）という有翼龍が住んでいて、これを退治したという伝承がある。こ

カザン市章

ペリ

れにちなんで、エランは現在、カザンのシンボルとなっている。

イランのパリーと同類の妖精ペリもまた、テュルクの空想的世界では重要な存在である。ペリは異性を誘惑したり、人間と結婚したりする。麗しい女性や男性、白鳥などの鳥の姿になることもあるが、奇怪で恐ろしい姿の場合もある。バシュコルト叙事詩の英雄ウラルは美しいペリを娶る。彼女は英雄となる息子たちを産み、聖なる鳥として、人々を庇護したと伝わる。これは、ペリが母性の象徴として描かれている例である。

ペリのほかにも、女性・母性の特性を持つ超自然的存在は多い。アールバッス（トルクメン）、アルバスル（ノガイ、クムク、カラカルパク）、アルブス（トゥバ）などとしても知られる魔女アルバストゥは、髪を長く振り乱し、膝まで垂れる大きな乳房を肩にかけた姿で、川や湖に住む。妊婦や新生児の内臓を盗み、水中へ逃げると伝えられるように、出産や水辺との関係が深い。アルバストゥに対しては、フクロウの足や羽が護符となる。出産後の赤子を奪う、イランのアールもこの同類であろう。ヤルマヴズ（カザン・タタール）、ヤルマウズ（ウイグル、バシュコルト）、ジャルマウズ（カザフ）、ジェルモグズ（クルグズ）なども狡猾な女性の特性を帯びたキャラクターで、同類の邪悪な妖婆ムスタン・ケンピルと並んで、テュルクの英雄叙事詩や昔話などにしばしば登場する。この魔女は人間を、姦計で悲惨な目にあわせたり、地下世界に誘ったりする。このような魔女は、かつての母神信仰の残滓《ざんし》であり、次第に邪悪な魔女へと変貌を遂げたとの考えがある。

カザフでは、ジェズトゥルナクという、銅の爪を持つ化け物が人を襲い、その肉を食べる。またアルタイでは、ジェルベゲンと呼ばれる、頭が七つある怪物が知られる（『テュルク諸語集成』のイルビク（悪霊）の系統であろう）。これらの怪物は、英雄譚の敵としても登場する。月蝕は、アルタイではジェルベゲンが月を食べた結果であるとされるが、チュヴァシでは死人を食べる魔法使いヴパル（ヴプル）によるものと伝えられる。ヴパル、あるいはウブル（タタール、バシュコルト）、オブル（カラチャイ・バルカル）は夜になると、人の生き血を吸ったり、人に病をもたらしたりする。人間に乗り移って、その体を操り、その人が死ぬとその墓に住み着くが、その墓に杭を打つことで、倒すことができるという。ウブルは、これと類する名称でスラヴやフィン・ウゴル系民族にも広がっている。音韻的にも、吸血鬼ヴァンパイアの原型と言うべき悪霊である。

ジェルベゲン

以上のようにテュルク世界は、魔人やもののけ、妖怪や精霊に満ちている。かの地を訪れるときは、ご用心を。

（坂井弘紀）

7

仏教・マニ教・キリスト教

★イスラーム化以前の宗教受容★

テュルク系の遊牧民は元来、素朴なテングリ（天あるいは天神）信仰を持っていた（第5章参照）。すなわち史上初めてのテュルク語文献である突厥《とっくつ》碑文によれば、「上なる蒼き天《テングリ》、下なる褐色の大地」や「テュルクの天神《テングリ》、テュルクの神聖な地と水」が信仰の対象であった。

また突厥碑文では、君主の名前が「天神のごとき天神より生まれた」という表現で飾られたり、天神が「命令したために」とか「力／知恵を与えたために」という表現が頻出し、テュルクの王権が天神の意思を正統性の根拠にしていたことがわかる。

このテングリ信仰は、古代遊牧帝国の一つ、突厥の君主の即位儀礼にもあらわれている。漢文史料によれば、突厥の君主が即位する際、その側近たちはフェルトの上に自分たちの王を担ぎ上げて、東から南へ、西へ北へと9回まわり、1回ごとに新王に礼拝する。彼らは拝み終わると王を馬に乗せて、気絶寸前まで絹帛で首をしめる。そして「汝は何年間王でいられるか？」とみなで問い、失神状態の新王がそれに答えるのだという。このような託宣や占いを伴う儀式は、天の意思をうかがうシャマニズムの憑依《ひょうい》儀礼に通じるものがあり、テュルク系遊牧民の世俗権力者が、精神世界をつかさどるシャマンの役割も果たしていたと言える。

6世紀中葉から8世紀中葉にかけての突厥時代はもっぱらテングリ信仰が維持されて、テュルク語史料では特定の神格として「ウマイ」と呼ばれる母神に言及されるのみである（ウマイとはテュルク語で胎盤の意味がある）。もっとも、漢文史料によると、突厥の君主も仏教に興味を持って、中国から僧侶を招き、経典を将来して伽藍（仏寺）を建立させたとある。この証拠が6世紀後半に建立されたブグト碑文であるが（第32章を参照）、その碑石には未解読のブラーフミー文字面があり、ここに経典が刻まれていた可能性が高い。しかし、これ以上、突厥時代に遊牧民が仏教を取り入れたという記録も証拠もなく、一般に流布するまでには至らなかったのであろう。

8世紀後半になり、ウイグルが強力な遊牧帝国（東ウイグル可汗国）をきずくと、遊牧民も創唱宗教に帰依する動きを見せる。すなわち、安史の乱に際してウイグルの君主が唐の長安から四人のマニ教僧侶をモンゴル高原に招来したのである。すでに長安には「三夷教」と呼ばれるオリエント世界から伝播してきた景教（ネストリウス派キリスト教）、祆《けん》教（ゾロアスター教）、摩尼《マニ》教が流布していたが、ウイグルは、以来、マニ教を国教にさだめ、とくに上層部は篤くこれに帰依したという。殺生を禁ずるマニ教が、屠畜や狩猟を常とする遊牧民に受容された点は非常に興味深い。

ところで、東西の文献史料にはウイグルにおける始祖説話「ボグク・ハン／ブク・ハン伝説」が記録されている。たとえば、ウイグル歴史書断片によれば、「テングリケン（天神なる君主）なるウイグルのボグク・ハンは高昌《トゥルファン》へお越しになって、羊歳（803年）に三（人の）マヒスタクが（モンゴル高原に）着任するようにとモジャクに相談した」とある。マヒスタクもモジャクもマニ教の僧階であり、彼ら

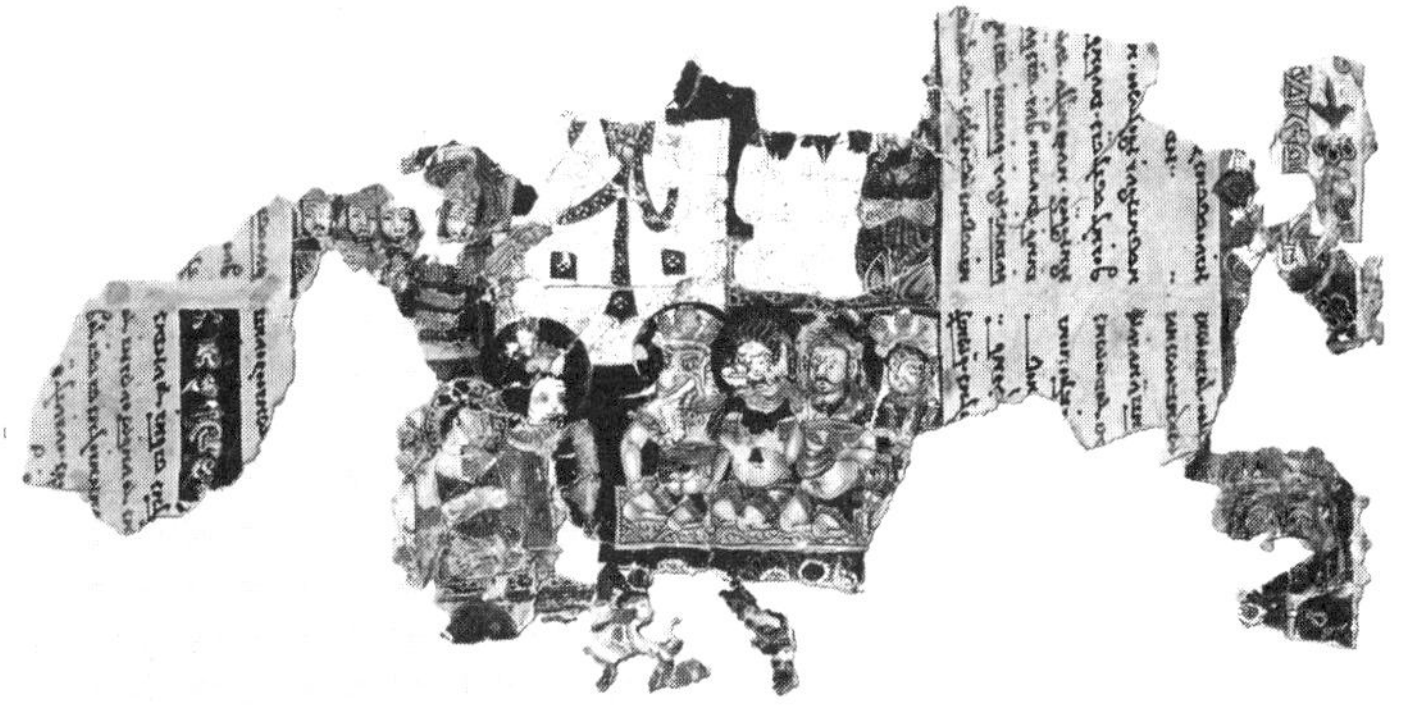

ウイグル・マニ経典の細密画（**MIK III 4979**）ブグ（牟羽）可汗が、中央に坐したマニ教僧の右手を握っている。その前列に居並ぶのはマニ教の守護神たち。（ベルリン国立アジア美術館所蔵／典拠：Albert von Le Coq, *Die Buddhistische Spätantike in Mittelasien, Ergebnisse der Kgl. preussischen Turfan-Expeditionen*, vol. 2, Berlin, 1923, Tafel 8a.）

高位聖職者を招聘しマニ教を取り入れたウイグルの君主の業績が讃えられている。モンゴル高原から天山山脈のふもとに西遷したのちも、ウイグルとマニ教との邂逅《かいこう》がながらく語り継がれていたのである。

9世紀中葉の遊牧ウイグル政権の崩壊後、シルクロードのオアシス都市に定着するようになった西ウイグル王国でも10世紀中葉まではマニ教が国教の地位を保っていた。ところが、10世紀後半になると、オアシスの先住民である印欧語族の一派であるトカラ人や、漢代から河西回廊《かせいかいろう》を通じて移住してきた漢人の影響で、仏教がウイグル王国に浸透し始める。やがて11世紀になると仏教の方が優勢となり、マニ教の信仰は衰退を見せる。この両宗教の推移は、たとえば、新疆《しんきょう》ウイグル自治区のトゥルファン盆地のベゼクリク千仏洞と高昌故城に現存するマニ教・仏教二重寺院が物語ってくれる。これらはもともとマニ教の石窟や都市寺院であったが、のちにそれらを塗り込めて内側に新たな壁を作り、仏教壁画を荘厳して仏教石窟・寺院に改修したものであった。

このように、ウイグル人は定住するに従い、次第に遊牧生活を基盤とする草原の文化を変容させていったのであるが、書記文化もその対象となった。すなわちウイグル人はソグド文字からウイグル文字を作成してテュルク語（ウイグル語）を記述するようになった。やがてはウイグル仏教経典も登場するようになる。その仏教用語には、トカラ語や漢語からの借用語が数多く残っていて、仏教の伝播経路を示している。ところが、その実、そこにはソグド語からの借用語も少なくない。これはかつてのマニ教信仰の儀軌典礼がソグド語でとり行われていた名残であり、ウイグル仏教が興隆し経典を翻訳してゆく過程で、かつてソグド語で作り出されたウイグル・マニ教文献の用語が取り込まれていったからである。ちなみにウイグル仏典では、さらに古層の信仰が姿を見せる。ウイグル人は仏陀のことを「ブルハン・テングリ」と呼びならわす。聖なるものはすべてテングリの属性が発露した存在と見なされていたのだ。これはズルヴァーン・テングリ、ホルムズダ・テングリなど、マニ教の神格の場合も同様であった。

その後、13世紀のモンゴル帝国時代を迎えても仏教が大勢を占める状況は変化せず、天山山脈南麓やタリム盆地といった旧西ウイグル王国領のテュルク系住民がイスラームに帰依するのはモンゴル帝国滅亡後のことである。15世紀中葉に「吐魯番《トルファン》」と呼ばれた土着の仏教徒政権が倒れ、当地のイスラーム化が完了するのは16世紀に入ってからであった。

それでは、ウイグル可汗国の滅亡後、草原世界のテュルク系遊牧民の信仰はどうなったのであろうか。9世紀中葉にウイグルを追い出したキルギズの支配はながく続かず、その後しばらくモンゴル高原に統一的な遊牧政権は誕生していない。10世紀前半になるとモンゴル系のキタイ（遼《りょう》）がモンゴル高原を支配し、ついで12世紀にツングース系ジュシェン（女真）族の金《きん》がキタイを滅ぼすと、現地のテュルク系・モンゴル系遊牧集団の間で主導権争いが始まった。

オロン・スム遺跡のネストリウス派教会址の西側から掘り出された景教徒の墓石。（江上波夫『オロン・スム遺跡調査日記』山川出版社、2005年、109頁、図137）

なかでも有力なテュルク系遊牧集団には、ハンガイ山脈を支配するケレイト、アルタイ山脈を拠点とするナイマン、ゴビ砂漠の南、陰山山脈の北麓で遊牧するオングトの三つがあった。いずれもウイグル文字による書記文化を取り入れ、ネストリウス派キリスト教を信仰し、高度な文化生活をおくっていたという。とくにケレイトは金の援助をうけたオン・ハーンのもとで、モンゴル高原の遊牧諸族を次々に征服していった。最終的に、彼は、モンゴル高原東部のケルレン川、オノン川流域から台頭してきた同盟者、テムジンことチンギス・カンとモンゴル高原の覇権をかけた一戦に破れるものの、ケレイトはチンギス一門の姻族となり、モンゴルの有力部族として存続してゆく。

一方のオングトは、オン・ハーン亡き後、ナイマンの誘いを振り切って、チンギス・カンと同盟し、モンゴル高原の統一戦争に協力する。この功績によってオングトの首長には代々大ハーンの皇女が降嫁されることとなり、オングト駙馬王家とも称された。オングトは以後も陰山北麓の牧地を安堵され、敬虔なキリスト教徒であり続けた。現在の内モンゴル自治区包頭市の北方に残るオロン・スム遺跡は、このオングト王家の都城であり、十字架のレリーフを持つ墓石が、かつてのネストリウス派信仰を今に伝えている。

（鈴木宏節）

コラム1

ユダヤ教徒のテュルク
——クリムチャクとカライム

赤坂恒明

　1941年6月に始まった独ソ戦は、クリミアと北カフカースに住んでいたユダヤ教徒の少数民族の運命を翻弄した。ドイツ系ロシア人でソ連邦科学アカデミー準会員のモンゴル学者ニコライ・N・ポッペは、滞在先の北カフカースでドイツ軍の占領下に入った。当地の山岳ユダヤ人（タート人）を虐殺すべきか否か議論していたドイツ軍に意見具申を求められた彼は、タート人は帝政期に法律上ユダヤ人ではなくカフカース山地民として扱われたイラン系民族であると指摘し、これをナチス親衛隊に認めさせることができた（『ニコラス・ポッペ回想録』三一書房、1990年）。こうして彼らは助かったが、クリミアではユダヤ教徒のクリムチャク人に悲惨な運命が襲った。

　クリミアにはユダヤ教徒のテュルク系民族が二つ存在する。クリムチャクとカライムである。前者は伝統的ユダヤ教を、後者はユダヤ教の分派、カライ派を信奉する。ドイツの占領下、前者はユダヤ人（アシュケナジム）、ジプシー（ロマ）と共に大虐殺《ホロコースト》の対象となった。

　シンフェロポリの2500人は、食料・燃料不足ゆえ他地域に移住させるとの口実で連れ出され、1941年12月11〜13日に射殺され、遺体は対戦車壕に投げ込まれた。致命傷を免れて遺体の間に数日間埋もれ、奇跡的に一命をとりとめた生存者が、事件の証言者となった。フェオドシヤの約600人は、手工業者9家族を除き12月12〜13日、対戦車壕のそばで射殺された。カラスバザル（現ベロゴルスク）では、ガス殺用有蓋トラックも用いられ、生き残ったのは2

家族に過ぎなかった。ケルチでは、クリムチャク人歴史学者・言語学者・教育者I・S・カヤ（1887～1956）ら五人が、自民族の起源等に関する学術文献を当局に提出し、照会の間、虐殺は見合わされた。結局、殲滅と決定、実施は1942年1月3日とされたが、12月30日、ソ連軍がケルチ、フェオドシヤを一時的に奪回、その間、クリムチャク人の一部は脱出できた。しかし、間に合わなかった半数弱はドイツ軍の再占領下、非業の最期を遂げた。かくて、クリムチャク6千余人のうち生き残ったのは4分の1にすぎなかった。

一方、カライム人は、ユダヤ人ではないとして虐殺をまぬかれたが、ソ連軍がクリミアを奪回すると、対敵協力の嫌疑をかけられ、クリミア・タタールと同様、強制移住の対象となり、クリミアから追放された。

さて、両民族の起源については、中世、南ロシア草原で栄え、支配層がユダヤ教に入信したことで名高いテュルク系のハザル可汗国に求める説があるが、史料上の裏付けは困難である。

ポーランドの著名なカライム人テュルク学者A・ザイオンチコフスキ（1903～70）は、カライムをハザル文化の継承者と見なしたが、

シンフェロポリ市のクリムチャク七年制学校の卒業生たち（**1933**年）（*Qrymchaxlar. Al'manakh*, No.1. Simferopol', 2005. ）

ハザルがカライ派であった明証はない。もっとも、11～16世紀、イタリア人にハザリアまたはガザリアと称されたクリミアには、12世紀後半、伝統的ユダヤ教徒は定住していなかったが、カライ派はすでに存在していたので、カライムとハザルの間に関係があるとする見解に一定の蓋然性はあろう。

一方、クリムチャクには、テュルク以外にスラヴ、スペイン、イタリア等に由来する姓があり、多様な民族的要素が認められる。モンゴル帝国～クリミア・ハン国期に黒海交易を中心とする商業活動等に従事した伝統的ユダヤ教徒が、クリミア・タタールと共生するなかで言語的にテュルク化して形成されたと見るべきであろう。彼らは自らの言語をチャガタイと称したが、言うまでもなく中央アジアのチャガタイ文語に由来する呼称である。また、クリムチャクという名称自体、歴史は浅く、1818年、ロシア皇帝アレクサンドル一世宛のヘブライ文字クリムチャク語嘆願書で初めて使用され、それ以前は「ヤフーディー」（ユダヤ人）と呼ばれていた。ロシア支配下、クリミアに大量流入したアシュケナジムと区別するため、「クリミアっ子」という意味の集団名を称したのであろう。

カライムは、キプチャク・ハン国のバトゥ治世下の1246年に始まる暦を用いた。その年にカライ派共同体がモンゴル政権に公認されたのであろう。彼らはクリミア・ハン国、ついでロシア帝国のもとで商業活動等に従事して繁栄した。1734～41年、バフチサライ近傍チュフト・カレの印刷所でヘブライ文字カライム語の祈禱書等が出版されるなど、文化的にも発展した。

カライムはリトアニア・ポーランドにも居住している。1397年、リトアニア大公ヴィタウタスがキプチャク・ハン国に遠征し、翌年、クリミアのカライム３８０家族をリトアニアのトラカイに移住させた。カライムはリトアニア領内各地に広がり、西ウクライナにも共同体を形成した。彼らは非キリスト教徒でありながら、マグデブルク都市法に基づいた特権を与えられたが、これは他に類例を見ない優遇である。

　リトアニア大公国の後身、ポーランド王国の分割により、カライムはロシア（リトアニア）とオーストリア（西ウクライナ）に分断された。そして、後者の集団は第二次大戦後、ソ連の住民交換政策によりポーランドへ移された。なお、19世紀にロシア領内で活躍したカライム聖職者・宗教学者・歴史学者アヴラーム・フィルコヴィチ（１７８７～１８７４）は、西ウクライナのウーツク出身で、ロシアにおけるカライムの権利拡大を求めて活動し、また、カライム史の構築に大きな役割を果たしたが、ハザル史料の長大版ハスダイ宛ハザル王ヨセフ返書（第３章参照）等、古文献の蒐集者としても知られ、ヘブライ学研究史上、無視できない存在である。

アヴラーム・サムイロヴィチ・フィルコヴィチ（アベン・レシェフ）（V.L.Vikhnovich, *Karaim Avraam Firkovich*. SPb, 1997.）

　カライムは帝政末期のロシア領内に1万余人いたが、ソ連期に多数がイスラエルへ移住し、現在、クリミアに約１２００人、リトアニアにはトラカイ等に約３００人、ポーランドにはワルシャワ等に約２００人が居住している。

　人口は少ないがクリムチャクとカライムの歴史と文化は、このように興味深い。

8

イスラームの受容

★改宗の政治的要因★

740年代半ば、アム川とシル川の間を支配下に置いたアラブの勢力はシル川の彼方にも及び、草原との接壌地帯においてテュルクによるイスラームの受容が始まった。およそ2世紀ののちの921年に、バグダードのカリフによりブルガルの国へ派遣されたイブン・ファドラーンはその旅行記に、旅の途次で出会ったテュルクたちがムスリムの口真似をして信仰告白（シャハーダ）やその他の神への頌辞《しょうじ》を唱えると記し、それは本当に信じているからではなく、彼らのもとを通過するムスリムに近づくためであるとの説明を加えている。イスラームへの改宗は証人となるムスリムのまえでシャハーダを唱えることのみで成立するが、すくなくともイブン・ファドラーンは彼らテュルクが本当に改宗したとは見なしていない。彼はまた、最初に出会った一人のオグズの王侯が、嘗てイスラームに改宗したが、配下から「イスラームに改宗するならば、我々を支配することはできぬ」と言われて、「彼のイスラームから立ち戻った」というエピソードも記録している。棄教はイスラーム法上処刑の対象とされるが、奇妙なことにバグダードからの使節団はこの背教者を咎めることなく、些かの贈り物を贈って無事に通行を許さ

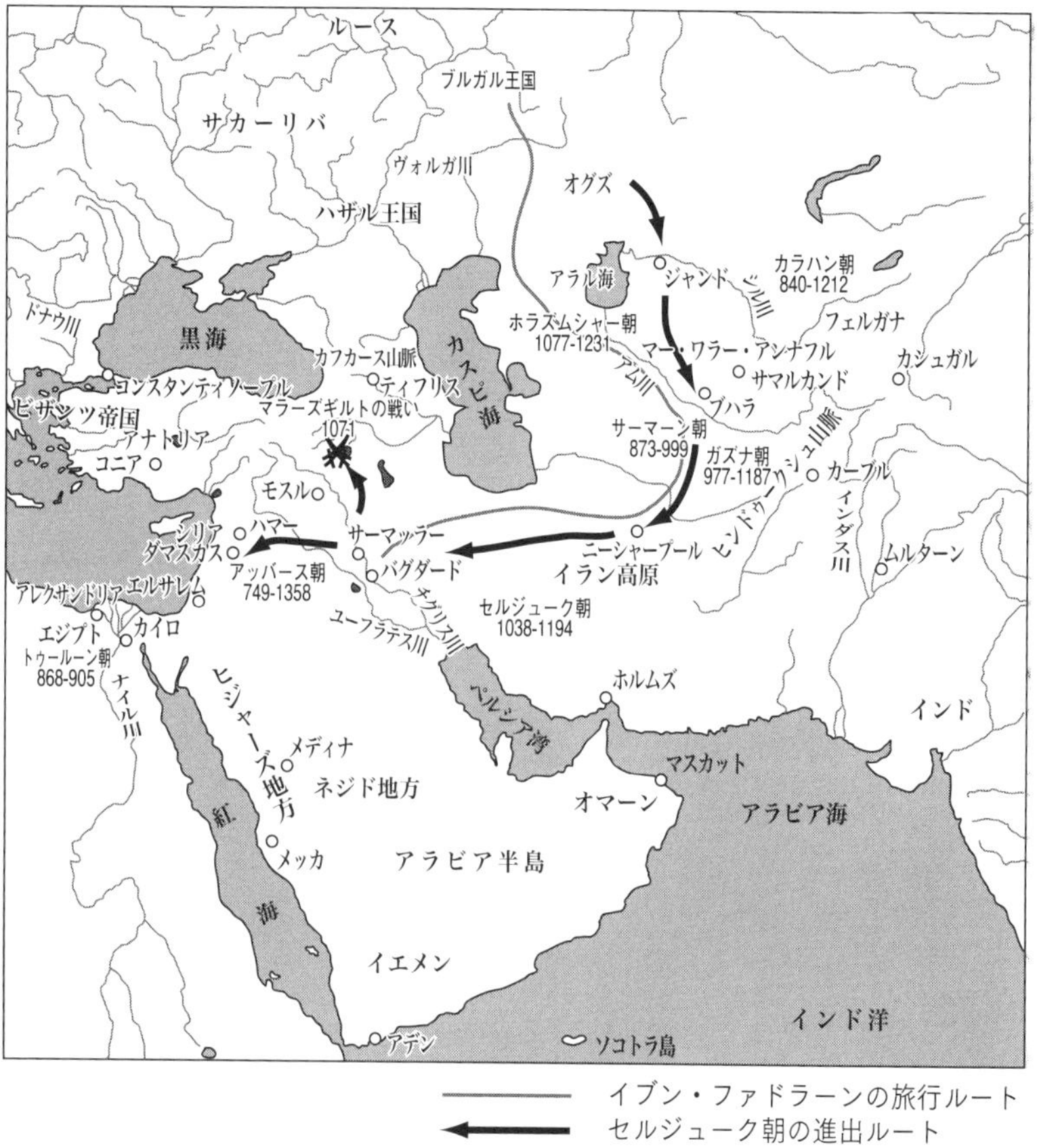

テュルクのイスラーム化（ポール・ランディ著／小杉泰監訳『イスラーム』ネコ・パブリッシング、2004年所収の地図をもとに作成）

れている。これらの事例は、当時の自然発生的なテュルクとイスラームの関わりが受容と見なすには余りに緩やかな段階に留まっていたことを示している。しかし、イブン・ファドラーンの旅行とそれに続く時期には、自然発生的ではない、いわば政治的選択としての改宗が始まった。

　そもそもバグダードからブルガルへの使節団の派遣は、後者からの近隣の敵対勢力に対抗するための要塞建設の資金と宗教指導者を求める要請に応じたものであった。ブルガルの王のイスラーム受容は、当時服属していたユダヤ教を国教とするハザルからの自立と隣接するサカーリバ（スラヴ）及び南下の勢いを示していたスカンディナヴィア・ルースへの対抗を意図し、周辺の諸勢力との差異化により自らを強化するためのものであったと考えられる。

テュルクによるイスラーム受容の流れは、カラハン朝のサトク・ボグラ・ハーンの改宗により決定づけられたとされる。ただし彼の改宗に関する最古の文献は、12世紀に書かれた史書を引用した14世紀の文献であって、その内容はすでに伝説的な様相を帯びている。それによると、サーマーン朝の王族、ナスル・ビン・マンスールなる者がサトクの叔父のカガンの許に亡命し、カシュガル東北のアルトゥジュの村の代官に任じられ、この地にはブハラとサマルカンドから隊商がやって来るようになったという。12歳のサトクが、ブハラからの隊商が到着するとアルトゥジュに来て、隊商が持って来たものを眺めていたという記述は、イブン・ファドラーンの記述に見える、物珍しさから隊商に近付くテュルクを彷彿させる。ナスルによってイスラームに導かれたサトクは、その親族の一団にイスラームを勧め、50人がこれに従った。やがて、25歳になったサトクはこの50名と共にユガチ・バリク（樹木の町の意）の地に立て籠もり、叔父との戦いを決意すると、彼の許にはカシュガルの騎兵三百とフェルガーナの戦士（ガーズィー）が集結して千人になった。やがて騎兵が三千になると彼らはカシュガルを攻撃して「イスラームにより」征服した。

ガーズィーは異教徒に対する襲撃（ガズワ）を行う戦士のことであるが、当時のサーマーン朝の辺境の複数の町には、ムスリムとなって異教徒の同族を襲撃するテュルク出自のガーズィーがすでに存在していた。サトクの許に集まったフェルガナのガーズィーとは彼らの一部に他ならない。サトクはイスラームの旗を掲げることにより、親族の一部とおそらくはカラハン集団の外部のすでに改宗していたテュルクを味方に獲得して新たな勢力を結集し、叔父からの奪権に成功したと見なせよう。アラブ史料が伝える、サトクの死後の９６０年に二十万帳のテュルクの改宗は、サトクによる政治的改宗の最終的な帰結であったと考えられる。

セルジューク集団の改宗にも政治的動機を見出すことが可能である。ハザルの王、もしくはオグズ・ヤブグという称号を持つ上級君主に服属してアラル海東方の砂漠地帯にいた遊牧集団のセルジュークという名の首長（王朝名はこの個人名に由来する）は、９８５年前後に上級君主の支配から離脱してシル河左岸のジャンドに移り、ここでイスラームに改宗した。彼とその集団はガーズィーとして「不信者」に留まっている草原のテュルクに対する襲撃に従事し、オグズ・ヤブグの勢力と戦った。イスラームへの改宗以前のセルジューク集団はハザルの影響の許でユダヤ教を受け入れていた形跡がある。新たな改宗は元の支配者から自立する意図の表明でもあった。

先に言及したサトクの改宗譚では、彼が「アッラーの書物を暗誦し、その意味するところを理解した」とされる。一方、これも先に言及した二十万帳のテュルクの改宗を伝えたアラブの歴史家は、サトクが、天から一人の人が降り、彼に「テュルク語で、イスラーム教徒になれ。汝、現世と来世で幸せとならん」と告げる夢を見たと伝える。つまり、ここでは改宗の勧告は、そもそもテュルク語で為されたとされている。テュルク語を媒介として表現されたイスラームを「テュルクのイスラーム」と称することはひとまず妥当であり、テュルク語に固有の歌謡の形式に則って神秘主義思想を表現した12世紀のスーフィー、アフマド・ヤサヴィーや、その系譜に連なるアナトリアのアーシク（吟遊詩人）

たちの宗教的営為に「テュルク的」という形容を冠することは可能である。ただし、たとえば極めて厳格な正統主義者であった、16世紀オスマン帝国の大法官（シェイフルイスラーム）エビュッスウードによる、代表的アーシクであるユヌス・エムレ（13〜14世紀）の詩をモスクのなかで吟じることは「明白な瀆神」、スーフィーたちの円陣を組んで行う称名（デヴラーン）は「不信者たちの闘鶏」という宣告もまたトルコ語によって為されていたことに鑑みるならば、使用言語の如何が直ちにその表現内容に関わるのではないこともまた明白である。現在のトルコ共和国と中央アジアの諸国家にはスーフィズムからサラフィー主義に至るさまざまな宗教的潮流が存在する。スーフィズムは土着的要素とより親和的であり、サラフィー主義は対立的であるとしても、当然のことながらいずれもがそれぞれの地域の日常使用言語によりその宗教性を表現しているのである。

（濱田正美）

II

文学と言語

9

英雄叙事詩

★テュルクの口承文芸★

テュルク世界は口承文芸の宝庫だ。もともと遊牧の民であったテュルクの人々は、日々の生活に必要不可欠なもの以外は持たなかった。その一方で、自分たちの感情や思想を、技巧を凝らした言語芸術によって表現し、知識や経験、記憶を口承によって後世に伝える豊かな文化を持っていた。口承文芸は、テュルク文化の大きな柱である。

口承文芸にはいくつかのジャンルがある。基本的にそれらはいずれのテュルク系諸民族にも伝わり、互いによく似た特徴を持っている。すなわち、昔話や伝説、格言・俚諺、人生儀礼や年中行事、日常生活で歌われる種々の歌謡・俗謡など多くのジャンルがあるが、とりわけ重要であったのは英雄叙事詩である。

英雄叙事詩は、ダスタン／デスタン（ウズベク、タタール、アゼルバイジャン、トルコ）、ジュル（カザフ、カラカルパク）、ジョモク（クルグズ）、カイ（アルタイ）、オロンホ（サハ）など、テュルク諸語でさまざまに表されるが、その核となるテーマは「集団の団結と外敵との戦い」であり、抜きんでた能力を有する英雄が遠征をして、敵と戦う姿が描かれる。『アルパムス・バトゥル』（第10章参照）や『チョラ・バトゥル』（第11章参照）など、複数のテュルク系民族に伝わる叙事詩もあれば、『マナス』（クルグズ）や『ウラル・バトゥル』（バシュコルト）、『エル・ソゴトフ』（サハ）などのように、ある民族に固有に伝わる物語もある。

叙事詩は一行7〜8音節、もしくは11〜12音節からなり、メロディアスに歌われるが、韻文に散文が混じるものや散文として語られるものもある。その規模もさまざまであるが、多いものでは数千から数万行に及ぶ。一般的に、たとえ同一の叙事詩であっても、語り手によって複数のヴァリアントが存在する。

ウズベクの代表的な語り手たち

叙事詩の語り手は、かつてはシャマンであったと考えられるが、のちに叙事詩を専門的に語る語り手たちが担うようになった。叙事詩の語り手は、師匠に就いて叙事詩を覚え、一種の流派を形成する一方、さまざまな流派の語り手から習得する語り手も少なくなかった。叙事詩は、弦楽器の演奏を伴いながら、即興を交えて語られることが多い。基本的に日没後に語られ、聴衆の反応が語りの出来を左右した。語り手には、記憶力と表現力、即興力が要求され、優れた語り手はたいへん敬われた。

現在知られている最も古いテュルクの英雄叙事詩は『アルプ・エル・トゥンガ』とされるが、11世紀の『テュルク諸語集成』や『クタドゥグ・ビリグ』に断片的に残されているにすぎない（第12章、第14章参照）。アルプ・エル・トゥンガは遊牧騎馬民サカの勇士であると言われ、イランの『シャー・ナーメ（王の書）』に登場するトゥランの英雄アフラーシアーブに比定される。アルプとエルはいずれも「英雄・勇士」を意味し、アルプはアルパムスなど、エルはエル・トシュテュクなど、多くの英雄叙事詩の主人公の名にも用いられる。

『テュルク諸語集成』や『クタドゥグ・ビリグ』よりも古い突厥《とっけつ》碑文を英雄叙事詩の原型と見なすことも可能だ。突厥碑文にはテュルクの「ナショナリズム」的要素が色濃く見られ、その内容は敵との戦いや統治者・有力者を称賛する文言に満ちている。「集団の団結と外敵との戦い」という英雄叙事詩のテーマと突厥碑文のテーマは見事に重なり合うのである。

テュルクの英雄物語では、『デデ・コルクトの書』も注目に値する（第5章参照）。『デデ・コルクトの書』は、オグズ系部族に伝わっていた、12の英雄譚をまとめた写本であり、16世紀ころに書写されたと考えられる写本がヴァティカン（6話）とドレスデン（12話）に残されている。オグズ・カガン説話（第2章参照）とならぶ、オグズの伝承として広く知られるものであるが、比較的古い時代に記録されたテュルクの英雄叙事詩として大きな意味を持つ。賢者コルクトの伝説は、カザフやバシュコルトにも伝わっており、コルクトはテュルク世界が共有する伝説的偉人であったと言えよう。

テュルク諸民族が共有する英雄叙事詩と言えば、「ノガイ大系」とまとめられる一連の叙事詩がある。「ノガイ大系」に描かれる英雄は基本的に歴史上実在した人々である。キプチャク草原に興ったノガイ・オルダ（15〜17世紀）の創始者エディゲをはじめ、その息子ヌラッディン、カラサイ、カズ、オラク、ママイなどノガイ・オルダの人物がそれぞれ叙事詩の主人公として描かれる。これらの伝承は、ノガ

カラカルパクの語り手

イ・オルダに対する歴史観を知る手がかりともなっている。
西アジアや中央アジアのテュルク諸民族に伝わる『キョルオウル』の主人公も歴史上の人物であると考えられる。16世紀から17世紀にかけてオスマン帝国の東部で起こったジェラーリー反乱を背景としたと言われるこの叙事詩は、西アジアやカフカースから中央アジアにまで広がるが、トルコやアゼルバイジャンのヴァリアントとトルクメン、ウズベク、カザフなど中央アジアのヴァリアントでは主人公や作品の特徴が異なる。『チョラ・バトゥル』と同じく、同一の話が時とともに多種多彩に語り伝えられるようになることもテュルクの英雄叙事詩のおもしろさである。

歴史上の出来事や英雄の活躍は、近代以降も口碑となった。18世紀以降、プガチョフの農民戦争に加わったバシュコルト人指導者サラワト（第26章参照）やカザフ草原でロシアへの抵抗運動を指揮したケネサルなどを歌う叙事詩も語り伝えられた。1916年の中央アジア反乱ですら、古来の口承詩の手法をもって歌われた。

こうした歴史を反映した英雄叙事詩のほかに、テュルクの文化的基層にあると考えられる世界観や信仰観に基づく英雄叙事詩も少なくない。クルグズやカザフに伝わる『エル・トシュテュク』では、主人公は地下世界に赴き、そこを遍歴しながら敵を倒し、世界樹に住む聖鳥のひなを狙う蛇を殺して、聖鳥に乗って地上に戻る。この物語はテュルクの古い垂直多層的な世界像を明示し、主人公の姿はシャマニズムの巫術《ふじゅつ》を行うシャマンを彷彿させるものである（第5章参照）。英雄叙事詩は、古来のテュルクの世界観を知るための格好の資料でもあるのだ。

口承によるテュルクの英雄叙事詩の大部分は、19世紀になって記録されるようになった。それらのテキストは、新聞や雑誌によって広く知られるようになり、さらに書籍にまとめられ、教科書に取り上げられるなどして、近代的な意味での「民族」意識の強化に貢献してきた。クルグズの『マナス』のように、ソ連解体後に独立した国のシンボルとなっているものもある。口承文芸というジャンル・メディアは、新たなテクノロジーの出現によって衰退してしまったが、映画化やアニメーション化された叙事詩も少なくない（「キョルオウル」トルコ映画、１９６８年、「エル・トスティクと龍」カザフスタン・アニメ映画、２０１３年など）。英雄たちは、叙事詩という枠を離れても、時代に合わせた姿で活躍を続けるのだ。

（坂井弘紀）

10

アルパムス・バトゥル

★ユーラシアを翔《かけ》るヒーロー★

「民族」や国境を越えて、テュルクの人々に共有される文化遺産として、突厥《とっけつ》碑文や『テュルク諸語集成』などがあるが、英雄叙事詩『アルパムス・バトゥル』もそれらに並ぶであろう。『アルパムス・バトゥル』系統の物語は、南シベリアのアルタイ地方から中央アジア、ヴォルガ・ウラル地方、アナトリア地方にまで広がる。『アルプ・マナシュ』（アルタイ）、『アルパムス』（カザフ、カラカルパク）、『アルパミシュ』（ウズベク）、『アルパムシャ』（バシュコルト、カザン・タタール）、『アルプマムシャン』（シベリア・タタール）、『バムシ・ベイレク』、『ベイ・ビラ』（トルコ）などと主人公の名称は異なり、それぞれの地域の特徴を取り込み、独自のストーリーを持つが、あらすじはほぼ同一である（以下、これらをまとめて『アルパムス』と記す）。あらすじを示すと、

跡継ぎに恵まれぬ老いた夫婦に、祈願によって念願の息子が生まれる。その子は尋常ならざる成長をし、幼くして勇士となる。片腕となる名馬を手に入れ、さまざまな困難を克服し、妻を娶る。妻を求めるために、あるいは敵を倒すために遠い地へ旅立つが、罠に落ちたり、長い眠りについたりした結果、敵に捕らえられ、地下牢に入れられる。牢

から故郷への手紙を鳥に届けさせるが、失敗してしまう。敵の首領の娘などの協力を得て、脱出すると、敵と戦い勝利して、故郷へと向かう。故郷では、主人公の不在の間に、妻が身内の者に奪われ、結婚させられようとしていた。主人公は、婚礼の場に変装して登場し、詩の掛け合いや弓の競技などによって、自分の優れた力を知らしめると、その正体を明かし、内なる敵を倒す。

こうして、主人公とその国には平安が訪れる。

ユーラシアの広範な地域に伝わる『アルパムス』のヴァリアント間の関係については、諸説ある。アルタイのヴァリアントが、テュルクの人々の西進とともに、中央アジアやヴォルガ・ウラル地方へ、さらにオグズによって、アナトリア地方にもたらされたという説が有力ではあるものの、タタールやバシュコルトからアルタイ地方へと伝播したとの見解もある。いずれにしても、ユーラシアの中央部から南へ西へと伝わっていったことは確かなようである。『アルパムス』とよく似たあらすじの話が、ギリシアの『オデュッセイア』やロシアの『ドブルィニャ・ニキーティチ』、日本の『百合若《ゆりわか》伝説』など世界各地に古来伝わっている。『アルパムス』は世界の伝承を考える上でも、大きな意味を持つ叙事詩なのである。

『アルパムス』には、「集団の団結と外敵との戦い」という、テュルク英雄叙事詩のテーマがはっきりと表れている。敵として描かれるのは、モンゴル系オイラトを意味する「カルマク」(カザフ、ウズベク、カラカルパク)、「異教徒」(トルコ)、「残忍なハン」(アルタイ)などで、「異教徒」である敵をイスラームに改宗させるという場面も珍しくない。また、彼の妻を奪おうとした兄弟や旧友など、近しい人物とも主人公は戦う。長い遠征の末、帰郷してみると、留守の間に「内なる敵」が家族を苦しめていたという展開も劇的である。

アルパムスの姿は、典型的なテュルクの勇士である。長らく子どもに恵まれず悩んでいた夫婦に、霊的存在の助力によって主人公が生まれるというのも、多くの英雄叙事詩に見られるモティーフであり、また幼少から、非凡な能力を発揮し、その力がしばしば大げさすぎるほど誇張されることもテュルク叙事詩の英雄たちに共通する。

書籍化された『アルパムス・バトゥル』

アルパムスには、カルルガシュ（ツバメ）などという名の妹がおり、物語の要所に登場する。主人公の妹が主要な登場人物となっている例は、テュルク英雄叙事詩には珍しくない。また、アルパムスの妻は、父の友人の娘やいとこであり、バルチン（絹）やチチェク（花）、マルジェン（珊《さん》瑚《ご》）などの名前で現れる。妻との結婚は、難題や困難を克服した結果もたらされる。バシュコルトやアナトリアのヴァリアントは、妻となる女性自身が克服しがたい難題を結婚の条件として示す、難題求婚譚の典型である。妻も夫のアルパムスのように並外れた力を持っており、美しいだけでなく、力強い女勇士として表現されていることが興味深い。テュルクの叙事詩に描かれる女性は、概して聡明で勇敢である。

アルパムスが描かれた記念コイン
（カザフスタン）

勇士の愛馬の存在の大きさは、テュルクの人々の騎馬文化との強いつながりを改めて想起させる。求婚と同様に、主人公は苦労してどうにか名馬を手に入れる。バイシュバルやアクボロ、アクブズなどの名を持つアルパムスの愛馬は、超自然的な能力を具え、人間の言葉を理解したり、背中に生えた翼で空を飛んだりする。アルタイのヴァリアントでは、苦難に陥った主人公を救うため、天界と地上界とを行き来する。その姿は、アルタイのヴァリアントに登場する、川の渡し守の賢者と同様に、シャマンを彷彿とさせるものである。

さて『アルパムス』では、主人公の勇士は、尋常ではない長さの「勇士の眠り」や策略による深酒によって人事不省となり、その隙に地下牢に投じられる。アルパムスは、そこから脱出するため、自分の苦境を書いた手紙を鳥に託したり、神や聖者に救出を祈ったりするが、うまくいかず、長い年月を地下牢で費やす。この地下牢は、シャマニズム的な世界観における地下世界と見なすことができる（第5章参照）。

中央アジアに伝わる『アルパムス』の舞台は、ジーデリ・バイスンで共通している。この地が、現実に存在したのか否か、あるいはそれがどこにあったのかという問題については、諸説あるが、ウズベキスタン共和国南部のスルハンダリヤ州、バイスン（ボイスン）がアルパムスの故郷であるとされる。その真偽はさておき、この地には独特の口承文化が残っており、ユネスコの世界遺産（無形文化遺産）

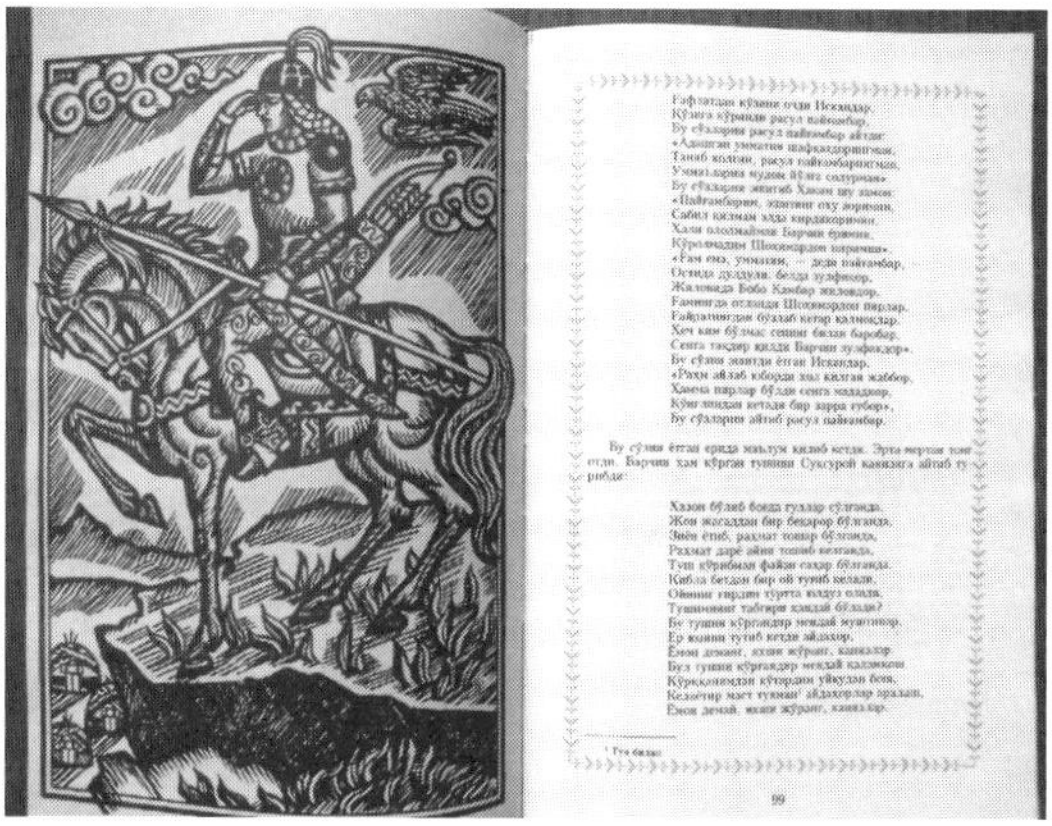

ウズベク語版テキスト

に「バイスン地区文化空間」として登録されている。

ソ連時代、多くの『アルパムス』テキストが記録され、研究も進んだ。第二次世界大戦中は、外敵と戦うテーマが時局に合致し、すぐれた民族文化として称賛された。しかし、戦後、この叙事詩は反動的・封建的であるとして厳しく非難された。他の多くのテュルクの叙事詩と同様に、『アルパムス』もまた政治的イデオロギーに左右されたのであった。

現在では、伝統的な文化遺産として定着した『アルパムス』であるが、それを語る場はほとんどなくなってしまった。だが、いまも絵本や学術書などの書籍、テレビのアニメーション番組など、現代的な形で人々の心をつかんでいる。主人公が変装して帰郷し、その正体を劇的に明かす場面は、現代の特撮やアニメなどのヒーローの変身と共通するカタルシスを与える。この英雄物語が広く愛され続けるのは、そんな普遍的なおもしろさにあるのかもしれない。

（坂井弘紀）

11

チョラ・バトゥル

★カザン陥落と悲劇のヒーロー★

一地方国であったモスクワ公国が、やがて世界で最大の面積を持つロシア帝国へと成長するきっかけとなった出来事がある。1552年のカザン征服である。現在、ロシア連邦タタルスタン共和国の首都であるカザンは、かつてはヴォルガ・ブルガルの首邑であり、またカザン・ハン国の都であった。カザンを陥落させ、カザン・ハン国を征服すると、ロシアはさらにアストラハン・ハン国、シビル・ハン国など周辺のテュルク系国家を次々と攻め落とし、シベリアやカフカース、中央アジアを領有しながら、大帝国へと発展していく。テュルクの歴史においても、カザン征服は大きな転機であった。このことは、テュルク諸民族に、後世まで消すことのできない記憶として口碑により伝えられている。英雄叙事詩『チョラ・バトゥル』である。

『チョラ・バトゥル』は、物語の舞台となったカザンのタタールや北カフカースのノガイ、クリミアやドブルジャ（黒海西岸地方）のタタール、中央アジアのカザフ、カラカルパクなどユーラシア各地のテュルク系民族に語り継がれてきた。カザン・タタールに伝わるテキストに従うと、あらすじは次のとおりである（カザン・タタール語では「チュラ・バトゥル」であるが、ここでは「チョラ・バトゥル」で統一した）。

北カフカース、ダゲスタンのカズ・ビーは狩りの途中、敵から逃げて森に隠れていた子どもを養子にして、ナランと名付けた。勇士となったナランはミンスルという娘を妻とした。カズの弟カンミルザはミンスルを手に入れようとして、ナランに殺される。弟を殺されたカズ・ビーはナランをダゲスタンから追放した。ナランは妻とアストラハンのアクチャ・スルタンの町へ向かう。ところが、アクチャ・スルタンもミンスルに言い寄ったため、ナランに殺された。アストラハンからクリミアへ逃げる途中、ナラン夫妻に息子チョラが生まれる。すぐに勇士となったチョラ・バトゥルはヴォルガ川へ出陣する。そこで妻を娶るが、チョラ・バトゥルの留守中、クリミアのアクタチュ・ハンの家来ガリ・ビーがチョラの家族を虐げる。怒ったチョラ・バトゥルはガリ・ビーを殺し、さらにカザンへ向かう。そして、カザンのシャガリ・ハンとともにロシアとの戦いに備えた。ロシアは美しい娘をチョラ・バトゥルのもとに送り、彼の子どもを宿すとその娘はすぐにロシアに戻った。チョラ・バトゥルはシャガリ・ハンの娘からもらった刀を手に、ロシアの攻撃を迎え撃つ。戦いのなか、チョラ・バトゥルと一騎打ちで戦ったロシアの勇士は、実はチョラ・バトゥルの息子であった。激戦のすえ、チョラ・バトゥルはヴォルガ川に沈み、その後、カザンは落ちた。

作品からは、かつてジョチ・ウルス（キプチャク・ハン国）の領域であったアストラハンやクリミア、カザンなどに、それぞれの政権が並び立っていたことや、チョラの父はそれらの地を巡ったものの、いずれの地も安住の地ではなかったこと、チョラがカザンのために敵ロシアと戦ったが、謀によって

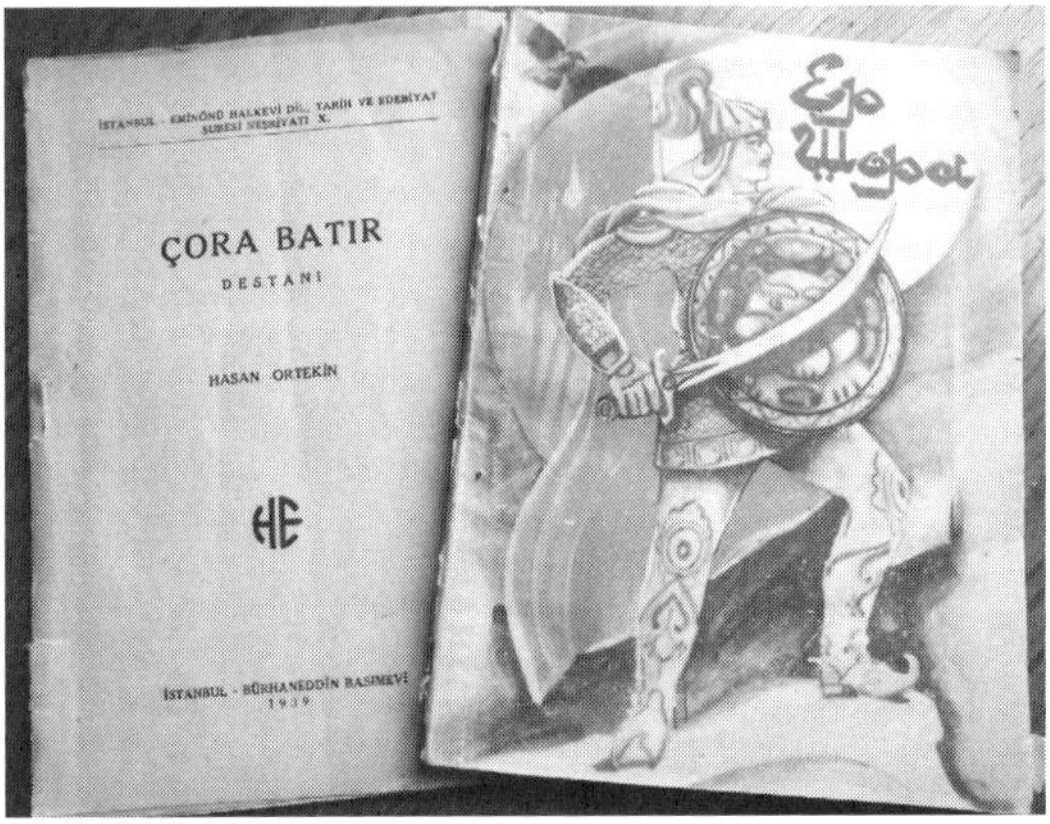

チョラ・バトゥルのテキスト（トルコ語、カラカルパク語）

生まれた息子と戦って戦死したこと、カザンがロシアによって征服されたことが読み取れる。ロシアの娘との間に生まれた息子によって殺されたという点はフィクションであろうが、そのほかの点はおおむね史実を反映したものである。チョラ・バトゥルは実在した人物であると考えられ、ロシアの史料には「チュラ・ナリコフ」という名が記されている。また、チョラが仕えたカザンのハン、シャガリは、カザン・ハン国のシィガリ（シャー・アリ）に同定されるであろう。実際には、他の史料から得られる彼らの人物像と英雄叙事詩に描かれる姿は異なっている点が少なくないが、この叙事詩が、カザン・ハン国末期の状況を歌っていることは確かなことである。

　中央アジアから東欧のテュルクに伝わる『チョラ・バトゥル』であるが、ストーリーにおいて、たいへん興味深いことがある。それは物語の結末である。内なる敵との戦いやカザンをめぐる敵民族との攻防を中心に、同じような話のすじであるが、ヴァリアントによって、物語のラストシーンが大きく異なるのである。ヴォルガ地方やカフカース、クリミア地方といったロシア領内、東欧地域では悲劇的結末が伝えられ、中央アジア地域においてはハッピーエンドで物語が終わる。つまり、史実を反映したカザン陥落とそれに先立つ主人公の死をもって終わるヴァリアントと、史実とは異なり、敵に勝利し故郷へ凱旋するエンディングのヴァリアントがあるのだ。この結末の相違の理由はいったい何であろうか。その答えは「歴史観」の違いであろう。

主人公が戦死し、敵に敗北する史実を映したヴァリアントが語り伝えられたのは、カザン・タタールやクリミア・タタール、ドブルジャ・タタールなど、ロシアとの関係を相対的に早く持ち、カザン陥落が彼らの歴史のなかで大きな意味を有し、彼を悲劇の英雄として後世に伝えてきた人々である。ロシア革命期のクリミアにおいても、チョラはたんなる叙事詩の主人公ではなく「偉大な英雄」とされ、若者は「おまえのチョラ・バトゥルはどこにいる?」と歌い合ったという。

ЧОРА БАТЫР

ОЗЬ ЗЕНААТЫН

チョラ・バトゥルについての新聞記事（クリミア・タタール語）

一方、史実からは遠く、敵に勝利するヴァリアントは、カザフやカラカルパクなど、カザン征服をあまり重視しない人々の間に伝えられてきた。しかも、カザンを攻める敵はロシアではなく「カルマク」、すなわちモンゴル系オイラト（ジュンガル帝国であることが多い）である。これらの人々にとっては、ロシアよりも「カルマク」の侵略による惨劇の方が重要であり、後世に語り継ぐべき悲劇であった。その敵に勝利するチョラの功績はまったくのフィクションだが、それは仇敵「カルマク」を打ち破る、理想的なテーマの叙事詩へと変容した結果なのである。なお、昔話に変容したノガイのヴァリアントでは、クリミアは登場するがカザンは描かれず、敵も空想的な巨人デヴ（第6章参照）になっている。

『チョラ・バトゥル』は、19世紀後半から記録され、ソヴィエト時代の初期にはオペラ化もされたが、やがて否定的に扱われるようになった。「長兄」たるロシアに公然と立ち向かう主人公の姿は、「諸民族の接近と融合」を謳うソ連の政策に相反する、好ましからざるものとされ、テキストの刊行やその研究は大きな制約を受けた。チョラ・バトゥルは、ソ連の政治的なイデオロギーに翻弄されたのである。もっとも、やがて「ミラース（遺産）」と呼ばれる民族文化の復興や再評価の流れが現れると、1980年代からこの英雄叙事詩に対する制約は緩み、テキストの刊行や研究が進んでいく。そして、ソ連解体後は『チョラ・バトゥル』の種々のテキストが出版されるようになった。

『チョラ・バトゥル』は、さまざまな歴史観を反映させながら、それぞれの地域で多様に語り継がれてきた、テュルクの歴史の複雑さを想起させる叙事詩なのである。

（坂井弘紀）

12

クタドゥグ・ビリグ

★テュルク・イスラーム文学の始まり★

「幸福になるための知識」という意味のテュルク語を題名とする『クタドゥグ・ビリグ（*Qutaḏγu Bilig*）』は、カラハン朝の首都の一つであった天山山脈西部のバラサグン出身のユースフ（Yūsuf）の手になる教訓的な内容の長編物語詩である。作品の終わり近くに詠みこまれているようにヒジュラ暦462年（1069／70年）に完成された、現存する最古のテュルク・イスラーム文学作品である。著者による原本は現存せず、後代の写本が三点伝わっている。それらは、ヘラート写本（オーストリア国立図書館所蔵。ウイーン写本とも呼ばれる）、カイロ写本、およびナマンガンで発見されたフェルガナ写本である。ヘラート写本はウイグル文字で書かれており、奥書からティムール朝時代の1439年にヘラートで筆写されたことがわかる。アラビア文字による他の二つの写本の筆写年代・筆写地は明らかではないが、どちらもヘラート写本より古い時代に作成されたと見られる。また著者原本もアラビア文字であったと推定されている。ヘラート写本にはしばしば15世紀の言語特徴が混入しており、本文確定のための資料としての価値はアラビア文字による他の二写本よりも劣る。なお2015年にトルコ言語協会によって新たに三つの写本のカラー版ファクシミリが刊行された。

形式面では、そのおよそ60年前にペルシア語で書かれたフィルダウスィーの『王書』と同じムタカーリブの韻律によるマスナヴィーの詩型で書かれているが、内容的には君主に対して統治の心得を説く君主鑑文学の一種として位置づけられる。実際に本作はカラハン朝の君主タヴガチ・ブグラ・ハーン（Tavghach Bughra Khān）に献呈されており、ハーンはこれによりユースフに対し侍従（khāṣṣ ḥājib）の位を与えたという。現存する三写本にはいずれも欠落部分があるため、本来の行数は不明だが、1947年にイスタンブルで出版されたアラト校訂本では、作品本体が6520対句、ユースフの作による三つの補遺が合わせて125対句となっている。現存する写本にはこのほかに散文による序と韻文による序が含まれているが、いずれも後代の付加と考えられる（フェルガナ写本は韻文による序を欠いている。ヘラート写本にはさらに別のテキストも書き足されている）。

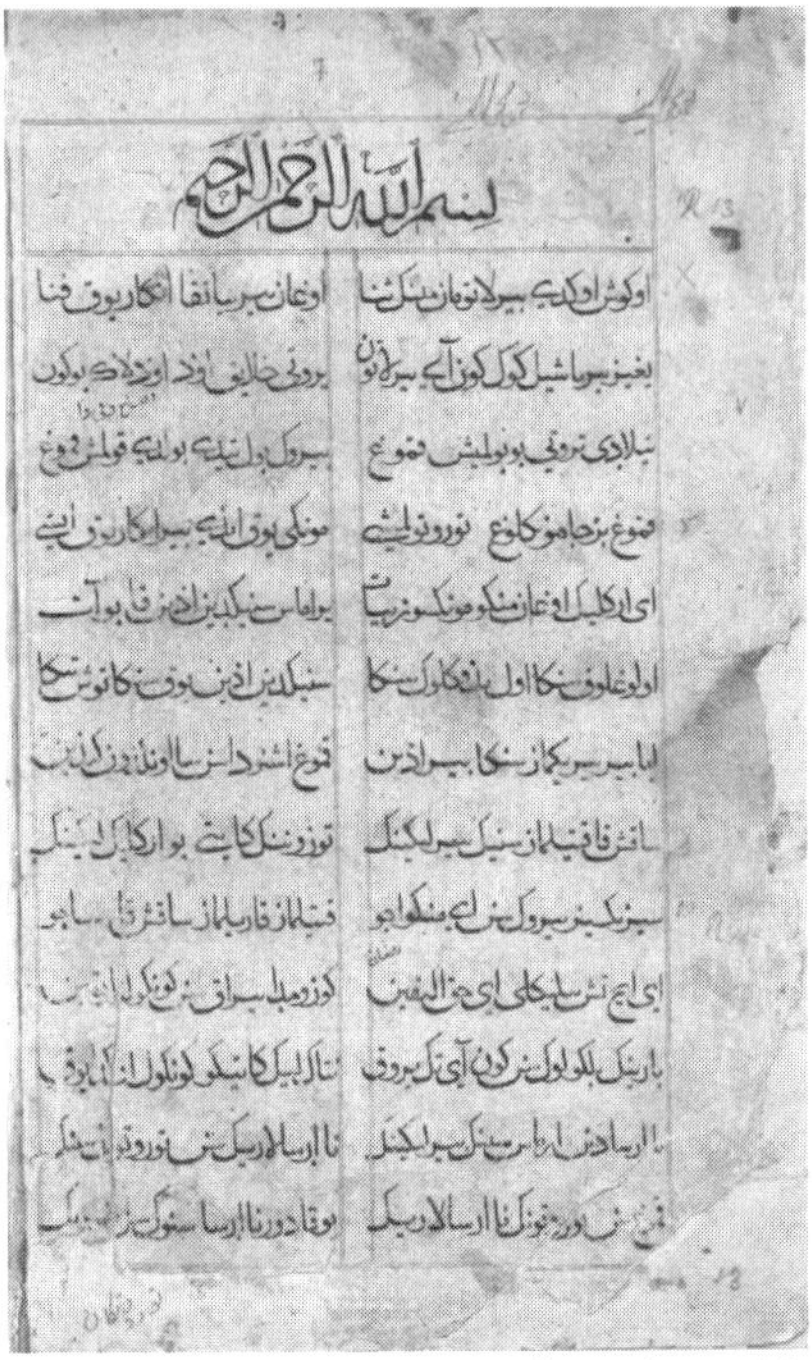

『クタドゥグ・ビリグ』フェルガナ写本から（出典：*Kutadgu Bilig B Fergana Nüshası*, Ankara: Türk Dil Kurumu, 2015.）

第12章
クタドゥグ・ビリグ

『クタドゥグ・ビリグ』は、ペルシア語によるマスナヴィーの定型を踏まえ、バスマラ（「慈愛あまねく慈悲深きアッラーの御名において」）と神・預言者・四人の教友への讃辞で開始され、春を祝い君主ブグラ・ハーンを讃える内容の詩がこれに続く。ついで七つの遊星と12の星座に触れた後、知識と知性、言葉の益と害、善行についての考えが、著者の弁明とあわせて示される。さらにこの書の題名の説明と自身の老いに対する嘆きが語られ、神への祈願によって導入部が閉じられる。

物語は四人の主要な登場人物の間の問答を中心に進行する。まず「正しい法（正義）」を象徴するキュントゥグドゥ王の紹介に始まり、「幸」を象徴する宰相アイトルドゥの仕官、「正しい法」と「幸」をめぐる両者の問答へと続く。王はアイトルドゥを宰相として重用するが、やがてアイトルドゥは病に倒れる。王への真情のこもった手紙のなかで息子オグデュルミシュを王に託し、アイトルドゥは世を去る。アイトルドゥの息子オグデュルミシュは「知性」の象徴として王に仕え、「知性」について、また宮廷を構成する公（君主）、宰相、軍司令官、大侍従、使者、書記官、財務官、膳部などに求められる要件について王との間で問答を繰り広げる。作品の後半では「終末」を象徴する行者オドゥグルムシュが登場する。人里離れて神に奉仕する行者は、最初は現世の欠点を指摘しキュントゥグドゥ王の招きを拒否するが、オグデュルミシュの度重なる要請を受けて、ついには王宮を訪れ、王に対し長い助言を与える。なお行者オドゥグルムシュとオグデュルミシュとの問答では、君主に仕える上でのしきたりや、社会を構成する学者、医師、夢占い師、詩人、農民、商人、貧者などとの交わり、さらには結婚や子育て、宴席での作法といったさまざまな知識が提示される。こうして王の治世は栄えたが、ある日行者オドゥグルムシュもまた病の床につく。やがてオグデュルミシュの元にオドゥグルムシュの死の知らせが届けられ、死を悼むオグデュルミシュとそれを慰める王が描かれる。オグデュルミシュの王に対する祈願の後、彼らの統治が続いたことを述べて物語本体は終わる。最後に終結部として、作者からの読者に対する呼びかけと祈願が置かれている。

このように、『クタドゥグ・ビリグ』はテュルク・イスラーム文学の最初期の作品でありながら、形式面でも内容面でも高い完成度を示している。とくに賢者オグデュルミシュによって語られる、当時の社会で求められたであろう種々の実践的な知識と、羊毛の衣をまとい主の名を唱える行者オドゥグルムシュの「現世が扉を開くと、もう一方の扉、つまり死の扉が開き誰もがそこに入る」という現世否定の思想との鋭い対比は、この作品を考えるうえでもっとも注目すべき点であろう。

『クタドゥグ・ビリグ』中国語訳（優素甫・哈斯・哈吉甫『福楽智慧』北京、2003年）

すでに述べたように、本作はテュルク語詩にとっては外来の技法である、ペルシア語詩の詩形・韻律によって書かれている。ペルシア語文学の影響は、特徴的な比喩表現の使用や、ザッハーク、ファリードゥーン、アフラースィヤーブといったイランの神話・歴史上の人物への言及にも認められる。その一方で、「テュルクのハーン」や「オテュケンのベグ」の言葉、あるいは「テュルク語の諺」からの引用――ただしそれらが実際に引用であるかどうかは確認できない――が見られることは、この作品がペルシア語文学の単なる再現や模倣にとどまらない、テュルク語文学としての独自のありかたを目指したことの一つの表れと言ってよい。

『クタドゥグ・ビリグ』の初期の研究としてヴァンベリー（第56章参照）やラドロフ（第53章参照）によるものが知られるが、現存する三つの写本に基づく校訂テキストはトルコのアラトによって１９４７年に刊行された。２００８年にはカチャリンによるその改訂版がウェブ上で公開されている。翻訳ではアラトによるトルコ語訳とダンコフによる英訳が代表的なものである。他にロシア語訳や中国語訳、現代ウイグル語訳などが発表されている。

（菅原　睦）

13

テュルク諸語の分類

★系統樹モデルを越えて★

テュルク諸語の分類に関しては、これまで何人もの研究者によってさまざまな図式が提案されてきている。そうした試みのなかで次第に明らかになってきたのは、一般的な系統樹モデル、すなわち想定される祖語からの「分岐」のみに基づく分類では、テュルク諸語の全体像を十分にとらえることができないという事実である。このことは、テュルク諸語の今日ある姿が、一つの言語集団の単純な拡大・発展の結果ではなく、他の諸言語の話者の「テュルク化」やテュルク諸語内部での相互影響や再統合といった複雑な言語接触の過程を経ているためにほかならない。とはいえ、もしそれらすべてを考慮に入れたならば、いくつもの基準が錯綜するきわめて複雑な分類となってしまい実用的ではないだろう。したがって、現状では必要に応じて暫定的な分類を使い分けることになる。以上を踏まえたうえで、現代テュルク諸語の分類の一例を示す。

テュルク諸語の歴史における最も「深い」分岐と考えられるのは、いわゆるブルガル（ボルガル）・グループの分岐である。このグループの言語は、他のテュルク諸語の子音 *z/š* に *r/l* を対応させている点に大きな特徴があるが、それ以外にも音韻・形態などの面でさまざまな独自性を示している。現代語ではヴォルガ川流域のチュヴァシ語のみがこれに含まれるが、古代・中世のブルガル（ボルガル）人の言語も類似した特徴を持っていたと考えられており、ブルガル・グループという名称はこれに由来する。チュヴァシ語に次いで特異な性格を示すのは、イラン中部で少数の話者によって話されているハラジ語であり、１９７０年代以降その独自の言語特徴によって注目を集めるようになった。チュヴァシ語・ハラジ語以外の現代テュルク諸語は、四つまたは五つのグループに大きく分けることができる。

○南西グループ（オグズ・グループ）――バルカン半島からアナトリアを経て、南カフカース、さらにカスピ海をはさんだトルクメニスタンやイランなどに分布する。ガガウズ語、トルコ語、アゼルバイジャン語、トルクメン語など。また地理的には大きく離れているが、中国の青海省ほかに分布するサラル語もこのグループに起源を持つと考えられている。

○北西グループ（キプチャク・グループ）――ヴォルガ＝ウラル地方、北カフカースから中央アジアの草原地帯および山岳地帯まで広く分布している。タタール語、バシキール語、クムク語、ノガイ語、カザフ語、キルギス語（クルグズ語）など多くの言語が含まれる。

○南東グループ――東西トルキスタンのオアシス地帯を中心に分布する。ウズベク語とウイグル語（新ウイグル語）とからなる。

○北東グループ――南シベリアのハカス語、トゥバ語などと、ヤクーチアおよびタイムル地方のサ

いくつかの単語の比較

	「8」	「60」	「山」	「手」	「～でない」
古代テュルク	säkiz	altmïš	taġ	älig	ärmäz, ärmäs
チュヴァシ	sak(k)ăr	utmăl	tu/tăv	ală	mar
ハラジ	säkkiz	altmïš	tā^{a}ġ	äl	dāġ
トルコ	sekiz	altmış	dağ	el	değil
アゼルバイジャン	səkkiz	altmış	dağ	əl	deyil
トルクメン	sekiz	altmïš	dāġ	el	dǟl
タタール	sigĕz	altmï̆š	taw	qul	tügĕl
カザフ	segiz	alpïs	taw	qol	emes
キルギス	segiz	altïmïš	tō	qol	emes
ウズベク	sakkiz	oltmish	togʻ	qoʻl	emas
ウイグル	säkkiz	atmiš	taġ	qol	ämäs
トゥバ	ses	aldan	daġ	xol	emes
サハ	aġïs	alta uon	tïa「森」	ilī	buolbatax

（トルコ語・アゼルバイジャン語・ウズベク語のみ現行の正書法表記による）

ハ語（ヤクート語）およびドルガン語。トゥバ語はモンゴル西部や中国アルタイ地方にも話者を持つ。また中国甘粛省などに分布するサリグ・ヨグル語も、言語特徴に基づきこのグループに含められることが多い。サハ語およびドルガン語は、それ以外の言語との間にいくつかの重要な相違を示すため、別のグループとされることもある。

以上が大まかな分類であるが、南西グループに分類されるトルクメン語は、同グループの他の言語と異なり、北西グループや南東グループの言語と重なるいくつかの特徴をあわせ持っている。また南東グループに分類されるウズベク語は、部分的に北西グループの言語に近い特徴も示している。さらに北東グループの言語のなかで西に位置するアルタイ語やハカス語などには、北西グループの諸言語との類似点が認められる。個々の言語が示すこういった特徴は、前述したようにテュルク諸語の複雑な成立過程に由来するものであり、階層的に構成される整然とした分類を難しくしている大きな要因である。

現在のテュルク諸語の分布状況が形作られた最も大きな契機は、モンゴルによって引き起こされた大規模な人口移動であったと考えられる。したがって、13世紀頃を境に、それ以降に成立した言語については上述の分類図式のなかに位置づけることが可能である。しばしば「中期テュルク語」と総称されるこれらの言語のうち、古アナトリア・トルコ語およびオスマン語は南西グループ、ホラズム・テュルク語およびチャガタイ語は南東グループ、中期キプチャク語は北西グループの言語をそれぞれ基盤としているものと見て問題ない。またヴォルガ・ブルガル碑文の言語は、前述したようにチュヴァシ語と同じブルガル・グループに分類される。

一方、モンゴル時代以前は古代テュルク語期とされることが多い。南西（オグズ）、北西（キプチャク）、ブルガルの各グループの言語に関しては、まとまったテキストではないものの、11世紀のカーシュガリーによる『テュルク諸語集成』（第14章参照）中に、グズ方言、キフチャク（キプチャク）方言、ブルガル方言の例としてそれぞれ記録されたものからその特徴の一端を知ることができる。これらに対して、古代テュルク語期を代表するオルホン碑文の言語や古ウイグル文献の言語の位置づけは、その背景にあったこの時代のテュルク諸語の全体的な言語状況が解明されてはじめて意味を持つものである。このことは、時代的には元代以降に属する後期ウイグル文献にも、――それらが同時代の言語ではなく伝統的な文章語の一種によって書かれている以上――、同じようにあてはまる。したがって、オルホン碑文の言語や古ウイグル文献の言語を今日のいずれかのテュルク語と直接結びつけて考えるのは適切ではない。その一方で、現存する最古のテュルク語文献であるオルホン碑文の言語は、想定されるテュルク祖語と同じものではありえないため、オルホン碑文の言語をすべてのテュルク諸語の源流のように見なすのも誤りと言うべきである。なお古代テュルク語期の終わりに近い11世紀には、イスラーム化を背景としたアラビア文字の使用がカラハン朝の領域において始まるが、このことはその後のこの地域の言語文化の方向性を大きく決定づけた。この点をとくに重視する立場からは、カラハン朝のテュルク語を中期テュルク語に含めることもある。

分類は何らかの目的によって行われるものであり、ある言語の分類上の帰属はその言語の特徴のすべてを決定づけるわけではない。分類が「独り歩き」することのないよう気をつけたいものである。

（菅原　睦）

14

カーシュガリーの『テュルク諸語集成』

★最古の「テュルク学」★

『テュルク諸語集成（*Dīwān Lughāt al-Turk*）』は、マフムード・アル＝カーシュガリー（Maḥmūd b. al-Ḥusayn b. Muḥammad al-Kāshgharī）によって1077年ごろに編まれ、バグダードのアッバース朝カリフに献呈されたテュルク語‐アラビア語辞典である。ユースフ（Yūsuf）作の長編物語詩『クタドゥグ・ビリグ（*Qutaδγu Bilig*）』とならんでカラハン朝時代を代表するテュルク語資料であり、テュルク語史研究や、11世紀中央ユーラシアの社会や文化の解明にとってきわめて大きな価値を持つ。編者のマフムードはカラハン朝の王家に生まれた人物であるが、アル＝カーシュガリーというニスバの信頼性には疑義も指摘されており、その出身地に関する議論は決着を見ていない。

本書のなかで自らが述べるところによれば、編者マフムードは各地を旅して回りつつ諸方言に関する情報を収集したという。原本は伝わっておらず、イスタンブルに所蔵される1266年筆写の写本（全319葉）が現存する唯一のものである。本文はアラビア語で書かれており、全体は序章と八つの巻および後書きから成り立っている。序章は神・預言者への讃辞に始まり、編纂の目的や本書の構成を説明した後、テュルク諸族の

新疆ウイグル自治区オパルにあるカーシュガリーの像

分布や諸方言の特徴に関する概説に移る。それによれば、テュルクはもともと20の部族からなり、それらはすべてヌーフ（ノア）の子ヤーファスの子テュルクに由来するという。20部族のなかにはキフチャク（キプチャク）、オグズ、タタル、キルキズ、ウイグルなど、「テュルク」としてよく知られたものに加えて、タングト（党項）、ヒタイ（契丹？）、タヴガチ（拓跋？）の名も見られることが興味深い。ここにはまた円形の世界地図が示されている。上を東とするこの地図の中央部には、バラサグンやカシュガル、ホタンといった中央アジアの諸都市が位置しており、その上すなわち東方にはビシュバリクや高昌などウイグル王国の地名が見られる。一方中央部の左側つまり北方には、キフチャクやオグズといった部族名が記されている。

辞書本体の構成および語の配列にはアラビア語辞書編纂学の考え方が採用されたため、アラビア語の「語根」の概念をテュルク語にいわば無理にあてはめたような形になっており、索引なしに求める語を見つけ出すのはかなり困難である（本書には索引は付されていない）。それに対して見出し語のアラビア文字表記は、at「馬」とāt「名」、ot「草」とōt「火」、kök「根」とkȫk「空、青い」などに見

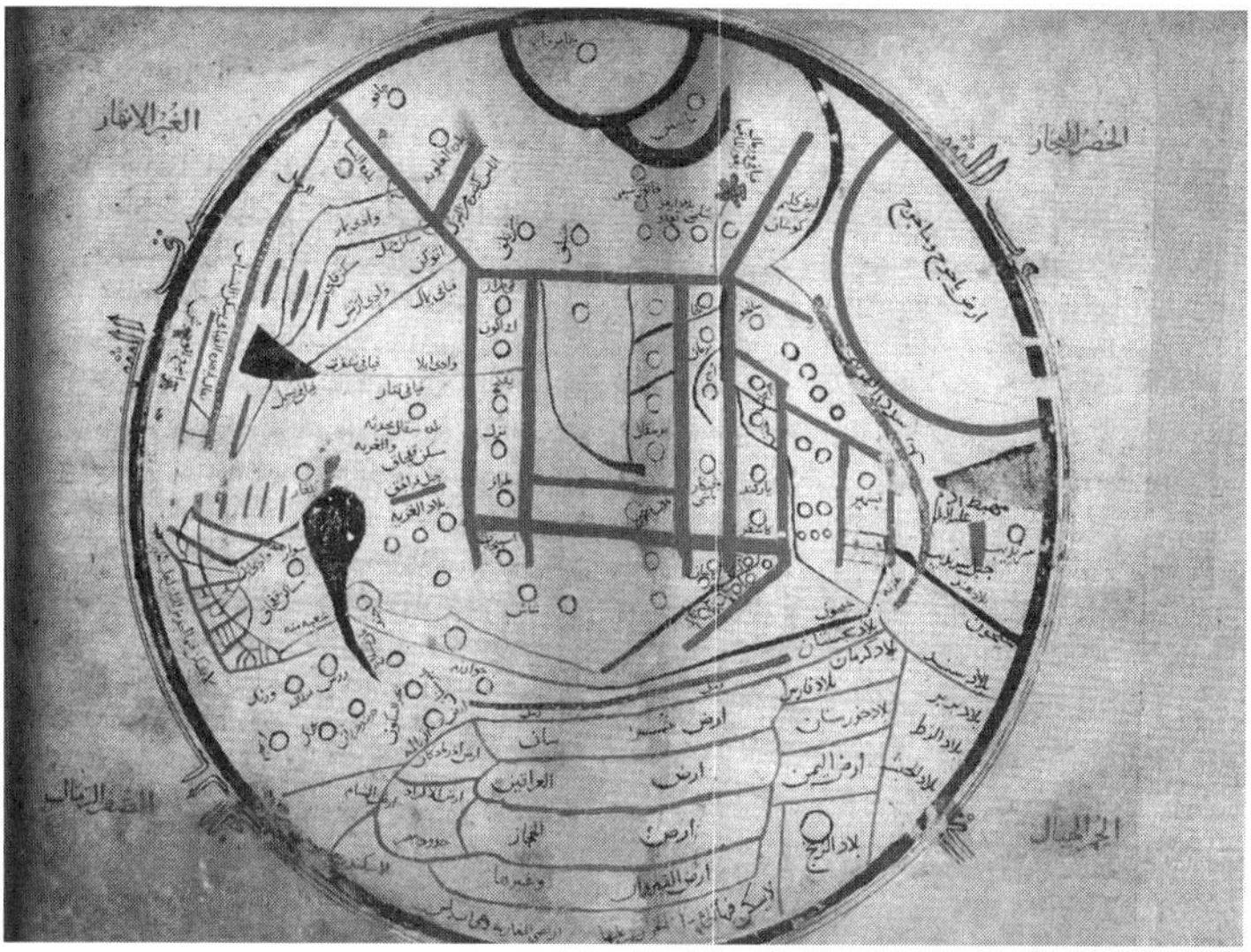

『テュルク諸語集成』に収められた世界地図（出典：Şükrü Halûk Akalın, *Kâşgarlı Mahmud ve Divanü Lugati't-Türk: binyıl önce binyıl sonra*. Ankara: Türk Dil Kurumu, 2008.）

られる母音の長短を書き分ける精密なもので、テュルク祖語の母音体系を再構成する上できわめて重要なデータを提供している。それぞれの項目は、名詞の場合はまずその単語を見出し語として掲げ、アラビア語の訳語がこれに続く。例文がある場合はその後に例文がアラビア語訳とともに示される。動詞の場合は、原則として項目はその動詞の過去形を含む例文とそのアラビア語訳で始まり、最後にその動詞のアオリスト形と動名詞形が示される。例文の多くは平易なものであり、既存のテキストからの採集ではなく編者による作例によると考えられるが、項目によっては詩や諺などが引用されており、11世紀テュルク語文学の貴重な資料を提供している。たとえば「ウイグルに対する侵攻を描く」ものとしてあげられた次の詩は、イスラームを受容したカラハン朝と仏教を奉じるウイグル王国との関係の一コマを表わすものとして注目される。

「われらは洪水のように押し寄せ、彼らの町々へと出た。
仏の館を破壊し、仏像の上に糞をした。」

『テュルク諸語集成』には文法に関する解説も含まれている。たとえば過去時制の接尾辞 *-di* と *-miš* との違いは、前者が話し手の面前で起こり確認されている事柄を表わすのに対し、後者が話し手のいないところで起こった事柄を表わすという、直接経験と間接経験との違いとして明確に説明されている。そして前者を用いた *bardi* には「彼は行った。そして私は確かに彼が行くのを見た」という訳が、後者による *barmiš* には「彼は行った。だが私は彼が行くのを見ていない」という訳がそれぞれアラビア語で示されている。このような解説が加えられているのはいくつかのトピックに限られているとはいえ、編者マフムードが語彙ばかりでなくテュルク語の文法に関しても深い理解を持っていたことは明らかである。

『テュルク諸語集成』には、編者マフムードが自ら各地を回って集めたテュルク語諸方言に関する記述も盛り込まれているが、20を数えるというテュルク諸族の方言すべてについて詳しい情報が見出されるわけではない。記述の中心をなしているのは、「(諸方言のうちで)もっとも純正であるもの」とされる、カラハン朝の王たちとその周辺で話されている方言であったと推定される(そのため現在ではこの言語を「カラハン朝テュルク語」と呼ぶことが多い)。その他の諸方言のなかでは、当時アラル海からカスピ海方面に居住していたオグズ族の方言に関して、比較的詳しい情報を提示していることが注目される。この「オグズ方言」こそは、のちのトルクメン語、アゼルバイジャン語、トルコ語など西方に分布するテュルク諸語の成立の母体となったものであり、『テュルク諸語集成』はこれらの言語の歴史をたどるうえでなくてはならない重要な資料と位置付けられている。

『テュルク諸語集成』がこのようにすぐれた内容を持つ作品であったにもかかわらず、その後のテュルク語辞書の編纂に何らかの影響を及ぼしたことを示す証拠は存在しない。永く忘れ去られていたこの辞典の唯一の写本がイスタンブルで再発見され、その復刻版が刊行されたのは、じつに20世紀になってからであった。以後、トルコ語、英語、中国語、現代ウイグル語などの言語に翻訳されるとともに、各国の研究者によって数多くの研究が発表されている。

（菅原　睦）

15

オスマン語とチャガタイ語

★テュルク・イスラーム世界東西の文章語★

オスマン語とチャガタイ語はテュルクによるイスラーム受容ののちにアナトリアと中央アジアで成立した文章語である。

アナトリアに樹立されたルーム・セルジューク朝の行政上の公用語はアラビア語、文学的文章語はペルシア語であり、トルコ語は口語の地位に留まって書写されることは寧ろ希であった。オスマン朝成立後、ようやく15世紀の後半に、アラビア、ペルシア両語の語彙を借用し、シンタックスの影響も蒙ったトルコ語が成立した。この言語をオスマン語と呼ぶ。オスマン帝国の近代化に伴い複雑、難解な言語を改革する動きも始まったが、1928年のラテン文字採用以前のアラビア文字による言語をオスマン語と称している。

一方、中央アジアにおけるアラビア文字によるテュルク語の書写は11世紀のカラハン朝テュルク語に始まるが、この言語はのちのホラズム・テュルク語およびチャガタイ語の直接の前身ではない。また後二者の関係にもさまざまな議論がある。チャガタイ語という名称は、チャガタイの子孫が支配する国家（チャガタイ・ウルス）に由来する。ティムール朝期に文章語として成熟したチャガタイ語は、マー・ワラー・アンナフルのみならず、東トルキスタン、北インド、クリミア、ヴォルガ・ウラル地方に広まったが、20世紀初頭以後、地方語に基づくさまざまな新たな文章語に取って代わられた。

オスマン語は16世紀にはアラビア語、ペルシア語を圧倒して、行政を含むあらゆる分野の書写言語の地位を確立した。これに対し、チャガタイ語の使用は概ね文学の分野に限られ、ホラズムや東トルキスタンは別として、中央アジアの行政公用語にはペルシア語が用いられ続けたが、その文学は西方のトルコ人をも魅了した。

テュルク諸語の分類では、オスマン語はオグズ・グループ、チャガタイ語はカルルク・グループに属し、オスマン語使用者がチャガタイ語をそのまま理解することは困難であり、いくつものチャガタイ語とオスマン語（ペルシア語）の対訳辞書が編まれた。しかし、両者の間にはアラビア語、ペルシア語からの借用語の多用という共通性が存在する。この借用の現象について、16世紀の東洋学者ジャン・テヴノーは以下のような観察を行っている。

「トルコ語は原初的で独特な言語である。つまり、それは我々が知っている東方と西方の如何なる言語から派生したものでもない。それは極めて重々しく心地よく、学ぶに易しいが、しかし細やかではない。それがアラビア語、ペルシア語から借用した多くの単語は［もともと］欠けていたものである。しかしこの［借用の］助けと飾りにより、この言語を極めて細やかで豊かであると言いうるのである。」

例を挙げよう。一つは15世紀の末にブルサで書かれたオスマン語、二つ目は20世紀の初期に中国新《しん》疆《きょう》のクチャで書かれたチャガタイ語の二つの歴史書の冒頭の文章である。一般に用いられるオスマン語とチャガタイ語の転写方式は相互に違いがあるが、ここでは統一してある。正字体はアラビア語、斜字体はペルシア語、太字はトルコ（テュルク）語の要素を示す。翻訳文においても同様である。

Ḥamd-*ï bī*-ḥadd **ol** aḥad mālikü-l-mülk sulṭān**a yarašur** *ki* xiṭāb-*ï* «innī jāʻilun fī-l arḍi xalīfa» ḥükm**inüñ** istimrār**ï** isbāt**ïnda** *her* qarn *u her rūzgār***da bir** *pādišāh-ï nāmdār* vüjūd**ïn** bürhān-*ï* qāṭiʻ **gösterür**.

限りなき賛美は、彼の唯一者、万有の主たる支配者にこそ相応し。そは、「まことに我は地上に代理人を置こうぞ」という訓示による御命令の永続性の確証として、あらゆる時世とあらゆる時代に一人の名ある君主の存在を赫然と示す。

Ḥamd-*ï bī*-ḥadd **ol** vājibü-l-vujūd**ïğa kim** ḥikmet-*i* ġāmiżas**ï birlä** küll-*i* mevjūdāt**nï** ʻadam xalvat-*xāna***sïdïn** vujūd *šahristān***ïğa keltürdi**.

限りなき賛美は、彼の存在必然者に、そはその深淵なる叡智によりて存在物の全てを虚無の孤独の館から存在の都城へと連れ来たった。

一瞥して明らかなように、これらの文章に含まれるテュルク語の要素は、名詞に後続する接尾辞、指示代名詞、後置詞および動詞のみで、名詞とその補語はすべてアラビア語とペルシア語である。第

بسم الله الرحمن الرحيم

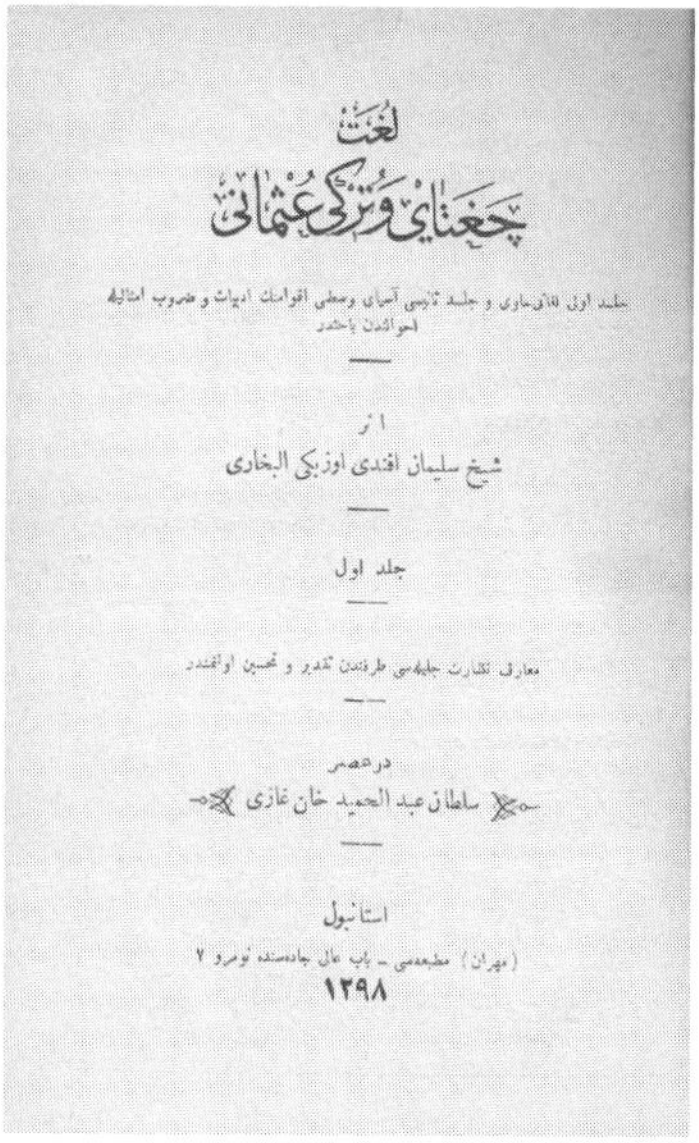

لغت

چغتای و ترکی عثمانی

اثر

شیخ سلیمان افندی اوزبکی البخاری

جلد اول

استانبول

۱۲۹۸

シェイフ・スレイマン・エフェンディの『チャガタイ語 - オスマン・トルコ語辞典』（イスタンブル、**1882** 年）。著者はブハラ生まれだが、長くイスタンブルに暮らして二つの言語に通じているので、「第二の祖国の人々」への贈り物として著したという。著者は、この功績により、ときのスルタン・アブデュルハミト **2** 世から勲四等オスマン勲章を授けられた。

一の例文では、コーランの一節がそのままペルシア語の連結辞 ه（エザーフェ）によって「訓示」という名詞に結びつけられている。これは要するに、漢語からの多くの借用語を用いて記される我々の日本語に類似した構成であると言える。但しシンタックスに関しては日本語には見られぬ特色がある。それは上例に見える ki/kim という従属接続詞の存在である。

元来のテュルク語は、同じく膠着語である日本語同様、関係代名詞と従属接続詞を持たなかった。しかし、もともとイラン系諸言語を母語としていた人々がこの言語の使用に参入すると、恐らくは彼らのイニシアティブによってテュルク語の疑問代名詞 kim が関係代名詞、接続詞として用いられるようになった。kim の音韻がイラン系諸語の関係代名詞、従属接続詞 ki に類似していることもこの流用の一因であったと思われる。ウイグル語マニ教文献において、kim が関係代名詞として用いられているのがその最古の例である。テュルク語がアラビア文字で表記される段階になると、kim とペルシア語起源の ki は並んで用いられるようになった。ただし上の例に見られるように、ki の使用はオスマン語においてより一般的であり、チャガタイ語では kim の用例が多く見られる。こうしてオスマン語、チャガタイ語ともに従属節を何重にも含む複雑な息の長い文章を自在に構成する。最近日本語訳が公刊された、アフメト・ハムディ・タンプナルの『心の平安』は、文字改革以後の著作ではあるが、入り組んで息が長いというオスマン語の特色を良く伝えている。

（濱田正美）

16

テュルク語とペルシア語

★二つの言語の蜜月★

ペルシア語はインド・ヨーロッパ語族インド・イラン語派に属する言語で、アルタイ諸語に属するテュルク系の諸言語とはまったく言語系統が異なっている。しかしながら、現在、多くのテュルク諸語には、とくに語彙の面においてペルシア語からの影響を顕著に見ることができる。それは、ちょうど日本語に見られる漢語に例えることができよう。こうした状況は、ペルシア語とテュルク語のそれぞれの担い手たちが、長い時間をかけて相互影響関係を築き上げてきた結果であると言える。

ペルシア語は、それが使用されてきた時期に応じて古（古代）ペルシア語（アカイメネス朝期、前6～前4世紀）、中期（中世）ペルシア語（サーサーン朝期、後3～7世紀）、新（近世）ペルシア語（イスラーム期以降、8世紀～現在）の三つに分類されるが、一般に単に「ペルシア語」という場合は、新ペルシア語を指す。また、ペルシア語というと、現在のイラン・イスラーム共和国の公用語としての言語がイメージされる場合が多いかもしれないが、アフガニスタンのダリー語、タジキスタンを中心とする中央アジアのタジク語もまた同じ言語として見なされており、これらを総称して広義のペルシア語と呼んでいる。

ルーダキー像（タジキスタン、ドゥシャンベ市）

7世紀半ば以降、アラブ・ムスリム勢力によって征服されたイラン高原とマー・ワラー・アンナフル（中央アジア南部のオアシス地域）では、それまでの中期ペルシア語やソグド語に代わってアラビア語が主要な書き言葉として使用されるようになった。その後、9世紀中頃までにはホラーサーン（イラン高原東北部）とマー・ワラー・アンナフルで話されていたペルシア語の方言をもとに、アラビア語の語彙とアラビア文字表記を取り入れることで書き言葉としての新ペルシア語が確立した。10世紀には、これらの地域を支配したサーマーン朝（873〜999）の首都ブハラの宮廷では、「ペルシア語詩人の父」とも呼ばれるルーダキー（940没）らの詩人が活躍し、文芸活動が隆盛を極めた。すなわち、ペルシア語揺籃の地はイラン高原ではなく中央アジアであったのである。その後、ペルシア語の文芸活動の中心地はホラーサーンからイラン高原中央部・南部へと移っていく。

アラビア語の語彙を多く含み、アラビア文字で表記されるペルシア語は、テュルク系の諸言語のなかでも、イスラームが社会的に重要な意味を持った地域で使用されてきた言語に多くの影響を与えてきた。言い換えれば、ムスリムとほとんど接触のないシベリアのトゥバ語やサハ語などではペルシア語の影響はほぼ見られない。また、同じイスラーム地域においても、たとえばイスラーム化が比較的遅かったカザフ語においては、ロシアに近いながらもイスラーム化の早かったタタール語に比べるとペルシア語の影響が少ない。

中央アジア南部のオアシス地域では、元来住民の大部分はイラン系の定住民であり、この地域でペルシア語が確立した時代にもこうした状況は続いていた。やがてそこに北方の草原地帯からテュルク系の遊牧民が侵入し、土着のイラン系定住民と同化・融合していくことで住民の言語がテュルク語に変わっていった。この「テュルク化」（第34章参照）のプロセスは長い時間をかけて進行したが、その過程でテュルク語とペルシア語の言語接触も進展したのである。

イスラーム時代の中央アジアにおけるテュルク語の文章語は、カラハン朝テュルク語（11世紀）、ホラズム・テュルク語（14～15世紀前半）、チャガタイ語（15世紀後半以降、第15章参照）に時代区分される。たとえば、カラハン朝テュルク語を代表する文学作品『クタドゥグ・ビリク』（第12章参照）の本文中におけるペルシア語語彙の割合はわずか数％でしかなく、むしろそこには先行する古ウイグル語の文献中でも使用されていたソグド語の語彙が見られるほどである。しかし、時代が下るにつれてペルシア語語彙の割合は増加していき、チャガタイ語においては過半数に至るまでとなった。こうした変遷は、上述のテュルク化の進行、テュルク系住民のイスラーム化の進展、ペルシア語文学の発展と権威の獲得、テュルク系住民によるペルシア語文学の受容などさまざまな要因の結果であろう。

ティムール朝時代のチャガタイ語文学を代表する詩人であり文芸活動の保護者でもあったナヴァーイー（1441～1501）は、その著書『二つの言語の裁定』においてテュルク語こそが微妙なニュ

ナヴァーイーの肖像（トプカプ宮殿博物館蔵）

アンスを表現できるという点でペルシア語より優れた言語であると主張するとともに、テュルク人が貴賤を問わず誰でもペルシア語を話すことができるのに対し、サルト人（ペルシア語話者）はほとんど誰もテュルク語を話すことができないことを嘆いている。これは、彼が活躍したヘラートにおける言語状況をよく示すものであり、この地域でおそらく少数派であったテュルク人が二言語使用に甘んじる立場にあったと考えられる。彼自身も、チャガタイ語で詩作するときの筆名ナヴァーイーに代えて、ファーニーの筆名でペルシア語でも詩作を行った。テュルク語話者とペルシア語話者が混住し、しかもペルシア語話者が多数派であったであろう環境で確立したチャガタイ語が、語彙のみならず、ペルシア語のシンタクスまで受け入れたのは、ある程度自然なことであったのかもしれない。

中央アジアの古都であり長らく文化の中心地でもあったサマルカンドとブハラは、テュルク語とペルシア語（現代においてはウズベク語とタジク語）の話者が混住する町であり、二言語使用の伝統が現在に至るまで続いている。何世紀にもわたる二言語使用により、相互の言語に対する影響関係が進展し、タジク語がウズベク語に影響を与えるだけでなく、タジク語もウズベク語から大きな影響を受けている。たとえば、タジク語はイランのペルシア語やアフガニスタンのダリー語に比べて、語彙の面ばかりでなく補助動詞の多用などシンタクスの面でもウズベク語からの影響が顕著であるという点で特徴的である。さらに、タジク語のサマルカンド方言では、前置詞の後置詞化、ウズベク語動詞語幹＋タジク語動詞 kardan「する」による複合動詞（例 o'yla kardan「考える」＜ウズベク語動詞 o'ylamoq「考える」）の使用など、いっそうウズベク語からの影響が強い。一方、ブハラの住民を詳しく調査したソ連の民族誌学者スーハレワは、タジク語しか話さないウズベク人も少なくないことを指摘している。

ペルシア語は、13世紀のモンゴル時代以降、中央ユーラシアやアナトリア、インドにおいてリンガフランカとして文学・行政・学術などの分野で広く使用され、これらの地域のテュルク諸語にも影響を与えてきた。なかでも、ペルシア語揺籃の地である中央アジア南部のオアシス地域においては、ペルシア語とテュルク語は切っても切れない密接な関係にあったといえるのである。

（島田志津夫）

コラム2 ナスレッディン・ホジャ

坂井弘紀

テュルク世界にも、吉四六《きっちょむ》さんや一休さんがいる。ナスレッディン・ホジャなどの名で知られるトリックスター（道化者）である。中央アジア、西アジア、ヴォルガ流域、コーカサス地方といった広範な地域に伝わり、モッラ・ナスラッディン（アゼルバイジャン）、ナスリッディン・アファンディ（ウズベク）、エペンディ（ウイグル）、コジャナスル（カザフ）など呼び名は異なるが、その性格はほとんど同じである（以下、これらを「ホジャ」と記す）。ホジャはどこにでも現れ、誰とでも会話し、さまざまなシチュエーションで、珍妙な言動や優れた機智によって、笑いをもたらしたり、悪人をやり込めたりする。話の構成はシンプルで、誰にもわかりやすい。ホジャには、愚鈍と狡知という相反する性格が共存する点が興味深い。ホジャやエフェンディ（アファンディ、エペンディ）という言葉はもともとは社会的地位の高い人物に対する尊称であるが、ホジャの姿はときに裏腹である。その名には似つかわしくないアイロニカルな言動が人々に受け続けるのだろう。

とぼけているが、一理あるホジャの返答が滑稽な小話をあげよう。「ホジャの家に、ある人がロバを求めにやってきた。ホジャは『家にロバなどおらん』と答えた。そのときロバ小屋から鳴き声が聞こえた。ロバを求めに来た人は怒って、『ホジャよ、真っ白いひげの賢者がうそをつくとは、よくありませんねえ』と言った。するとホジャは、悪い間合いでちょうど、ロバが鳴いたことに腹を立てながら、その人にこう言った。『バカか？ 真っ白いひげの賢者のことばを信じずに、まぬけなロバのことばには耳を傾けるのか？』（カザフ）」。

一見合理的だが、理不尽な「賢者」の回答は、ホジャの真骨頂である。「目が痛む隣人がホジャに相談しに来た。『どうしたらいいのでしょうか？　痛くて死んでしまいそうです』。『わしは昨日から歯が痛かったが、抜いたらすっかり治ったぞ。これが一番の治療法じゃ』（アゼルバイジャン）」。

ホジャは、滑稽な一面とは別に、強いものに抗う「賢者」の側面も見せる。「王がホジャに尋ねた。『ふくろうの鳴き声、あれは何と言っておるのだ？』。『もしも王の圧政がなくなったら、すぐにこの町は自分のすみかになるのだけど、と申しておるのです』（ウズベク）」。

有名な覇者ティムールとホジャとの小話も数多く伝えられている。「ある日、ティムールがホジャとハマム（蒸し風呂）に入っているときに、『余が市場で売られるとしたらいくらで売れるだろうか』と尋ねると、ホジャは『50アクチャ以上にはなりませんな』と答えた。ティムールが『何を言うか、このタオルだけで50アクチャはするのだぞ！』と怒ると、ホジャは『ええ、その50アクチャのタオルを腰に巻いておりますからな！』と答えた。（トルコ）」。偉大な統治者であってもひるまずに人を食った態度を取り、民衆の考えや立場を代表する姿もホジャが愛される所以であろう。

テュルク世界には、ホジャが実在した人物であると考える人は多い。13世紀、もしくは14～15世紀の人物で、現在のトルコ共和国、スィヴリヒサルに生まれた、あるいはアクシェヒルに没したなどと伝わる。アクシェヒルにはホジャの廟とされる廟があり、現在も人々が詣でる。ウズベキスタン、ブハラ中心部の貯水池リャビ・ハウズの脇には、ロバに乗るおどけたホジャの像があり、観光名所の一つとなっている。また、

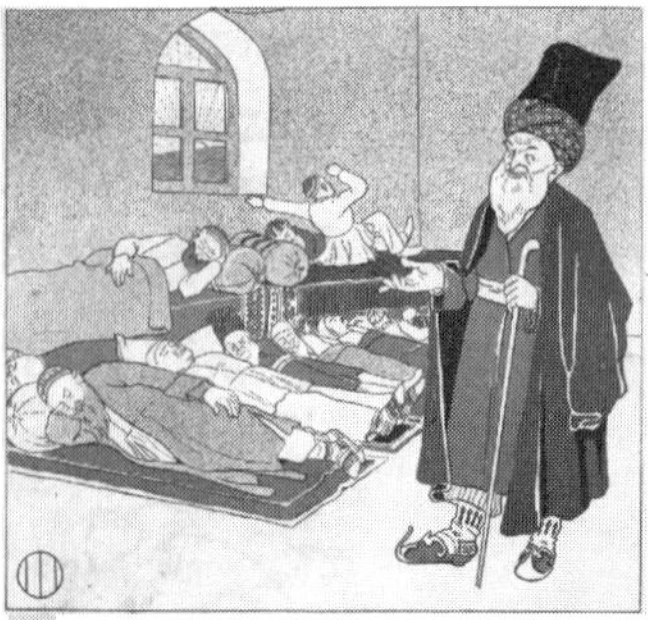

『モッラ・ナスレッディン』の表紙（創刊号）

ブハラにあるホジャの像

1906年から1931年にかけてアゼルバイジャン語で出版された風刺雑誌『モッラ・ナスレッディン』のタイトルにもホジャの名前が用いられた。この雑誌はホジャさながらに人々を楽しませるとともに、社会風刺や啓蒙の役割を担った。

　アラブにはジュハーというホジャとよく似た人物の滑稽話がある。ホジャの小話は、これに由来するという説もあり、さらにジュハーに類似する、イタリア、シチリア島の滑稽譚の主人公ジュファーとホジャとの関係も指摘される。ホジャの小話は、ギリシア、ブルガリア、ルーマニア、セルビアなどヨーロッパ各地にも伝わっており、ホジャの活躍する地域は思いのほか広いようだ。

　口承文芸の特徴を活かして、現代でも新たなホジャの小話が生まれている。たとえば、電話が登場する小話がある。「真夜中にホジャが上司に電話をかけた。『ロバが死んじまったんです』。『おい、正気か、ロバ一頭死んだくらいで、私のところに電話してくるな』。『いえ、親戚中にも電話してるんです』」（カザフ）。テュルク系の人々はたいへんユーモア好きであるように思われる。新しいホジャの小話は、インターネットなどの新しいメディアを通じて、今日も広がっていく。ホジャは不滅である。

III

テュルク系の諸民族

17

アゼルバイジャン人（アゼリー人）

★シーア派が多数派★

アゼルバイジャン共和国、イラン北西部などに居住する民族の名称。現在アゼリー人はアゼルバイジャン、イラン、トルコ、ロシア、ジョージア（グルジア）など広い地域に居住している。1937年以降、旧ソ連ではアゼルバイジャン人が正式名称となったが、日常的には伝統的な呼称の「アゼリー人」や「トルコ人」の名称が使われている。

歴史的に見ると、アゼルバイジャンは7世紀にアラブ支配に入りイスラーム化が始まった。11世紀以降、中央アジアからやってきたテュルク系遊牧民がペルシア人、クルド人、カフカース系諸民族、アラブ系と混血し、14世紀から15世紀にイル・ハン国やティムール朝の支配下で言語・文化面でテュルク化の影響を受けて形成されたのがアゼリー人であった。16世紀、サファヴィー朝下でシーア派（十二イマーム派）信仰が広まったことから、シーア派が信仰の主流となっているものの、ザカフカースでは4分の1程度がスンナ派（ハナフィー学派）を信仰している。

アゼリー人は、テュルク系言語のアゼルバイジャン（アゼリー）語を母語としている。アゼルバイジャン語は、トルコ語、トルクメン語、ガガウズ語とともにテュルク諸語のオグズ語群（南西語群）を形成している。とくにアゼルバイジャン語とトルコ語は方言差とも言えるぐらい似ている。表記文字として歴史的にアラビア文字を使っていたが、ソ連内のアゼルバイジャンでは、１９２９年にラテン文字表記が導入された。さらに１９４０年以降、キリル文字をもとにした正書法に改められた。１９９１年に再びラテン文字による新しい正書法が制定され、移行期間を経て、２００３年１月以降、キリル文字による表記は完全に廃止されラテン文字が使われている。イランではアラビア文字を用いているが、アゼリー語による出版活動は低調である。

民族衣装のアゼルバイジャンの子どもたち

　イラン・ロシア戦争の結果、ゴレスタン条約（１８１３年）とトルコマンチャーイ条約（１８２８年）が締結され、ロシアとイランはアラス川が国境と定められた。これ以後、アゼリー人の居住地域はアラス川の南北に二分された。アゼリー人は居住地域が分断されてもエスニックグループとして一つである。１８７８年、ロシアはザカフカース支配のためティフリス（トビリシ）にザカフカース総督府を設置した。総督府はザカフカース・ムスリム宗務局を設置し、スンナ派とシーア派のムスリム聖職者を別個に管理・統制した。アゼリー人はこの宗務局を通じて宗教的にも支配された。総督府は異民族統治を円滑にするためロシア語に通じたムスリムの行政官や通訳官を養成し登用した。彼らを通じてヨーロッパの文化がアゼルバイジャンに伝播した。

アーフンドザーデ（1812〜78）はロシア語通訳官となり、習得したロシア語を通じてヨーロッパ文学を学び、アゼルバイジャンの文学や演劇の創出に大きな役割を演じた。彼が導入した演劇はヴァジロフ（1854〜1926）、ハグヴェルディエフ（1870〜1933）がさらに発展させアゼルバイジャンに定着させた。ザルダビ（1832〜1907）は1875年に新聞『エキンジ（農民）』を創刊した。ヨーロッパの啓蒙主義・ロマン主義の思潮がアゼルバイジャン知識人に影響を与えた。サービル（1862〜1911）は諷刺詩人として知られている。彼の詩集『ホプホプナーメ』は現在でも版を重ねている。作家のサッハトやガニザーデなどとの交流を通じて諷刺詩に磨きをかけ、当局の検閲を巧みにかわして、民衆に新鮮な刺激を与えて共感を呼び起こした。この伝統はいまのアゼルバイジャン民衆にも継承されている。ロシア支配に対する民衆の感情を表現する手段として諷刺詩が盛んになった。

第一次ロシア革命（1905年）、イラン立憲革命（1906〜11年）、青年トルコ人革命（1908年）の三つの革命がアゼリー人に大きな影響を与えている。ロシア革命期のアゼルバイジャンでは、当局の出版規制が緩和され、『イルシャド』、『ハヤット』などアゼリー語による新聞の発行が許可された。新聞を通じてテュルク諸民族の連帯という汎テュルク主義が知識人の心をとらえることとなった。アゼリー語の純化も大きなテーマで、これにオスマン・トルコ語が影響を与えた。他方、イランのアゼリー人は帝政ロシア支配下のアゼリー人とは異なり、イラン・ペルシア文化のなかで生活していた。タギザーデ（1878〜1970）はアゼリー人であったが、イラン・ナショナリズムの精神的リーダーとして、イラン・ナショナリズムの興隆に大きな影響を与えた。

１９１７年のロシア革命によりカフカースでも独立運動が起き、１９１８年アゼルバイジャン民主共和国が独立した。レスルザーデ（１８８４〜１９５５）を首班とするこの共和国はイスラーム圏で最初の共和国となった。しかし赤軍のバクー進駐により23か月で瓦解し、１９２０年にソヴィエト政権が成立した。旧ソ連時代、アラビア文字廃止とラテン文字導入、初等教育の義務化、ロシア語教育の普及、宗教政策として脱宗教・脱イスラーム化が推進され社会は世俗化した。共産党幹部への登用ではロシア語が必須となった。１９３０年代に始まったスターリンの大粛清で多くのアゼリー知識人が犠牲となった。ロシア人幹部がアゼルバイジャンを支配し、ソヴィエト人を意識させる政策を採った。ソ連の共産化政策と国際交流の制限はイランのアゼリー人との交流を減少させ、南・北アゼリー人のアイデンティティーを懸隔化させることとなった。

オイルマネーで林立する新築の高層ビル群（バクー）

１９８６年以降、ゴルバチョフ政権のペレストロイカが呼び水となって、エルチベイ（１９３８〜２０００）率いる人民戦線が民族運動を牽引し、禁止されていた旧アゼルバイジャン国旗（三色旗）が登場して民族意識を覚醒させた。

1991年ソ連消滅によりアゼルバイジャン共和国として独立を回復した。しかし独立初期の1990年代は経済的に混乱し、ナゴルノ・カラバフ紛争による大量の避難民が発生するなど、共和国全体が疲弊していた。ハイダル・アリエフ大統領（在任1993〜2003）が混乱を収拾し、権威主義的な政治体制を確立しつつ政治と経済の安定を図った。2003年、息子のイルハム・アリエフが大統領職を継承した。2005年にBTC（バクー・トビリシ・ジェイハン）パイプラインが開通してカスピ海産原油の輸出を開始すると、アゼルバイジャンは産油国として経済的に活況期に入った。同大統領は石油収入を文化事業にも使いアゼルバイジャン文化の振興を図っている。同胞が多くいるイランへの関心は低く、国境を越えて南北アゼルバイジャンの連帯・統合に発展する動きは見られない。旧ソ連時代に脱宗教化が推進されたことから、トルコでの世俗主義の浸透と同じように、国民レベルで世俗化が進み、一日五回の祈りやラマダン（断食）などイスラームの戒律も緩やかであり、飲酒にも寛容で女性の服装も自由である。

イランのアゼリー人は、イラン最大の少数民族（1550万人、2010年調査）でおもに東アゼルバイジャン州、アルダビール州、ザンジャーン州、西アゼルバイジャン州に生活している。タブリーズ市はアゼリー人の中心都市とも言える。アゼリー人はペルシア語を日常生活で使い、ペルシア人との通婚も盛んなことから、ペルシア・イラン文化に同化し、そのアイデンティティーは流動的である。イランのアゼリー人たちがイランから独立しようという民族運動は起きていない。

（松長　昭）

18

ウイグル人

★中国最大のテュルク系民族★

ユーラシア大陸の東端に位置する中国。13億にも上るその人口のなかに――言うまでもなくその大多数は漢族であるが――多くのテュルク系の人々が含まれていることは、日本ではあまり知られていない。ウイグル、カザフ、クルグズ、タタール、ウズベクなど、国家の少数民族として公式に認定されたテュルク系諸民族のうち、最大の人口を有するのがウイグル人である。彼らは中国北西部の新疆《しんきょう》ウイグル自治区に集中的に居住しているほか、カザフスタン、クルグズ共和国、ウズベキスタンなどの旧ソ連中央アジア諸国にも一定の人口が存在している。2013年の新疆ウイグル自治区政府の統計によれば、ウイグル人の人口は1074万4千人と推定される。これは新疆の総人口2264万3千人の47・4％にあたり、漢族が絶対的多数を占める中国のなかでは例外的に、同地域においてはウイグル人がマジョリティとなっている。今では新疆の全域にわたって見られるものの、ウイグル人が伝統的な居住地としてきたのは天山山脈南部のオアシス地域である。彼らはタリム盆地周縁に点在するトゥルファンやカシュガル、ヤルカンド、ホタンといったオアシス都市を中心として、イスラームを核とする独自の社会や文化を形成してきた。なお「ウイグル」(Uyghur)とは彼らの民族の自称であり、中国では公式には「維吾爾族」(ウイグル族)と呼ばれるほか、「維族」とも略称される。

ウイグル人が話すテュルク系の言語は、古代の遊牧集団ウイグル(回鶻《かいこつ》)のそれとの区別において「現代ウイグル語」と呼ばれる。彼らはアラビア語の字母を基礎として作られた文字を使用するが、このようなテュルク語をアラビア文字で書写する中世以来の伝統は、中央アジアのテュルク系諸民族の間では、現在は中国領においてのみ保たれているものである。近年の政府による漢語教育の拡充や、進学・就職における漢語の必要性の増大に伴い、若い世代を中心として漢語が浸透しつつあるものの、彼らが日常的に話す言葉はウイグル語であり、その民族の母語としての立場に揺るぎはない。

ウイグル語同様、彼らの社会において重要な地位を占めているのはイスラームである。ウイグル人はほかの多くのテュルク系諸民族と同じくスンナ派のイスラームを信仰する。漢族人口が多く、現代化が進んだウルムチのような大都市ではその限りではないが、ウイグル人の人口が集中している新疆南部においては、冠婚葬祭はもちろんのこと、日々の暮らしのなかにもその要素を色濃く見ることができる。また、ウイグル人コミュニティのなかでモスクの果たす役割は大きく、なかでもカシュガルにあり、数百年の歴史を持つ中国最大のモスク、ヘイトカル(エティガル)は、ウイグル人の信仰の中心地として、また彼らの精神的な支柱として、今もなお多くの信徒の集う場となっている。

ウイグル人の歴史を、とくに中国において語ることにはある種の困難が伴う。というのも、中国共産党が「新疆は有史以来中国の不可分の一部である」、「ウイグル族は中華民族の一員であり、千百年来、他の民族とともに中華民族の文化創造と祖国建設に貢献してきた」という立場を取っているのに対し、ウイグル人のなかには、新疆は清朝による征服を契機として中国領内に組み込まれたのであり、自分たちこそが紀元以前からこの地に住んできた先住民である、と考える人々が少なからずいるからである。実際に、1989年にウルムチで出版されたトゥルグン・アルマスの『ウイグル人』では、ウイグル人がタリム盆地周辺の地において八千年の歴史を持つとする著者の歴史見解が示され、当時の漢族社会に大きな衝撃を与えた。ただし、いずれにせよ、彼らがウイグルという名のもとに一つの「民族」と見なされるようになったのは、20世紀に入ってからのことである。

カシュガルのヘイトカル・モスク

天山山脈の南北に居住する新疆のテュルク系ムスリム定住民――すでにある程度民族としてのまとまりを持ちながらも、民族固有の名称や一つの民族としての確固たるアイデンティティを持っていなかった――を、古代ウイグルにちなんで「ウイグル」という民族名称で呼ぶ動きは、1910・20年代に、まずソヴィエト中央アジア在住の新疆出身者たちを中心として始められた。こうした流れを受けて、1934年には、新疆でも省政府によってウイグルという名称が公式に採用されることとなった（この時、天山以北の住民は、「タランチ」という名称とともにウイグルとは別の民族として区分された）。

ムハンマド・エミン・ボグラ
（ファーティマ・ボグラ氏提供）

しかしこの決定は、必ずしも当地住民の意識のあり方に即したものではなかった。というのも、その直前の1931年に始まり新疆全土を席巻した独立運動において、各地の蜂起を率いた指導者たちの間では、自らを「テュルク」と位置づけるテュルク民族主義的傾向が主流であったからである。短命に終わったものの、1933年にカシュガルにおいて「東トルキスタン」の名を冠する共和国が樹立されたことはその一つのあらわれであり、また祖国を「東トルキスタン」、自民族を「テュルク」と定義したうえで、その歴史を古代から独立運動に至るまで通史的に描き出したムハンマド・エミン・ボグラの『東トルキスタン史』（1940年執筆）にも、当時の代表的な知識人・指導者のテュルクとしての明確なアイデンティティを見てとることができる。

中華人民共和国成立以後、中国共産党が新たに打ち出した民族区域自治政策の下、新疆のテュルク系ムスリム定住民、すなわちウイグルとタランチは、「ウイグル族」という一つの少数民族として正式に認定され、1955年には新疆ウイグル自治区が制定された。中華民国期にはまだ定着していたとは言いがたいウイグルという民族名称とウイグル民族としてのアイデンティティは、中華人民共和国の体制の下で民衆のレベルまで浸透・深化し、現在に至っている。

自治区成立から60年が経過した今日、共和国建国当初はわずか6・7％を占めるにすぎなかった

ウルムチの国際大バザール／旧ウイグル人街・二道橋

漢族の人口比率は、新疆の総人口の四割近くまで達した。この間、共産党の主導下において推進された社会・経済政策はウイグル人の伝統的な社会を一変させ、また２０００年に始まった「西部大開発」プロジェクトによって、多くのウイグル人街が再開発の名の下に姿を消した。さらに近年の政府による言語・教育・宗教面における民族文化の規制などに見られる、あらゆる側面における漢化・同化促進の傾向は、従来、形骸的ながらも保たれてきた自治区の主体民族としてのウイグル人の地位を根本から揺るがしつつある。１９９０年代以降、繰り返し報じられるウイグル人による暴動は、とくに中国当局からは国際的なイスラーム過激主義の扇動によるものと断罪されている。しかしその背景には、宗教的感情のみならず、彼らの民族としての生存に対する危機感が存在していると考えてもあながち的外れではないであろう。昨今、中国の政治、あるいは経済戦略上、新疆の重要性がますます増しつつあるなかで、ウイグル人の動向に内外の視線が注がれている。

（清水由里子）

19

ウズベク人

★多様性と共存★

ウズベクは現在の中央アジアで最大の人口を持つ、テュルク系の民族である。ウズベキスタン共和国を中心に（2013年には約2500万人）、他の中央アジア諸国およびアフガニスタン北部と中国新疆《しんきょう》にもまとまった居住人口を持つ。その名称の起源は、14世紀前半のジョチ・ウルス（キプチャク・ハン国）の君主で、イスラームに改宗したウズベク・ハンに由来するとされる。この遊牧集団は15世紀末からキプチャク草原より現在の中央アジア南部へと侵攻して、シル、アム、ザラフシャンなどの大河川流域に拓けたオアシス定住農耕地帯に定着した。そして彼らは、19世紀中葉にかけて地域差・集団間の違いこそあれ徐々に定住化していった。この間、16世紀から19世紀前半にかけて、中央アジア南部のブハラ（ザラフシャン流域を中心としたマー・ワラー・アンナフル）、ヒヴァ（アム下流域のホラズム）、コーカンド（シル上流域のフェルガナ）を中心に、俗に「ウズベク三ハン国」と呼ばれる諸政権が成立、発展した。これら三ハン国すべてで、「ウズベク」という名称は、遊牧民であろうと定住民であろうと、キプチャク草原出身のウズベク遊牧集団の子孫であり、ウズベクの諸部族に帰属する人々のみを指すために用いられた。三ハン国においては、「高貴なるブハラ」に代表される諸都市が国際商業とイスラーム教学普及の場を提供して、ヴォルガ・ウラル地域やイラン、インドとの交流が続き、イラン諸語のペルシア語（タジク語）とテュルク系のチャガタイ語による文芸活動が盛んに行われた。

ただし、ウズベク遊牧集団が近代のウズベク民族の直接の祖先であると言い切ることは難しい。まず、定住化の過程で、サルトやタジクなど在地の居住集団との混交が進んだ。この混交の度合いには地域差があった。たとえば、19世紀前半のホラズムでは、ブハラ・アミール国（マー・ワラー・アンナフル）の出身者を一様に「タジク」と呼んだが、そのなかには明らかにウズベクも含まれていた。このことはマー・ワラー・アンナフルよりもホラズムのウズベクのほうが在地の居住集団との混交が進んでいなかったことを示している。ソ連の民族誌学者カルムィシェワによれば、ウズベク人を構成するのは以下の三つの集団であるという。(1)すでに6世紀以前からオアシス農耕地域に定着していたテュルク系あるいはテュルク化した定住民の末裔で、部族的な伝統を持たず、イスラーム文化の伝統が強く、革命前はサルトとも呼ばれた人々。(2)13世紀のモンゴルの侵攻以前にこの地域に入ってきたテュルク系諸部族の末裔で、定住民とは交わらずに半遊牧的な生活様式や氏族・部族的な区分を保持していた集団。(3)ウズベク遊牧集団諸部族の末裔で、20世紀初頭にようやく定住した人々の三つである。また20世紀初頭に至るまで中央アジア南部の定住地域では、都市や地方、部族への帰属意識が強かった。それゆえ近代以前のウズベクへの帰属意識は、定住化、混交の度合いにより地域差があり、都市、部族への帰属とともに重層的なアイデンティティの一つであった可能性が高い。歴史的な視点に立てば、ウズベクを、中央アジア南部を征服した遊牧集団の直接の子孫か、それとも現在のウズベキスタン共

タシュケント市中心部に立つティムール像

和国に居住していた住民の総称か、いずれかに定義することは難しい。むしろ、突厥《とっけつ》、オグズ、ウズベクなどのテュルク系遊牧集団の移動に伴う中央ユーラシアのテュルク化と集団再編の波のなかで形成されたと考えたほうがよいだろう。

　ウズベクが明確な領域と、イラン系のタジクなど他の民族と区別された自己意識を持つ近代的な民族となるのは、1924年にスターリン体制下のソ連中央政府が行った民族共和国境界画定と、その結果としてのウズベク・ソヴィエト社会主義共和国の建設以降のことであった。しかしこの過程で、20世紀初頭以降タタール人やオスマン帝国の改革運動に影響を受け、中央アジアのムスリム住民の多様なアイデンティティを、言語や文学を通した啓蒙活動により、近代的なナショナル・アイデンティティに生まれ変わらせようとしてきたムスリム改革派知識人たち（フィトラトやチョルパンなど）は粛清され、彼らの活動がソ連期に顧みられることはほとんどなかった。

　1991年ソ連の解体に伴い、ウズベク・ソヴィエト社会主義共和国はウズベキスタン共和国として新たに独立した。これを契機として、ソ連体制建設の過程で粛清されたムスリム改革派知識人たちの活動が再発見され、ウズベキスタンの新たなナショナル・ヒストリーに取り込まれていった。一方でウズベク遊牧集団が滅ぼしたティムール帝国の建設者ティムール（第40章参照）は、ウズベク民族の英雄として位置づけられている。首都タシュケント中心部にはアミール・ティムール広場があり、その中央には彼の銅像がそびえている。こうして独立は新たなウズベク・ナショナリズムの高揚をもたらした。現在のウズベキスタン共和国は、基幹民族であるウズベク人を中心としつつも、国家が認定した100以上の民族が共存する多民族共生を公式には実現しようとしている。首都タシュケント市内には国内に居住するさまざまな民族の民族・文化センターが設立され、毎年、古代イランに起源を持つ春の訪れを告げるナウルーズの祝日には、諸民族の伝統舞踏・音楽などを披露する式典が開催されている。ただしウイグル人やタジク人の民族運動に対する政府の警戒は厳しい。またテュルク諸民族の大同団結を訴える団体の政治活動は非合法化されている。さらに政府は、2010年隣国キルギスでの政変のとき、フェルガナ盆地のオシュで発生したキルギス人とウズベク人の民族衝突に際して、同国との国境を封鎖し、衝突の波及を防ごうとした。ウズベキスタン共和国は今、国家の枠組みを維持しながら、ウズベク人を中心とした多民族共生を実現するという課題を抱えていると言えよう。

（塩谷哲史）

20

カザフ人

★遊牧政権から中央アジア地域大国へ★

カザフ人は現在のカザフスタン共和国を中心にして、中国（おもに新疆《しんきょう》ウイグル自治区）、ロシア、モンゴルなどに住む民族である。最大の人口を持つカザフスタンでは1千万人（2014年統計）、次いで中国の少数民族の一つ哈薩克（ハサク）族として140万人である。注目すべき存在としてトルコ共和国におけるコミュニティーがあり、これは20世紀半ばの中国西北における動乱を契機として難民となったカザフ人がトルコにたどり着いたものである。

中央ユーラシアの遊牧民であったカザフ人は、現在ではほとんど遊牧生活を送っておらず、都市に暮らすものも少なくない。牧畜に携わる者も定住し、かつての姿からは様変わりしている。例外は中国新疆で、たとえば北部のイリ地方では渓谷の高低差を生かして季節移動を行っており、とくに夏季は天幕（ジュルト／ユルタ）で生活する光景が見られる［写真1］。

カザフ人の民族的起源ははっきりせず、むしろ多様な集団が混合して形成されていったと考えたほうがよいだろう。当地カザフスタンの学界では、11〜12世紀にキプチャク遊牧集団が発展したときにカザフの民族形成も進んだとする見方があるが、いまだ議論は尽きていない。

手掛かりとなるのは今なお人々が強く意識する父系クランの集団名と、集団に特有のタムガ（印・家畜につける焼き印）である。伝説上の始祖アラシュを頂点とするカザフの系譜には、モンゴル帝国時代に活躍したケレイ（ケレイト）、ドゥラト（ドゥグラト）、クプシャク（キプチャク）などの遊牧民集団の名も表れている。

写真1　新疆北部のカザフの夏営地（2011年）

カザフの名称は、実際には「カザク」Qazaqと発音する。これはロシア語のカザーク（コサック）とも同じ語源と言われ、「自由人・放浪者」などを意味し、歴史上この集団名が明確に姿を現すのは15世紀後半のことであった。カザフ集団は、次第に政治的に周囲の勢力から独立し、チンギス・カンの後裔を君主と戴き、「カザフ＝ハン国」とのちの時代に呼ばれる政権に発展した。その後のカザフの歴史は、モンゴル系の遊牧集団であるジューンガル（カルマク）との戦いに彩られている。そのなかで民族的アイデンティティを形成しつつあったカザフは、18世紀後半になると英主アブライ・ハンの下、西のロシア帝国、東の清朝との二方面の外交関係を背景に、中央ユーラシア最後の遊牧政権を維持した。しかし19

写真２　鷹狩をするカザフのハン一族（スルタン）（Goncharova, N.N., *E.M. Korneev. Iz istorii grafiki nachala XIX veka.* Moscow, 1987）

世紀半ばになると、一部が清の領域に侵入していったほかは、拡大するロシア帝国により支配を受ける結果となった。

おもにロシアの植民地支配を受けていたとはいえ、近代のカザフ人たちは自らの文化をより発展させた。19世紀の国民詩人アバイや教育分野で名を残したアルトゥンサリンらが第一世代だとすれば、ロシア革命前後の第二世代であるボケイハノフ（1866～1937）、ドゥラトフ（1885～1935）、バイトゥルスノフ（1872～1937）らは『カザク』紙など民族色の強い新聞紙面や雑誌上で議論を戦わせ、文芸作品を生み出していった。新方式教育（ジャディード）運動とは一線を画しつつも自治を志向した知識人たちの運動は、アラシュ・オルダ自治政府として成果を残したが、1920年までにソ連に加わることを余儀なくされ、消滅した。

ソ連成立後は、カザフの名称を冠する連邦構成国の一つカザフ共和国が建てられた。ソ連時代において注目すべきは、1930年代に行われた定住化の強制であり、多数の家畜とともに多くの人命も失われた。社会主義の時代を経て、カザフスタン共和国として独立した後は、ナザルバエフ大統領の強力な指導の下、石油や天然ガスなどの資源を背景にして、国際社会での発言力を高めつつある。その勢いは、現首都アスタナの威容からもうかがうことができるだろう。

独立後の政策の一つに、カザフ民族の「帰還」がある。これにより、「オラルマン」と呼ばれる国外のカザフ人は、おもに新疆やモンゴルからカザフスタンに移住し、カザフ人人口がカザフスタンに集中する結果をもたらしている。と同時にそれまでの生活環境の違いから移住者たちの適応について問題が生じているのもたしかである。

カザフ人はイスラームを受容してきたが、遊牧に生きる彼らの信仰心はさほど篤いものではなく、時代を遡ればシャマニズム的信仰の跡も多々見ることができる。とはいえ、19世紀以降になると、モスクの数も増え、なかにはブハラやオスマン帝国などで学んだ成果をカザフ草原に伝える者も現れ、草原に移住したタタール人たちもイスラームを積極的に伝えていた。トルキスタン市にあるイスラーム聖者アフマド・ヤサヴィーの廟は、世界遺産にも認定されたその壮大な建築と相まって広く崇敬を集め、多くの参詣者が訪れる巡礼地として知られている。

イスラーム信仰とも結びついて、カザフ人はアラビア文字を用いていたが、ソ連期の変遷を経て、現在はキリル文字が主になっている（中国では文字改革を繰り返した後アラビア文字が使われている）。むしろ、カザフの文化を彩ってきたのは文字による文学作品よりも、口承文芸、とりわけ叙事詩であった（第9章参照）。上述のハンたちの勲功も口頭で語り継がれてきた内容を主としている。またこのような作品は、ドンブラやコブズなどの弦楽器による演奏を伴って朗唱されることが多かった。カザフ人の家系も口頭で語り継がれてきた。民族意識の高まりのなかで、これらの情報は記録されるようになり、たとえば近代知識人の一人シャカリムがまとめた、アダムから「テュルク」を経てカザフに連な

写真３　カザフスタン東部におけるナウルズ（新年）の祝祭（2003 年）

る系譜は、『テュルク、クルグズ＝カザクとハンたちの系譜』と題して1911年に刊行されている。大・中・小の三つのジュズと呼ばれるカザフの部族連合を中心に、周辺の諸民族集団についての伝承も含んだこの著作は、広範囲な時代と地域を扱う歴史書となっている。

　日本とのかかわりはそれほど古い所まで遡れるわけではないが、第二次世界大戦後のシベリア抑留による移送先の一つにカザフスタンがあったことはもっと知られてもよいだろう。独立後は、日本語教育を通じた交流も盛んになっている。テュルク系という言語的なつながりから旧ソ連・中央アジア域内やトルコ共和国との結びつき・親近感が強い一方で、他地域とのつながりは発展途上と言える。そのなかにあって隣国である中国は近年大きな関心を寄せ、そのイニシアティヴによる新「シルクロード」構想は、他の中央アジア諸国をも巻き込み、今後の展開が注目される。（野田　仁）

コラム3

カラカルパク人
――移住の歴史と豊かな口承文芸

塩谷哲史

カラカルパクは、ウズベキスタン共和国内のカラカルパクスタンを中心に、カザフスタン、トルクメニスタンなどに居住するテュルク系の民族である。人口は現在約60万人で、言語はテュルク諸語キプチャク方言に属するカラカルパク語、おもな宗教はスンナ派のイスラームである。

カラカルパクの名は、「黒い帽子」を意味し、12世紀頃ドニエプル川支流にいたテュルク系遊牧集団に由来するとされ、16世紀頃にはノガイ・オルダの一部を構成した集団を指していた。その後カザフとともに行動し、17世紀中葉から18世紀にかけてはシル川の中・下流域に居住していた。しかしカザフの間で「裸足での逃走(アクタバン・シュブルンドゥ)」と語り継がれる1723～1725年のジューンガル(オイラト)の侵入により、ともに大きな被害を受けたカラカルパクは、一部はアム川下流域のホラズムへ、また一部はシル川上流域のフェルガナへの移住を余儀なくされた。アム川下流域に移住したカラカルパクは、ヒヴァ・ハン国(1512～1920年)に服従し、アム川がアラル海に注ぐ一帯に広がっていたデルタとその周辺地域に定着し、農耕、牧畜、漁撈を組み合わせた生活を送っていた。しかしハン国内で軍役の負担と引き換えに免税・免役の特権を享受したトルクメンとは異なり、カラカルパクは地税や家畜税、灌漑作業の賦役に加え、軍役も負担していたようである。1855～67年にハン国内で続いたトルクメンの反乱の過程で、トルクメンやイラン系の遊牧集団ジャムシード族に起きたのと同様に、カラカルパクの居住地域もまた大きな変化を被った。その結果、彼らはアム川右岸（東岸）に集住するようになった。1873年ヒヴァ・ハン国がロシア帝国の保護国になると、アム川右岸はトルキスタン総督府管轄下で帝国の直轄領となり、1874年にはペトロ・アレクサンドロフスク（現トルト・コル）を中心都市とするアムダリヤ分区が設立された。これ以降、アムダリヤ分区がカラカルパクの居住の中心地域となった。1908年の報告によれば、アムダリヤ分区の全人口21万4275人のうちカラカルパクは9万5000人であった。

1924年にソ連体制下で行われた民族・共和国境界画定ののちカザフ自治共和国内にカラカルパク自治州が成立し、幾度かの行政上の帰属変更を経て、1936年ウズベク社会主義共和国内にカラカルパク社会主義自治共和国が成立した。また正字法を持たないままアラビア文字で表記されてきたカラカルパク語は、1928年にラテン文字、1940年にキリル文字で表記されるようになった。こうしてカラカルパク人は、民族領域と言語を持つ近代的な民族になった。この過程で、口承文芸研究者、高等教育機関の教育者であるとともに作家としても知られ、カラカルパク語正書法の制定に尽力したナジム・ダウカラエフ（1905〜53）のような知識人が現れた。また1970年代以降、アラル海縮小問題が顕在化するにつれて、飲料水汚染や土壌の塩化などの環境問題が浮上してきた。

1991年のウズベキスタンの独立に伴い、カラカルパク社会主義自治共和国は、カラカルパクスタン共和国としてウズベキスタン国内にとどまった。軍事、財政、外交面で自主権を持たず、政治的な独立運動は表立って見られないが、口承文芸を中心とした民族文化の振興は盛んである。カラカルパクの口承文芸は、ジュラウ（語り手）やバフシ（詩人）が、ドゥタール、コブズといった民族楽器の伴奏とともに語り伝えてきた『40人の娘』『エディゲ』『アルパムス』をはじめとする英雄叙事詩が中心である（第9章参照）。またカラカルパクスタンの首都ヌクス市にあるI・V・サヴィツキー名称カラカルパクスタン共和国国立美術館は、イーゴリ・サヴィツキー（1915〜84）が収集した世界屈指のロシア・アヴァンギャルドの芸術作品コレクションで知られる。サヴィツキーはまた、1940年代以降アム川下流域で展開されたホラズム考古学・民族誌学調査に加わり、この地域の考古遺物や民俗資料を多数収集した。それらは同美術館に収蔵されている。近年のカラカルパクスタンは、その豊かな天然資源（石油、天然ガス）が注目され、タシュケントからヌクスに向かう飛行機では、韓国やトルコなどのビジネスマンの姿がよく見られる。

I.V. サヴィツキー名称カラカルパクスタン共和国国立美術館

21

キルギス人（クルグズ人）

★中央アジアの山岳遊牧民★

世界地図をひろげてユーラシアを眺めてみよう。その中央部には、茶色で表わされる山岳・高原地帯が聳えていることが一目瞭然だろう。そのなかでも、天山山脈は、古来より遊牧民族の揺籃の地となってきた。16世紀から現在に至るまで、天山に拠って暮らしてきたのがテュルク系遊牧民族のクルグズ人である。日本では、ロシアや欧米における呼び方の影響から、キルギス（Kirghiz）人と呼ばれることが慣例となっているが、これは厳密には誤りである。彼ら自身の発音に従うならばクルグズ（Qïrghïz）と呼ぶのが正しい。クルグズ人は、クルグズ共和国を構成する基幹民族となっているほか（約380万人）、隣接するカザフスタン、ウズベキスタン、タジキスタンのみならず、アフガニスタンやパキスタン、そして中華人民共和国の新疆《しんきょう》ウイグル自治区にも存在する。

クルグズ人が天山山脈周辺の山岳・高原地帯の住人として明確に姿を現わすのは15世紀中期から16世紀のこととされる。とはいえ、それよりもはるか昔に遡る歴史史料のなかにも彼らの存在を確認することができる。たとえば、『史記』に登場する、エニセイ川上流域にあって、匈奴《きょうど》に服属する遊牧集団「堅昆」

はクルグズ人を示すものと考えられている。以後、クルグズ人は突厥《とっけつ》やウイグル（回鶻）の支配を経る過程でテュルク化し、13世紀にはモンゴル帝国の傘下に入った。このような「エニセイ・クルグズ」と、現在のクルグズ人の直接の祖である「天山クルグズ」との関係をめぐっては、エニセイから天山への移住説や天山原住説など複数の説が提示されてきたものの、依然として不明瞭な点が多く、明確な結論は出ていない。おそらく、モンゴル帝国の崩壊を経てエニセイ・クルグズの一部が中央アジア方面に進出し、そのなかでテュルク系やイラン系の現地民と接触、混交することで現在のクルグズ人につながる民族集団の形成が進展したものと考えられる（コラム7参照）。

この過程でとりわけ大きな影響を与えたのは、やはり同時代に中央アジアにおいて民族形成を遂げつつあったカザフ人の存在である（第20章を参照）。言語や習俗がよく似ていることから、両民族は現在でも「兄弟民族」などと呼ばれることがある。しかし、両者を比べてみると、とりわけ社会構造の点において、共通点よりもむしろ相違点が浮かび上がってくる。その最たるものは、チンギス・ハンの血統に連なる首領の有無である。カザフ人は、チンギス・ハンの息子ジョチの後裔を核に興った遊牧集団であり、以後、チンギス・ハンの血を引く彼らの子孫からハンやスルタンといった支配者——彼らは「アク・スイェク」（白い骨）と呼ばれた——が輩出した。このような、いわゆる「チンギス統原理」の流れを汲む首領を戴くカザフ人とは異なり、クルグズ人にはチンギス・ハンの血統に連なる首領は存在しなかった。彼らが、中央アジアの周辺民族から「カラ（黒）・クルグズ」と呼ばれた一因は、そうした点に求めることができるだろう。また、遊牧形態にも大きな違いを見出すことができる。カザフ人は、おもに広大なステップ地帯を生活圏としてきたことから、比較的長い距離を水平移動するという遊牧形態をとっていたのに対し、天山山脈の山岳・高原地帯を生活圏とするクルグズ人の遊牧距離はそれに比して短く、高地の夏営地と低地の冬営地とのあいだの垂直移動が特徴的である。

このような社会構造や生活環境および遊牧形態といったさまざまな要因を背景として、クルグズ人は20世紀に至るまで、国家や統一的な政権を有することはなかった。この点においても、15世紀後半の段階ですでにカザフ・ハン国を形成していたカザフ人とは大きく異なっていた。クルグズ人は数多くの部族集団に分かれるとともに、相互に独立性の高い首領が、急峻な天山の山岳地帯のあいだに点在する盆地を根拠地として割拠し、覇権を競い合う状況が長く続いた。16世紀から20世紀初頭に至るまで、クルグズ人はモグーリスタン、オイラト（ジュンガル）、清朝、コーカンド・ハン国、ヤークーブ・ベグ政権やロシア帝国といったさまざまな政権と関係を構築してゆく。内実はともあれ、クルグズ人はそうした諸勢力に服属していったが、その際両者の関係の媒介となったのは軍事力の提供であった。クルグズ人は「戦闘的」な民族として知られ、部族を率いる首領層も軍事指導者としての性格を色濃く有していた。

こうした点も一因となって、クルグズ人の近代化は遅れた。隣接するカザフ人やウズベク人のあいだではすでに19世紀末から20世紀初頭の段階において、近代的な知識人層が成長を遂げつつあったことが知られる。しかし、クルグズ人のもとではそうした知識人層はきわめて希薄であり、民族運動は微弱であった。第一次世界大戦中の１９１６年に、ツァーリ政府が徴用令を発したのをきっかけに中央アジア全域で蜂起が勃発すると、折からの土地収用に対する不満とも相俟って、クルグズ人地域ではロシア人移民の殺戮を伴う凄惨な様相を呈したが、そのなかで反乱に決起した人々も部族を超えたクルグズ人としての民族的紐帯を結ぶには至らなかった。ロシア革命後、ロシア連邦共和国に属する自治州、ついで自治共和国を経て、1936年にクルグズ人を基幹住民とするクルグズ・ソヴィエト社会主義共和国に昇格し、これが1991年に独立して今の共和国となった。このようにして、クルグズ人は国家を有することになった。しかし、前述のような諸要因を背景に、現在に至るまでその統合は政権にとって難しい課題となっている。北部と南部のあいだでの地域間対立はもとより、部族や地域閥間の対立は、若い独立国家の政治や経済の混乱に拍車をかけている。こうしたなか、クルグズ人に語り伝わる長大な英雄叙事詩『マナス』の主人公マナスは、国家をまとめあげるための象徴として政治的に利用されているが、その効果は限定的なものにとどまっている。

首都ビシュケク市中心部に立つマナス像

最後に、宗教的な側面について少し触れておこう。クルグズ人はスンナ派のイスラーム教徒である。クルグズ人のイスラーム化は、中央ユーラシアの諸集団のなかでも最も遅く、17世紀以降に、フェルガナ地方のムスリム定住民——とりわけスーフィ

高原のマザール（ナルン州スゥサミル）

ズム――との接触を通して進展した。クルグズ人は、チベット仏教を信仰するオイラトのような異教徒と長期間にわたって抗争を繰りかえしたことを背景に、ムスリムとしての意識を明確に有していたことが知られている。しかし、クルグズ人のイスラーム信仰は、イスラーム以前のシャマニズムやアニミズム的要素を色濃く残しつつ現在に至っている。一方で、20世紀初頭になると、クルグズ人首領層のなかには、聖地巡礼（ハッジ）に赴き、当時タタール人を中心に展開しつつあったイスラーム改革運動に賛同する者もごく少数ではあれ現われた。また、近年では、ＩＳ（「イスラム国」）に参加するクルグズ人の存在も指摘される。このように、クルグズ人のイスラーム信仰の今後の推移を見守るにあたっては、歴史的な基層と同時に、外部の新しい潮流の影響も考慮する必要があるだろう。

（秋山　徹）

22

タタール人

★ロシア人の身近な他者★

テュルク諸語の北西グループに分類される言葉を母語とするタタール人は、２０１０年のロシア連邦の国勢調査によれば全人口の３・87％（約５３１万人）にすぎないが、じつはロシア人に次ぐ人口を誇る。タタールを冠するタタルスタン共和国（首都カザン）には２００万人余りで人口の53・２％、隣のバシュコルトスタン共和国には１００万人余りで25・４％を占める。タタール人の大多数はイスラーム教スンナ派に属すが、居住地域、方言、歴史によってカザン、アストラハン、シベリア、カシモフ、ミシャルなどに分類され、さらには正教徒としてクリャシェンを名乗る人々も３万４８２２人を数える。

ヴォルガ川とウラル山脈に挟まれた地域のテュルク系ムスリムの歴史はブルガルに遡るが（コラム８を参照）、人々がキプチャク方言を話すようになるのは、13世紀のモンゴル襲来以降のことである。モンゴル支配はのちにロシア人によって「タタールのくびき」と振り返られることになり（第39章参照）、「タタール」の語はヨーロッパにも浸透した。当初この語は内陸アジアの遊牧民を指したが、16世紀以降ロシアが拡張すると、シベリアやコーカサスで出会うムスリム、非テュルク系住民、その他の異

20世紀初頭のカザン・タタール人の家族
(*Tarikhi Kazan: Al'bom* (Kazan, 2003), 163.)

民族もタタールと呼ばれるようになった。ヴォルガ・ウラル地域のムスリムもタタールと蔑称されたが、19世紀末以降、彼らのなかから自身の歴史や言語に関心を深める知識人が登場すると、タタールを民族名として積極的に使う者も現れた(第47章を参照)。

ヴォルガ・ウラル地域は16世紀半ばにイヴァン雷帝(在位1533～84)によって征服された。これはロシアにとって多民族帝国建設の第一歩だった。この地域のムスリムは、1720年代までロシア正教への改宗が奨励されつつもイスラーム信仰を維持できた。しかし、1740年代のヴォルガ中流域ではモスクの大量破壊も伴う強制改宗が行われたので、その難を避けて多くのムスリムが南ウラルに移住した。これらの移住者のなかには、土地所有を保障された身分集団「バシキール」あるいはその小作人「テプチャル」に登録する者が帝政期を通じて少なからずいた(第26章を参照)。そのため、ソ連時代にバシキールが自治共和国を持ちそのなかで優遇されるべき民族となると、テプチャルはバシキール人かタタール人に分類され、タタール人もしばしば生活の便宜上あるいは強制的にバシキール人として登録せざるを得なくなった。こうした状況は、今日のバシュコルトスタンでも論争の的になっている。

帝政の宗教政策が抑圧から寛容に転じるのは、エカチェリーナ二世の治世（１７６２～９６）のことだ。現代タタール語にもこの女帝を「お婆大王《エビ・パドシャー》」と呼ぶ愛称が残っているが、これは彼女の治世がいかに画期的だったのかを今に伝えている。ブルガルのイスラーム改宗物語を共有し「ブルガーリー」を出身地名《ニスバ》とする学者《ウラマー》は、女帝の政策によってイスラーム行政の担い手となった。さらにタタール人は以降、商人、軍人、書記、通訳など、おもに中央アジアとロシアをつなぐ仲介者としても活躍する。

ただし、タタール人であることとムスリムであることが常に重なっていたわけではない。正教、イスラーム、自然宗教が混淆するヴォルガ・ウラル地域では、テュルク系とフィン・ウゴル系の人々が、時にロシア人とともに、同じ聖域、聖者、精霊、神秘主義の説話を共有しながら、各信仰の理解を形作り主体的に信仰を選んでいた。正教とイスラームを明確に分かち、各民族と宗教を対応させる志向が現れるのは19世紀後半にすぎない。そのなかで、イスラームに改宗したフィン・ウゴル系の人々がタタール人になった場合もあるし、現在でも、独自の正教の理解を持つクリャシェンが別個の民族としての承認を求めている。

ヴォルガ・ウラル地域では、「テュルキー」と呼ばれるアラビア文字表記のテュルク語の文章語が発達していた。１８０４年開校のカザン大学にあった出版所のおかげで、19世紀を通じて廉価な印刷物も普及した。１９０５年以降、新聞・雑誌が出現し、文学作品がさかんに執筆され、母語による初等教育も広がると、タタール語の標準化が進んだ。１９１７年の革命を経て１９２０年にタタール自治共和国が成立すると、タタール語はロシア語と並んで国家語の地位を獲得した。当初は口語の発音や語彙、「国際的な」外来語を正確に表記するためにアラビア文字の改変が試みられたが、27年にラテン文字、1939年にはキリル文字が導入された。こうして人々は、多くのテュルク系諸民族と同様に、アラビア文字の伝統から切り離された。

とはいえ、アラビア文字のタタール語は、ソ連の外に移り住んだ人々の間でしばらく維持された。彼らは革命、内戦、飢餓を避けて満洲と日本にも到来し、社会を形成した（第59章を参照）。太平洋戦争での日本の敗戦は彼らにも苦難だったが、転機は朝鮮戦争時に訪れる。国連軍に派兵していたトルコ政府の計らいで、多くが無国籍だったタタール人がトルコ国籍を取得し、移住できるようになったのだ。そしてトルコを経由してドイツ、北米、オーストラリアなどに移住する家族も現れた。筆者は2009年にニューヨークの「アメリカ・タタール協会」を訪ねたことがある。そこには自然な日本語を話す年配の方が少なからずいた。不思議なことに、どの人も判を押したように「ご出身はどちらですか」と尋ねると、「カザンから」と答えた。満洲や日本で生まれ育った人々は、冷戦後の1990年代までカザンを訪れる機会に恵まれなかったはずだ。ではなぜカ

タタルスタンの国旗と星条旗の間で

ザンなのか。

１９９１年12月にソ連が解体すると、タタルスタン大統領ミンチメル・シャイミエフ（在位１９９１〜２０１０）は、地元の強力な民族運動を利用しながらも民族間対抗の調停者として巧みに振舞い、94年２月にモスクワと権限区分条約の調印に漕ぎ着けた。「条約」という言葉に象徴されるように、シャイミエフは形式上「タタール人の国家」の存在を中央政府に認めさせたのである。さらにタタルスタン政府は、民族運動の主導権を握る目的で、１９９２年の時点で全世界タタール会議という組織を設けていた。これはその名の通り、世界中に離散するタタール人をタタルスタンという「祖国」に結びつける運動体である。この組織は、ロシア連邦内でタタール人の地位に関わる問題が浮上する度に、問題を「国際化」することでその存在感を誇示してきた。こうして、かつてハルビン、東京、神戸で教科書や文学書を通じて思いを巡らせ、こんにちアメリカ市民となったタタール人の故郷は、タタルスタンとその首都カザンに収斂しているのである。

（長縄宣博）

23

クリミア・タタール人

★故郷の喪失から生まれた民族★

２０１４年3月6日、ウクライナのクリミア自治共和国最高議会は、キエフのユーロマイダン革命を受けて、ロシアへの帰属替えを問う住民投票を実施することを決めた。その前日、クリミアを訪れたタタルスタン大統領ルスタム・ミンニハノフは次のように報道陣に語った。「クリミア・タタール人は私たちの兄弟です。(中略)歴史的にはクリミアのハンがカザン・ハン国を支配したこともありました。そんなことがあったのです。歴史は歴史でありますので、私たちもそれを忘れてはいけません。しかしこんにち重要なのは、繰り返しますが、クリミアが平穏で、民族間・宗教間に調和があることです。そうした課題が私たちすべての前に今立ちはだかっているのです」。

ここで念頭にあるのは、かつて交通の要衝だったカザン・ハン国への影響力をめぐりモスクワとクリミア・ハン国が競ったときに、カザンでクリミアからハンを擁立することが続いた15世紀末から16世紀初頭のことである。クリミアの攻勢は結果として、モスクワによる１５５２年のカザン征服を招いた。皮肉なことにこんにちでは、タタルスタンがロシアによるクリミア併合を介助している。２０１４年は、相当異なる歴史を歩んできた二つのタタール人の歴史が交差した重大な年の一つとして記憶されるにちがいない。黒海北岸のクリミア半島は地政学上の要衝であり、そこに住むタタール人はこれまでも、大国の衝突する狭間で故郷を追われ、故郷に戻ることを通じて集団としての凝集力を高めてきた。ここではその激動の軌跡を駆け足で辿ってみたい。

15世紀末にオスマン朝の宗主権下に入ったクリミア・ハン国は、カザン・ハン国滅亡後も健在で、ロシアやポーランド南部を襲撃し、スラヴ人を奴隷としてオスマン帝国に売却していた。17世紀後半からはポーランド、オスマン、ロシアの三つ巴の国際関係が展開したが、１７６８年の露土戦争はこれに終止符を打った。１７７４年にロシアとオスマン帝国の間で結ばれたキュチュク・カイナルジャ条約でロシアはクリミア・ハン国の独立を承認させ、１７８３年にこれを併合した。

併合後、ロシア政府は既存の宗教指導層や旧ハン国の貴族《ミールザー》を統治に組み込むなど寛容な姿勢を見せた。タタール貴族はロシア軍にも勤務し、オスマン帝国との戦争でも軍功を立てた。ロシア・ムスリム社会の啓蒙家として有名なイスマイル・ガスプリンスキー（１８５１〜１９１４）も貴族の出だった（第46章を参照）。彼が陸軍幼年学校に学んだのは偶然ではない。１９０５年までロシアでほぼ唯一の民間のテュルク語紙『翻訳者《テルジュマン》』は、彼がバフチサライ市長在職時に迎えたクリミア併合１００周年を機に創刊されたのだった。

しかし、ロシア統治から逃れてオスマン領に渡るタタール人は後を絶たなかった。彼らは黒海南岸のアナトリアだけでなく、現在のルーマニアに当たる沿岸部（ドブルジャ）にも移った。帝政期最大の流出はクリミア戦争（１８５３〜５６）で発生し、半島のタタール人のじつに三分の二が移住した。と

十月革命後のクルルタイ。バフチサライに今も残るクリミア・ハンの宮殿にて（S. M. Iskhakov, *Rossiiskie musul'mane i revoliutsiia* (Moscow, 2004) 付録写真 15 頁目）

はいえ、移住後も多くのタタール人がオスマン国籍とロシア国籍を状況に応じて使い分けながら黒海の両岸を往復した。現在のトルコには、帝政期の移住者に遡れる人々が300〜500万人いるとされる。また、第二次世界大戦前のドブルジャにはクリミア半島の多くのタタール人が親戚を持っていたと言われ、今日でも2万5000〜4万人ほどのタタール人が住み、民族文化をよく残しているので、港町コンスタンツァはクリミア・タタール民族運動の拠点となっている。

1917年の革命時にタタール人は大会《クルルタイ》を招集し、新生ロシアのなかで人民共和国を持つことを宣言した。しかし翌年1月末にボリシェヴィキの手で解散させられると、1920年末まで、ドイツ軍や白軍も入り乱れた内戦が続いた。勝利したボリシェヴィキは1921年10月にクリミア自治共和国を設置し、革命期の民族活動家を国家機関に登用した。クリミア・タタール人の歴史で最大の悲劇が、第二次世界大戦中の1944年5月18日に遂行された強制移住であることは論を俟たない。1941〜43年にドイツ軍が半島を占領した時、クリミア・タタール人が利敵協力者となり反ソ活動を働いたことが疑われたのだ。1944年11月時点で19万3865人が移送され、うち約78％がウズベク共和国に、残りはロシア共和国とカザフ共和国に分散させられた。ウズベク共和国では、強制移住から半年で一割が死亡したと言われる。自治共和国は１９４６年にクリミア州となり、１９５４年にはウクライナに移管された。

クリミア・タタール人の戦後は、帰郷のための当局との交渉、嘆願、大規模デモ、違法帰郷の連続だった。当初運動を率いていたのは旧自治共和国のエリート、退役軍人、戦争英雄だったが、１９６０年代以降は、中央アジアで育ち国家機関での職歴のない若者が運動を急進化させた。１９７０年代には、アンドレイ・サハロフがノーベル賞受賞講演でクリミア・タタール人に言及したように、人権団体の働きで彼らの境遇が世界の関心を集めるようになった。このような時代に頭角を現したのが、現在もカリスマ性を保つムスタファ・ジェミレフ（１９４３年生）である。

2013 年 **11** 月 **1** 日、ジェミレフからチュバロフにメジュリス議長職が継承された。（http://crimea.comments.ua/news/2013/11/02/090000.html）

転機はペレストロイカ期の１９８９年に訪れる。同年６月にフェルガナ盆地でメスヘティア・トルコ人とクリミア・タタール人に対する襲撃が発生すると、後者の避難民はクリミアに押し寄せ、住居と職の保障を求めるデモを行い、占拠した土地にテントを設営し始めた。これを受けてソ連邦最高会議は11月に、クリミア・タタール人を完全に名誉回復し帰郷の権利も認めた。翌年には８万３０００人が帰郷した。１９９１年２月21日にソ連のウクライナ共和国最高会議がクリミア自治共和国の復活を可決すると、クリミア・タタール人は6月末、1917年の再現を念頭に大会《クルルタイ》を開いた。この時に執行部として選出されたのがメジュリス（議会）だ。ジェミレフはこの議長を2013年10月まで務め、ソ連末期以来の盟友レファト・チュバロフ（1957年生）がその跡を継いで今に至る。

独立ウクライナがクリミア・タタール人に居心地のよい場所だったわけではない。2004年までに25万人のタタール人が帰還してクリミアの人口の一割強を占めるに至ったが、失業や住宅・土地の問題は解決されなかった。プーチン政権のロシアがクリミアを併合した2014年以降、ロシア帝国による併合後とボリシェヴィキ政権成立後と同様、新しい統治の現実に参加することで利益を得ようとする者が現れている。ジェミレフとチュバロフは、併合に断固反対する立場を堅持し、クリミアに入ることが禁じられている。再び故郷を追われたメジュリス指導部は、トルコとドブルジャの同胞からの支援も得ようと奔走している。クリミア・タタール人の将来もまた、環黒海の国際環境のなかで展開していくだろう。

（長縄宣博）

コラム4

リトアニアのタタール人、リプカ・タタール

濱本真実

タタール人は、ヴォルガ・タタール、クリミア・タタール、シベリア・タタール等、さまざまな下位グループに分類されるが、リプカとも呼ばれるリトアニアのタタール人（ポーランド=リトアニア・タタール人）には、他のタタール人とはっきり異なる特徴がある。彼らは近代以前からテュルク語を話さないのだ。

他のタタール人と同様、彼らの祖先はモンゴル帝国ジョチ・ウルスのタタール人だが、彼らは14世紀半ば以降、リトアニア大公国（1569年のポーランドとの制度的合同以降はポーランド=リトアニア）に捕虜や援軍として移住したのち、16世紀末までにテュルク語を失い、言語的にスラヴ化された。現在のリトアニア共和国の何倍もの領域を占めたリトアニア大公国では、大部分の地域でバルト語派のリトアニア語ではなく、スラヴ語に属する古ベラルーシ語（ルーシ語またはルテニア語）、あるいはポーランド語が使用されていたからである。現在ではリプカ・タタールはおもに、リトアニアのほか、ベラルーシ、ポーランド、ウクライナに住んでいる。

言語的にスラヴ化されたリプカ・タタールが、完全に周囲のスラヴ系民族に同化されることなく、現在に至るまでタタール人としてのアイデンティティを保つことができたのは、彼らが奉じていたイスラームのおかげだ。彼らは、テュルク語を失っても、スンナ派イスラームの信仰とアラビア文字の知識は保持し続けた。彼らのもとにはモスクの運営を担当する「ムッラー」と呼ばれる宗教指導者がおり、16世紀までは、オスマン帝国やクリミアからムッラーを招聘することも稀ではなかったし、メッカ巡礼に赴く

者もいた。メッカ巡礼の際には、他のムスリムとの意思疎通のために、アラビア語の知識を持つ仲間と一緒に行ったという。16世紀半ば以降になると、彼らはイスラームの宗教文献を、アラビア文字表記の古ベラルーシ語やポーランド語で作成するようになった。

しかし、17世紀に入ると、カトリック国であるポーランド＝リトアニアで反イスラーム的な風潮が強まり、国外からのムッラーの招聘は許可されず、彼らは他のムスリム共同体から隔絶されることになった。その結果、彼らの間でのイスラーム信仰は独特なものとなる。20世紀初頭、彼らの一部が第一次世界大戦の戦火を避けて、ロシアの沿ヴォルガ・ウラル地方に疎開した際、現地のムスリムは疎開してきたリプカ・タタールについて、「彼らを我々のムスリム同胞だと考えていたが、実際のところ、彼らは言葉を知らないし、礼拝《ナマーズ》が何たるか理解しておらず、モスクも訪れない。我々の任務は、彼らに宗教を教え、彼らを「本当のムスリム」にすることだ」と記している。

ムスリム失格の烙印を押されたリプカ・タタールだが、彼らは、19世紀末にはかのガスプリンスキー（第46章参照）によって「ムスリムの閉鎖性は彼らの間には存在しない」「文化と教育の点でムスリムのほとんど頂点に立っている」と評されたほど、ムスリムの間で開明的な人々だった。これは、一つにはロシア帝国のポーランド＝リトアニア支配に反発するポーランド人貴族層をおさえるために、ロシア政府がこの地域で少数派のタタール人を優遇した結果と考えられるが、リプカ・タタールが、近代ヨーロッパ文明に対して強い警戒感を示した他のムスリム地域から隔絶されていたことも、彼らの開明的な態度の一因だろう。

リプカ・タタールの子孫のうち世界的に有名

な人物としては、ハリウッド俳優のチャールズ・ブロンソンと並んで、1905年にノーベル文学賞を受賞した、『クォ・ヴァディス』で知られるポーランド人小説家ヘンリク・シェンキェヴィチを挙げることができる。シェンキェヴィチの生誕170周年、没後100周年にあたる

ヘンリク・シェンキェヴィチ（**1846-1916**）

チャールズ・ブロンソン（**1921-2003**）

2016年は、ポーランドではヘンリク・シェンキェヴィチ記念年とされている。シェンキェヴィチの代表作として、17世紀のポーランドを描いた三部作があるが、その第三部『パン・ヴォウォディヨフスキ』は、17世紀末のリプカ・タタールの反乱と、彼らのオスマン帝国への亡命という史実を題材にしている。この反乱の背景には、前述のポーランド＝リトアニアにおける反イスラーム的な風潮があったが、亡命者の多くは、オスマン帝国で期待した待遇が得られずに、のちにポーランド＝リトアニアに帰還している。

20世紀末以降、リプカ・タタールは民族意識を急速に高め、彼らの歴史や文化についての研究が盛んに行われている。今後、彼らの興味深いイスラーム信仰の実態が、いっそう明らかになってくるだろう。

24

トルクメン人

★尚武の民★

トルクメンは現在のトルクメニスタン共和国（推計約400万人）を中心に、ウズベキスタン、タジキスタン、イラン、アフガニスタンにも居住するテュルク系の民族である。言語はトルクメン語、おもな宗教はスンナ派のイスラームである。

トルクメン人の起源は明らかでないことが多い。10世紀以降ムスリムの史書に、テュルク系部族オグズの別名として、「トゥルクマーン」という名称が現れる。マー・ワラー・アンナフルの人々が、当時シル川下流域にいたオグズのうち、イスラームに改宗した集団を指して用いたことに起源を持つとされる。この集団は11世紀以降大挙して現在のカザフ草原にあたる地域からイラン、シリア、アナトリアへと移動していった。こうした移動は13世紀東方からのモンゴルの侵入によって加速した。その結果現在のイラク、シリアなどにトゥルクマーンの名を持つ集団が散居している。

しかしこのトゥルクマーンと、現代のトルクメニスタン共和国の基幹民族であるトルクメン人との間の連続性は証明されていない。とりわけ、13～15世紀（モンゴル帝国・ティムール帝国期）の彼らの中央アジアにおける活動が明らかでないためである。

第24章
トルクメン人

現在のトルクメニスタン共和国およびイラン北東部のトルクメン人の居住範囲は、17世紀から19世紀にかけて、彼らが部族単位でカスピ海東岸からコペト・ダグ北麓やアム川下流域（ホラズム）に移動し、ラクダ、羊を主体とした短距離遊牧を中心とした牧畜から農牧複合ないし農耕主体の生活へと移行していった結果確立された。この移動は、アム川のカスピ海への流入が止まり、カラクム砂漠一帯の地下水位が低下して牧畜に必要な井戸水が不足したことや、周囲のより強力なテュルク系、モンゴル系の遊牧集団（マンギト、カルマク、カザフ）による攻撃を受けたことによって引き起こされたと考えられている。

その後コペト・ダグ北麓ではイラン系の定住民と、ホラズムではテュルク系のウズベクやサルトと和戦を繰り返しながら、トルクメン諸部族は徐々に定住オアシスにおける居住を確立した。こうした過程で、18世紀の漂泊の詩人マグトゥム・グルに代表される文学の伝統が形作られた。この移動の過程については、1974年ソ連からイスラエルを経てアメリカに亡命し、インディアナ大学でアルタイ学の発展に寄与したユーリ・ブレーゲルの諸研究に詳しいが、未解明の点も多く残されている。サファヴィー朝期以降のイランで書かれたペルシア語史書やウズベク諸ハン国で書かれたペルシア語、チャガタイ・トルコ語の史書、さらにソ連期の1940年代から1960年代にかけてホラズムを中心に展開された考古学・民族誌学調査の報告書やフィールドノートを用いた研究が俟たれる。

またトルクメンは、テッケ、ヨムート、ギョクレン、エルサリなど多くの部族に分立し、さらにその下位集団間も含めて相互の抗争は絶えなかった。しかし共通の敵が現れると団結し、尚武の気風を示した。それは1881年帝政ロシア軍に対するギョクデペの戦いで激しい抵抗を示したテッケ族に

民族衣装に身を包んだトルクメニスタンの学生

現れている。征服後のロシア当局もその勇猛さを認め、彼らは民兵隊（1885年創設のトルクメン騎馬民兵隊、のち改名・改組を経て1918年まで存続）を構成し、第一次世界大戦ではドイツ、オーストリア軍と戦った。ロシア統治期に中央アジアの現地民が徴兵対象にならなったことを考慮すると、これは特異な存在であったと言える。20世紀初頭、カラクム砂漠を中心とした、フランスの国土に匹敵する50万平方キロに及ぶ広大な乾燥地帯に、約90万人のトルクメンが暮らしていた。

トルクメン人が、一定の領域を持つ近代国家の基幹民族となったのは、ソ連体制下で1924年に行われた民族・共和国境界画定とトルクメン社会主義共和国の建国によってであった。この過程で、それまでアラビア文字で表記されてきたが、正字法を持たなかったトルクメン語は、1928年ラテン文字、続いて1940年キリル文字で表記されることになった。さらに識字教育の普及、女子教育の拡大や因習からの解放、トルクメン人政治エリートの育成が矢継ぎ早に行われたが、それは社会主義社会の建設という枠組みのなかで実施された。1959年に運用を開始したカラクム運河により、国内では大規模灌漑事業に基づく綿花栽培が発展し、都市化が進行したが、一方でアラル海の死滅問題に代表される環境問題が表面化してきた。

1991年ソ連の解体に伴い、トルクメン社会主義共和国はトルクメニスタン共和国として独立した。初代大統領ニヤゾフを中心とした独立国家建設は権威主義的であり、1993年には自らに「トルクメンバシ（トルクメンの頭領）」の称号を与え、独裁色を強めた。彼の体制は、指導者個人の恣意的な政策決定と個人崇拝、取り巻き政治、治安機関相互の競争をバネにした社会監視、体制の脆弱な社会的基盤、汚職・腐敗の蔓延に特徴を持つ「スルタニズム」体制であるとされ、世界有数の産出量を誇る天然ガスを中心とした資源から得られた利益の国民への還元は進まなかった。また同大統領の著書『ルーフ・ナーマ（魂の書）』は、トルクメン人の黄金の世紀たる21世紀へと国民を導く書物と位置づけられたが、一方で教育年限の短縮や、大学院、科学アカデミーといった学術機関の閉鎖などの思想統制を象徴する著作でもあった。こうして独立後のトルクメニスタンは、政治のみならず社会、文化面でも混迷を深めることになった。2006年12月ニヤゾフ大統領が死去すると、ベルディムハメドフが後継指名され現在に至っている。現政権はニヤゾフ体制から漸進的に脱却を図りつつ、天然ガスや石油などの資源収入を背景とした現代化政策を進めようとしている。

（塩谷哲史）

25

トルコ人

★「帝国」から「国民国家」へ★

トルコ語で「トルコ人」は Türk で、その意味するところは広汎かつ曖昧である。とくに、トルコ共和国では、汎テュルク的心情に裏打ちされて、広い意味の「テュルク」もすべて同じ Türk で表現することが多いため、「トルコ人」の意味はいっそう曖昧になるが、ここでは「トルコ系トルコ人」を、トルコ共和国の主要な構成要素である「トルコ国民」を指すものとする。

1923年にアナトリアでトルコ共和国が成立する以前、その地を支配していたオスマン帝国では、住民は宗教・宗派に基づいて識別されるのが原則だった。さらに、帝国の支配機構に属した人々は、母語のいかんを問わず、帝国の公用語であるオスマン・トルコ語を用いて業務を果たし、自らを「オスマン人」と認識していた。そしてオスマン・トルコ語は、トルコ語を基盤にしながら、アラビア語、ペルシア語の影響を強く受けた、相当に人工的な言葉だった（第15章参照）。したがってこれを使いこなす「オスマン人」にとって、「トルコ語」は洗練に欠けた「粗野な」言葉であり、それを用いるのが、洗練を知らない「トルコ人」なのだった。このように、「トルコ人」が農民や遊牧民を指す蔑称とも言い得る意味を帯びていた状況に変化をもたらしたのが、トルコ・ナショナリズムの興隆だった。

19世紀の西洋でトルコ学研究が盛んになると、フン、モンゴル、ティムールなど、古来ユーラシアに勃興した数多くの遊牧国家の事績が紹介され、オスマン帝国もそうした流れのなかに位置づけられるようになった。「モンゴル」や「タタール」を「野蛮な」、「血に飢えた」ものたちとして蔑視していたオスマン知識人の間にも、世紀の後半に入ると、自らをそうした「民族」の末裔と見なすことを、むしろ誇りの根拠としようとする人々が現われる。彼らは自らの言語を「オスマン語」ではなく「トルコ語」、文学を「オスマン文学」ではなく「トルコ文学」であると述べ、オスマン帝国の歴史もセルジューク朝からアッバース朝、ウマイヤ朝と、イスラーム史のなかに位置づけるのではなく、ウイグルや突厥《とっけつ》といったイスラム化以前の歴史に遡らせるべきであると主張した。やがて20世紀に入ると、バルカン領のキリスト教徒住民に加え、アラブ人やアルバニア人など、帝国のムスリム住民までがナショナリズムを主張する状況のなか、オスマン帝国の主要な構成要素である「トルコ人」が民族的誇りを持つことで、他の構成要素とも対等に、かつ協調して帝国を支えることができるとする議論が力を持つようになっていった。ただし、その際にも「トルコ人」とは誰かについて一定の了解や定義があるわけではなかった。この時期の最も重要なトルコ・ナショナリストであったズィヤ・ギョカルプ（1876〜1924）がクルドの血筋を濃くひいていたように、何世紀にもわたって諸民族が混交し、共存してきたアナトリアにおいて、純粋な血筋の「トルコ人」はほとんど虚構だったから、ナショナリストの言説のなかでも、「トルコ人」と「オスマン人」とが互換性を持つような状況は、帝国崩壊まで続

ズィヤ・ギョカルプ
（https://en.wikipedia.org/ より）

いていたと言うことができる。

第一次世界大戦にオスマン帝国が敗れ、その領土がほぼ全面的に占領・分割される危機が高まると、アナトリアでそれに抵抗する運動が始まり、1922年に至って全面的な勝利を勝ち得たが、この運動も、「オスマンの祖国」を守るための戦いとして住民を動員し、それを受けて多くのクルド系部族もこれに加わっていた。こうして建国された新たな国は1923年に「トルコ共和国」を名乗ったが、翌年に公布された憲法は、その第88条に「トルコに居住するものは、宗教、民族の違いに関わりなく、国籍の観点から〈トルコ人〉と呼ばれる」と記していた。これは1876年のオスマン帝国憲法第8条の「オスマン国籍を有するものはすべて、いかなる宗教・宗派に属していようとも、例外なくオスマン人と称される」をほとんどそのまま引き継いだものであり、同時にアナトリアの住民構成の正確な反映でもあった。初代大統領ムスタファ・ケマル（のちのアタテュルク、1881〜1938）を首相として支え、その没後ただちに第二代大統領に就任するイスメット（のちのイノニュ、1884〜1973）の、父方の血筋がクルド系であることは、当時おそらく周知の事柄であり、それが問題にもならないのがアナトリアの環境であったと考えられる。

だが1924年に共和国政府がカリフ制を廃止すると、国内にそれに対する反発が広がり、さらに新たな国が「トルコ」を名乗ったことへの失望も重なって、1925年に東部アナトリアのスンナ派クルド系ムスリムの間で、神秘主義教団の長老を指導者とする大規模な反政府叛乱が勃発する。政府はこれを鎮圧すると、クルド系の有力者を西部アナトリアへ強制移住させて部族としての紐帯の弱体化を図り、同時にクルド系住民のトルコ化を進めようとし始める。以後、トルコ共和国の国民はすべ

トゥルグット・オザル
（https://en.wikipedia.org/より）

て民族として「トルコ人」であることが強調されてゆく傾向を示し、憲法が述べていた「トルコ人」＝「トルコ国籍を持つもの」という解釈から遠ざかっていった。

その後１９７０年代になると、国内の政治的混乱のなかで、クルド系住民の民族的運動が起こり、一部の者は武装闘争も始めていった。だが80年クーデタ後に長く政権の座にあったトゥルグット・オザル（１９２７～９３）の時代に、彼自身がクルド系だったこともあって、クルド系住民に対する融和的政策が採られるようになる。その結果、「クルド語」の存在が認知されるとともに、クルド語による出版や放送も許可され、さらに大学におけるクルド語の研究と教育も行われるようになった。こうして、「トルコ人」の意味するところが建国時の解釈にもどるかに思われたが、２０１４年になるとイラクやシリアにおける「イスラム国」の台頭があり、さらにそれに対抗する勢力として両国のクルド系勢力が注目を浴びて、国際的支援をも受けるようになると、トルコ共和国政府はそれら国外のクルド系勢力と国内勢力との一体化によって国家が分断されることを恐れ、国内クルド系勢力との全面的対決姿勢を明確化していった。その結果、反発するクルド系組織、および住民との対立が鮮明となり、「トルコ人」の意味は再び「クルド人」と差別化された「トルコ民族」へと転化する傾向があるように見うけられる。しかし、その場合も、何世代も遡って純粋な「トルコ」、あるいは「クルド」の血筋というものが必ずしも圧倒的多数を占めるわけではない状況では、「トルコ人」、あるいは「クルド人」は、それを称する人々の意図的な選択によって成り立っているという側面も、少なからず存在すると思われる。

（新井政美）

コラム5

ヨーロッパにおけるテュルク
――オールドカマー・ムスリムへの移行

石川真作

一般に、ユーラシアにおけるテュルク世界の西端は小アジア、すなわちトルコ共和国と認識されてきた。トルコ共和国は、前身のオスマン朝時代から近代ヨーロッパ世界と密接な関係を築き、イスラーム世界およびアジア（あるいはテュルク）世界とヨーロッパの接点と捉えられてきた。

しかし実際には、現代のテュルク世界は西ヨーロッパ深くまで拡大している。それは、トルコ共和国からの大量の移民（現地生まれを含む）の存在による。トルコ外務省によれば、海外の「トルコ系コミュニティ」の人口は550万におよび、うち460万が西ヨーロッパに居住するという。ただし、「トルコ系コミュニティ」の人口が国籍のみでカウントされているのか、また、どの程度の世代深度を想定しているのかはわからない。数え方によっては、さらに大きな数字になる可能性もある。

これだけの人口がありながら、「テュルク世界のヨーロッパへの拡大」という認識は一般に希薄である。それは、我々がどこかで彼らのことを、いつかは「帰国」する人々であるかのように捉えているからではないか。しかしいまや、ヨーロッパ生まれの世代が多くを占めるようになっている彼らが、「帰国する」ことはあり得ない。

ここで注意しなければならないことは、統計上ヨーロッパ在住のトルコ共和国出身者としてカウントされる人々には、クルドなど「テュルク」以外の人々が含まれていることである。そのため、ヨーロッパにおける「テュルク」世界の拡大の実態を数字で捉えるのは容易ではない。さらには、国籍取得が進み、またヨーロッパ生まれの世代の多くが出生国の国籍となることを考慮すると、全体像を捉えるのはさらに困難となる。通婚の状況も含めヨーロッパにおける「テュルク」とはどのような存在か、あらためて議論してみる必要を感じる。その議論はわきに置くとして、この複雑な状況から言えることは、幅広い意味での「トルコ系ヨーロッパ人」が日々増加しているということだ。それをひとまずトルコ共和国出身者とその血縁者として定義すると、第二次世界大戦後のヨーロッパに流入した一国の出身者としては、最大の人口を擁している。その多くは「テュルク系ヨーロッパ人」でもある。さらにトルコ共和国以外の地域から移住してきた「テュルク系ヨーロッパ人」も存在しているであろう。

「トルコ系」ないし「テュルク系」ヨーロッパ人の多くがどのような経緯でかの地に居住するようになったのか、代表的なドイツの例を中心に見てみる。2015年現在のドイツにおけるトルコ国籍者人口は150万人、トルコからの移民を背景に持つ人々全体では300万に達すると見られる。

ドイツに住むトルコ系住民の多くは1960年代から1970年代のはじめにかけて流入した外国人労働者とその家族、子孫たちである。当時西ドイツは戦後復興における労働力不足に悩んでいた。他の西ヨーロッパ諸国にも同様の事情があり、多くは植民地地域からの移民労働者の導入で補っていたが、二度の敗戦により植民地を失った（西）ドイツは二国間協定による外国人労働者の期間限定雇用を公式の施策として採用した。そして最も多くの労働者を送り込んだのがトルコ共和国であった。この施策は1973年をもって終了するが、募集停止後も留

第一世代の夫婦

まった人々の家族呼び寄せが続き、1970年代の終わりには、ヨーロッパ全体で外国人労働者の移民化が決定的になる。トルコ系を含め、その多くを占めるイスラーム教徒たちは、団体を立ち上げ、礼拝施設を手造りし、ハフル食品を扱う店舗や加工場を設けていった。そうしてヨーロッパの各都市に「イスラーム地区」がお目見えする。ベルリンのクロイツベルク地区は有数の「イスラーム地区」であり、「トルコ人街」である。

ドイツはようやく2004年になって「移民法」を制定し、彼らを移民として社会に統合する施策を本格化した。実際にはすでに第四世代に至る彼らは、帰化、出生双方による国籍取得も進み、複数の国会議員も輩出している。移民の統合施策を主導するオズオウズ統合大臣はトルコ系である。イスラーム過激派によるテロおよび未遂事件が増加するなか、トルコ系の関与も散見し、その背景には第二世代を中心に十分な教育を受けられなかった人々の長期失業や差別の問題も見られる。しかし全体としては徐々に統合が進み、今やオールドカマーとなった彼らは、現在の大量の難民の流入においては、受け入れ側社会の一員として対処する側である。イスラーム教徒が多くを占める難民問題への対処において、彼らが果たすべき役割は大きいのではないか。

若者世代（個別指導塾で勉強する子どもたちと教える大学生）

20世紀初頭、オスマン帝国の崩壊によってヨーロッパは軍事的にも思想的にもイスラーム世界を凌駕したかに見えた。ナショナリズムによる国家建設が進み、カリフという統一の象徴を失ったイスラーム世界は、ヨーロッパ中心の近代世界システムの周辺部に置かれたかに見えた。しかし「近代化」の進行とグローバルなシステムの深化のなかで生じたイスラーム世界、そしてテュルク世界からヨーロッパへの人の流れは、近代以後の新たな局面を切り開くものであると私は考えている。

26

バシキール人

★南ウラルの勇者★

バシキール人（自称はバシコルト）は、現在のロシア連邦内のバシコルトスタン共和国を中心にして南ウラルに暮らす民族である。２０１０年のロシア連邦の統計によればバシコルトスタンの１１７万人をはじめ、ペルミ州、オレンブルグ州、チュメン州などにも数万の人口を有し、連邦全体では１５８万人を数える。また旧ソ連構成諸国を中心に国外にもバシキール人は分散している。

その名Bashkortについては諸説あり、「狼の主」などの意であるとも言われている（第1章参照）。また民族的起源についても、大別してウゴル説とテュルク説の二説が有力である。後者のなかでも、南シベリア・中央アジアのテュルク系遊牧集団が西方のペチェネグやキプチャクなどの集団と接触する9世紀に遡るとする研究者もいれば、のちの13～15世紀のモンゴル帝国治下の接触を重視することもあり定説はまだない。文献上では、10世紀のイブン・ファドラーン著『ヴォルガ・ブルガール旅行記』に、すでに「バーシュギルト」の名で呼ばれる集団があらわれ、この頃からイスラームの浸透も始まっている。バシキール人は古くから牧畜に携わり、その傍ら狩猟や養蜂も行ってきた。その後次第に、半遊牧生活を経て定住へと移行したと考えられている。それを反映して、バシキール民族集団は、歴史的には数十の父系氏族集団に分かれていたとされる。

ヴォルガ・ブルガル、さらにモンゴル帝国の諸継承国家による支配を受けていた南ウラルがロシアの支配下に入るのは、17世紀初頭のことであった。その後のロシア支配の強化にバシキール人は強く反発してしばしば反乱を起こし、有名なプガチョフの反乱（1773〜75年）にも参加した。その際にバシキール人を主導してロシアと戦ったサラワト・ユラエフの名は、今なお民族のシンボルとして語り継がれている。バシコルトスタンの国章も、ユラエフの騎乗姿を写したものである［図1］。バシキールの歴史を語る上で、彼らが残したシェジェレ（語義としては「系譜」）の存在は重要である（第3章参照）。これは歴史伝承を韻文・散文として書き綴ったものである。なお、バシキール語は、タタール語と近くテュルク語中のキプチャク語群に分類されるが、1929年まではアラビア文字を用いていた（現在はキリル文字表記）［図2］。

バシキール人らの抵抗にもかかわらずロシアの拡大はとどまるところを知らず、18世紀末から設けられたカントン行政制度によりバシキール人は軍団として編成され、南ウラルはロシアに包摂されるに至った。

図1　バシコルトスタン共和国国章（*Bashkortostan: Kratkaia entsiklopediia*, 1995）

図2　シェジェレの例（Kuzeev, R.G., *Bashkirskie shezhere*, Ufa, 1960）

ロシア帝国末期のバシキール知識人として、ロシア語通訳として勤務しながらバシキールの言語や文化について記録を残したムハメトサリム・ウメトバエフ（1841〜1907）、19世紀後半にテュルク諸民族の口頭伝承や慣習法の収集に携わったアブベキル・ディヴァエフ（1856〜1933）、民族自治運動に携わりのちにトルコに移住した東洋学者ゼキ・ヴェリディ・トガン（第48章参照）らを挙げることができるだろう。

　1917年のロシア二月革命と前後して、ロシア帝国内では諸民族の自治運動が展開されるが、バシキール人も例外ではなかった。その勢いは同年の全バシキール大会（クルルタイ）の開催を機に、1919年までバシコルト自治政府を形成するほどであった。一方で、内戦の舞台となったこの地においては人々の意見もまた多様に分かれた。最終的に自治の夢は潰え、ロシア共和国下の自治共和国としてソ連を構成することとなった。

　バシキール人と日本との関係が生まれるのも、自治運動が展開されたこの時期である。もっとも早く日本のマスコミを賑わしたのは、のちに東京回教団の団長として戦前の在日ロシア・ムスリムのコミュニティーを組織することになるガブデルハイ・コルバンガリエフ（クルバンガリー）であっただろう（第58、59章参照）。たとえば、大正十年（1921年）1月の『東京朝日新聞』は、白軍と同調しバシキール共和国「国民議会議長」として来訪したクルバンガリー、同じくバシキール民族主義者として同行していたガリムジャン・タガンらについての記事を掲載する。

ソ連邦解体の後は、バシコルト共和国としてやはりロシアの下で一定の自治を得ている。1993年から2010年まで大統領の座にあったM・ラヒモフは、1990年代には国内で産出する石油資源を背景にしてロシアからの自立をも模索していた。

共和国人口の内30％弱（2010年統計による）をバシキール人が占める現代のバシコルトスタンは、まちがいなく民族文化の中心である。首都ウファには、かつてムスリム宗務協議会が置かれ、ロシア・ムスリムの中心地でもあった。ただし、在外のバシキール人も多く、そのコミュニティーはそれぞれ民族文化センター・歴史文化センターを設立し、自らの文化の保持に努めている。

バシキール人の文化のなかで特徴的なのは、『ウラル・バトゥル』のようなイスラーム化以前からのシャマニズム的世界観を反映した英雄叙事詩である（第9章参照）。太陽や月の擬人化に代表されるテングリ（天空）信仰はその象徴と言えよう（第5章参照）。叙事詩の語り手（サセン）は、ドゥムブラと呼ばれる弦楽器を手に弾き語りを行うこともあれば、縦笛（クライ）の演奏を伴うこともあった。バシキール民族音楽にも、歌謡（キュイ）のジャンルがあり、モンゴル系諸民族にも共通する喉歌（ウズリャウ）は特徴の一つとなっている（第27章参照）。

テュルク系民族に共有の祝祭もバシキールの伝統として知られている。ハバントイ（タタールで言うサバントイ）はタタールと共通の刈り入れ前の祭であり、イスラーム教徒として、クルバン・バイラム（犠

図３　バシキール女性の民族衣装（*Bashkortostan: Kratkaia entsiklopediia*, 1995）

牲祭）やウラザ・バイラム（断食明け）は一年を区切る重要な節目となっている。

他方で、近代以降のロシア語との関係は、民族の文化にも大きな影響をもたらしている。バシキール人を取り巻く多言語状況――バシコルトスタン内の他のマイノリティの存在も含めて――のなかで、どのようにバシキール語をはじめとする自民族の文化を育んでいくのかが課題となっている。２０１５年現在、バシキール語はすべてのレヴェルの教育機関における教授言語として認定されているが、そのようなステイタスはむしろロシア連邦内では少数派であり、楽観視することはできないだろう。

（野田　仁）

27

トゥバ人

——★喉歌で世界を魅了するチベット仏教徒のテュルク★——

チンギス・ハンが１２０６年に建国したモンゴル帝国は「森の民《ホイン・イルゲン》を除いた他のモンゴルの人々《ウルス》」（『元朝秘史』）からなる遊牧民国家であった。「森の民」とは、草原《ステップ》地帯の北方に広がる森林《タイガ》地帯に居住していた諸集団を指し、史料に具体的な族名が挙げられる。彼らはモンゴルに服属したが、トマト族のみ頑強に抵抗し、チンギス・ハンの名将「四駿」の一人ボロクルを斃した。最終的に敗れて屈服したものの、トマト族は興隆期のモンゴル軍に大打撃を与えた数少ない集団として特筆される。

その後、トマト族の人々は、長らく歴史の表舞台から消えていたが、20世紀の後期、その末裔と思われる一青年が音楽芸術の舞台に登場した。すなわち、モンゴル国の北西国境に隣接するソ連邦ロシア共和国トゥバ（トゥヴァ）自治共和国（現、ロシア連邦トゥバ共和国）出身のテュルク系トゥバ人喉歌《フーメイ》歌手、ゲンナディー・トマト（１９６４〜９６）である。彼の演唱は１９８５年にフランスで発行されたＬＰレコードに収録され、トゥバ音楽の知名度が高まった。以来、多くのトゥバ人演奏者が音楽活動を通じて国際的に活躍し、日本人トゥバ音楽演奏者も現れ、トゥバは文化の力で世界を魅了しているとも言える。文化と言

トゥバの世界的フーメイ歌手ゲンナディー・トマト（[CD] *Chants Épiques et Diphoniques. Epic and Overtone Singing. Asie centrale, Sibérie, Touva, Chor, Kalmouk, Tadjik*. vol.1. Paris, 1996）

えば、黒澤《くろさわ》明《あきら》監督の映画『デルス・ウザーラ』でデルス役を演じ、多くの視聴者に深い感銘を与えたマクシム・M・ムンズク（1912〜99）もトゥバ人である。

今日のトゥバ共和国とその周辺諸地域は18世紀中葉まで「最後の遊牧帝国」ジュンガルの支配下にあった。1755年のジュンガル滅亡後、住民の多くは清朝の支配下に入った。清朝は彼らを阿勒泰烏梁海《アルタイ・ウリヤンハイ》、唐努烏梁海《タンヌ・ウリヤンハイ》（トゥバ人。ソヨン人、ソヨト人とも称された）、阿勒坦淖爾《アルタンノール・》烏梁海《ウリヤンハイ》の三集団に分けて外モンゴルに組み込んだ。しかし、アルタンノール・ウリヤンハイは、ロシア勢力の浸透により、1864年の国境画定でロシア領に入り、その子孫はトゥバ共和国の西隣、ロシア連邦アルタイ共和国のアルタイ人を構成する。

1911年、辛亥革命で清朝が滅亡し、外モンゴルにボグド・ハーン政権が成立すると、アルタイ・ウリヤンハイとタンヌ・ウリヤンハイもそれに加わった。

しかし、前者は1913年の露中宣言の結果、モンゴルと中華民国に分断された。その子孫は現在のモンゴル国と中国新疆ウイグル自治区におけるモンゴル人の下位集団ウリヤンハイ（オリアンハイ）で、その一部が両国のトゥバ人である。

一方、後者は1914年、混乱に乗じた帝政ロシアが保護領として事実上、併合した。このタンヌ・ウリャンハイ（トゥバ）の帰属をめぐる露（ソ）蒙中三国の対立が、いわゆる「ウリャンハイ問題」である。

ロシア革命勃発後、外モンゴルに樹立されたモンゴル人民政府がソ連に派遣した代表団は1920年8月、ウリャンハイのモンゴルへの統合を主張した。モンゴル人民臨時政府初代首相を務めたチャクダルジャブが1921年4月、ウリャンハイ駐在全権代表官に任じられたことからも、モンゴル政府がウリャンハイ問題を極めて重視していたことが知られる。また、同年10月の「モンゴル代表の宣言」でもウリャンハイはモンゴルに帰属すべきと主張された。トゥバ人からもモンゴルへの帰属要請が出された。一方、ウリャンハイ在住ロシア人は同年8月、全トゥバ憲法制定人民大会を開催し、ロシア共産党中央委員会シベリア局と赤軍第五軍団の支持下、タンヌ・トゥバ人民共和国の独立とソ連への加入を決議した。ソ連はウリャンハイ問題に関するモンゴル政府との協議を避けていたが、じつはソ連の対ウリャンハイ政策は統一的でなかったことが、近年明らかにされている。1921年9月、ソ連邦ロシア共和国はウリャンハイを自国領土と見なさないと表明したが、モンゴルへの統合についても言及しなかった。結局、タンヌ・トゥバの独立は既成事実化し、ソヴィエト化が進み、トゥバ人の蜂起は鎮圧され、1926年、国名をトゥバ人民共和国と改称し、ソ連の圧力下、モンゴル政府はトゥバの独立を承認した。1930年、トゥバ文語が創成され、従来トゥバ人が使用していたモンゴル文語に取って代わり、トゥバの脱モンゴル化が完了した。

トゥバ人民共和国は、ソ連邦およびモンゴル以外には国際的に国家と承認されなかったが、当時、トルコ共和国と並ぶ世界で二つだけのテュルク系民族の名を冠した国であった。独自の郵便切手も発行され、収集家の間にはよく知られている。

しかし、第二次世界大戦中の1944年11月、トゥバはソ連に併合され、ロシア共和国の自治州になった。名目上にせよ独立国であったトゥバが、ソ連を構成する共和国ではなく、自治共和国よりさらに格下の自治州となったことから、その政治的実体を窺い知ることができる。ただし、1961年、自治共和国に格上げされた。

ソ連消滅後、1993年12月、トゥバでは国民投票によって、民族自決権とロシア連邦からの独立権を明記したトゥバ共和国憲法が採択された。これはロシア連邦の構成共和国における独自の動きとして注目された。また、ロシア連邦の諸民族のロシア化が進むなかで、トゥバ人の母語保持率は際立って高い。もってトゥバ民族の矜持が窺われる。

トゥバ人は歴史的にモンゴルとの関係が深く、文化的にもその影響を強く受け、チベット仏教徒であり（在来のシャマニズムも残る）、伝統的に遊牧と狩猟をおもな生業としていた。ただし、トゥバ共和国東北部の森林地帯でトナカイ遊牧に従事したトゥバ人は、トジ（トジャ）人という下位集団を構成し、文化的に他のトゥバ人とは若干、異なる。かつて彼らは南サモエード系のマトル（モトル）語を話していたが、19世紀前半までにトゥバ化した。

ロシア連邦イルクーツク州ニジネウディンスク地区のテュルク系トナカイ遊牧・狩猟民トファラル人（旧称カラガス）はトジ人と同族で、トゥバ、トファ、トゥパ等と自称した。彼らは17世紀中葉以降、ロシア人との接触により文化的に変容し、母集団との交渉も絶え、1934年、トファラル（「ラル」はテュルク語複数語尾）を民族名とした。人口は2002年に723人で、ロシア化が著しい。

トファラル人（Народы и культуры. Тюркские народы Восточной Сибири. Москва: Наука, 2008）

モンゴル国西北部、フブスグル湖周辺のトナカイ牧民ツァータン（モンゴル語で「トナカイを持つ人々」の意）もトジ人と同族で、タンヌ・ウリャンハイが外モンゴルから分離した際にモンゴル側に取り残された人々の子孫で、トゥバ、トワ、トジ、トファラル等と自称していた。人口は約３００人で、母語保持者は減り続け、モンゴル人の下位集団ダルハドに同化しつつある。

ブリヤート共和国西部、東サヤン山地に居住するソヨト人（２００２年に４６１５人）は、トジ人の同族でブリヤート化した人々である（ソヨトとは本来、トゥバ人の別称）。２０００年11月にオカ・ソヨト民族区が成立し、民族文化の再構築に努めている。

アルタイ共和国のアルタイ人の北部集団の一つにも、族称がトゥバと同語源のトバラル――トファラル、トゥバ・キジ（トゥバ人の意）等とも称す――がある。

これらの諸集団におけるトゥバおよびそれと同語源の族称は、『隋書』中の「都波」や『元朝秘史』中の「トゥバス」（モンゴル語でトゥバの複数形）等の族名を継承しているが、現在のトゥバ人等の諸集団が「都波」等から歴史的に連続した直系子孫であったわけではない。さまざまな集団がトゥバと自称する集団に包摂され、ときにテュルク化をも伴って融合する一方、分化して別集団となった人々もいた。トゥバは、「民族」を相対化して理解するための事例としても興味深い存在である。（赤坂恒明）

28

サハ人（ヤクート人）

★テュルク最北東端の民族★

ロシア連邦内のサハ（ヤクート）人の人口はシベリア少数民族のなかで最も多く、最新の2010年の国勢調査の結果によると、約47万8千人で、そのうちの約98％がサハ共和国（ヤクーチア）に居住している。

サハ人の起源には諸説あるが、研究者の大多数は「8〜15世紀にかけてサハ人の祖先はバイカル地方からレナ川、アルダン川、ヴィリュイ川流域に移動し、そこで彼らはパレオアジア（古アジア）系の先住民族やモンゴル系民族、トゥングース系民族と融合した」という説を支持している。ロシア人との接触が始まったのは1620年代で、ロシア人は毛皮税を賦課するようになった。東シベリアは毛皮の一大供給地となり、ヤクーツクは交易の中心地として栄え始めた。

帝政ロシア時代、シベリアは政治犯の流刑地だったが、流刑囚のなかでサハの言語文化を研究する者が現れた。大著『ヤクート人』を残したヴァツラフ・セロシェフスキー（1858〜1945）、『ヤクート語辞典』を編纂したエドゥアルド・ペカルスキー（1858〜1934）、『ヴェルホヤンスク誌』を著したイヴァン・フジャコフ（1842〜76）がその代表格であり、彼らの著作物は今なお貴重である。

ロシア革命後の1922年、「ヤクート自治ソヴィエト社会主義共和国」が成立した。1920～30年代にかけて、樺太（サハリン）で「トナカイ王」と呼ばれたサハ人のドミトリー・ヴィノクロフ（1884～1942）が、故郷ヤクーチアの独立に向け、日本に支援を求めて活動した（コラム6参照）。サハ人の作家アルタン・サルィン（本名ガヴリール・バイシェフ、1898～？）はサハ語のなかからロシア語表現を取り除き、他のテュルク諸語に置き換えるべきだと主張した。その後、金やダイヤモンドなどの鉱山開発をはじめとするシベリア開発が本格化し、ロシア人の入植者が増加した。ヤクート自治ソヴィエト社会主義共和国の民族構成比は、1939年にはサハ人約57％、ロシア人約36％であったが、ソ連時代末期の1989年にはサハ人約33％、ロシア人約50％となった。

1990年にヤクート自治ソヴィエト社会主義共和国は、ヤクート人の自称の「サハ」を入れた「ヤクート・サハソヴィエト社会主義共和国」に改称され、さらに1991年に「サハ共和国（ヤクーチア）」に改称された。ソ連崩壊後、ロシア人の流出が続き、サハ共和国の民族構成比は、2002年にはサハ人約46％、ロシア人約41％、2010年にはサハ人約50％、ロシア人約38％となった。

サハ語は他のテュルク諸語には見られない特徴を数多く持っている。サハ語語彙の約25％はモンゴル語からの借用語で、起源がわかっていない語もかなり多い。ロシア人との接触以降はロシア語からの借用語が増えた。2010年の国勢調査で、サハ語が母語であると回答したサハ人の割合は約95％、サハ語を自由に使えると回答したサハ人の割合は約87％であった。

サハ人の生業は牛馬の飼育で、サハ共和国北部ではトナカイが飼われている。冬は酷寒の地であるが、馬は冬でも放し飼いで、馬小屋を必要としない。一方、牛は冬の間、牛小屋で飼い、干し草を与えなければならないので、夏の牧草刈りがサハ人にとって必要不可欠な作業になっている。牧畜以外には狩猟や漁撈、採集が行われており、サハ共和国南部では農業も普及している。

18世紀以降、サハ人の大多数はロシア正教に改宗させられ、ロシア式の名字を取り入れたが、古くからの信仰は今でも残っている。たとえば、マンションでのホームパーティーの際、全員が食卓に着いて飲食を始める前に、一家の主人が一切れの食べ物と酒を持って台所に行き、ガスレンジの火をつけて、客人の幸福や家内安全を願う祈りを火の神に唱えながら供物を捧げる。また、ソ連時代にシャマンは弾圧されたが、ソ連崩壊後、シャマンへの関心が高まってきている。

野外博物館に復元された伝統的な冬の家「バラガン」

サハ人の年中行事で最も重要なのは馬乳酒祭り（夏至祭り）で、6月21日はサハ共和国の祝日になっている。祈禱師は天上世界や地上世界の神々の幸福を願って馬乳酒を捧げ、神々が自分たちに恵みを与え、自分たちを守ってくれるようにお願いする。日の出の時に、人々は男女が別々の所に集まり、両手を挙げ、掌を太陽に向けて、太陽からエネルギーを受け取る。馬乳酒祭りでは民族スポーツ競技（レスリング、棒の引っ張り合い、跳躍競技、岩運び、競馬など）やコンクール（輪舞、即興歌、口琴演奏、英雄叙事詩語り、民族衣裳、民族料理など）が行われる。現代サハ人は馬乳酒祭りによって、自分がサハ人であることを再確認する。馬乳酒祭りはサハ人のアイデンティティーの拠り所になっているのである。

第28章

サハ人（ヤクート人）

サハ語の文字は19世紀の初めにキリル文字をもとにして作られたが、サハ人の識字率は低く、ロシア革命前はわずか2％にすぎなかった。しかし、そこには豊かな口頭伝承の世界があった。サハの口頭伝承には神話、祈禱、英雄叙事詩、昔話、歴史伝説、民謡、早口言葉、諺、謎々などさまざまなジャンルがあるが、そのなかでも英雄叙事詩はサハ文化のなかで重要な位置を占めている。サハの英雄叙事詩はサハ語で「オロンホ」といい、英雄叙事詩というジャンルを指し示す語として使われている。オロンホはアルカイックで神話的色彩が濃く、他のテュルク系・モンゴル系諸民族の英雄叙事詩とはかなり趣が異なっている。さまざまな物語が世代を越えて語り伝えられているが、その基本的なあらすじは「天上世界の善なる神々と何らかの関係のある英雄が、地上世界の人間に不幸や災いをもたらす地下世界の怪物を退治する」というものである。短いもので数千行、長いものだと4万行にも及ぶオロンホは、描写の部分と登場人物の会話の部分から成る。描写の部分は非常に早口で語られる一方、登場人物の会話の部分は歌われる。そして、登場人物によって歌の節が決まっている。オロンホ語りに楽器の伴奏は付かない。オロンホでは頭韻や脚韻、対句、比喩、誇張表現が多用されている。オロンホは2005年にユネスコの「人類の口承及び無形遺産の傑作」（現在の「無形文化遺産」）に登録された。サハ人の多くはこのことを誇りに思っていて、サハ共和国ではオロンホの再評価が進んでいる。現在、さまざまなオロンホを収録した全21巻の『サハの英雄たち』が刊行中である。2013年のサハ共和国主催の馬乳酒祭りでは、オロンホ語りのコンクールが行われ、サハ共和国各地の予選を通過した約60人の子どもたちが自慢の語りを披露した。また、同じく2013年に、オロンホ「頑固なクルン・クッルストゥール」を題材にした劇が、サハ共和国国立ドラマ劇団によって初演された。

（山下宗久）

コラム6

日本領南樺太のサハ人——D・ヴィノクロフとイワン・ペトロフ一家

赤坂恒明

タタール人を主体とする戦前からの在日トルコ人は、大部分がロシア革命を逃れたムスリムとその子孫であるが、20世紀前半にロシアから日本領内へ亡命したテュルク系の人々は彼らだけではない。戦前の日本領南樺太の「トナカイ王」として知られるテュルク系サハ（ヤクート）人、ドミトリー・プロコピエヴィチ・ヴィノクロフ（1884〜1942）も、ロシアからの移住者であった（サハ人については第28章参照）。

戦後、史実から懸け離れた小説の主人公として取り上げられたこともあった彼の生涯と活動が広く知られるようになったのは、N・ヴィシネフスキー『トナカイ王　北方先住民のサハリン史』（小山内道子訳）の刊行によってである。

北シベリア、ヤクーチアのメギンスク地区《ウルス》ヤルモンカ生まれのヴィノクロフは、1909年、北樺太に移り、まもなく商業活動を始め、シベリア出兵で北樺太を占領（20〜25年）した日本軍と結びつき富を築き上げたが、26年、ソヴィエト当局に逮捕され、日本領内で諜報活動を行うことを条件に釈放され、同年12月、家族と使用人（サハ人とエベンキ人）計13名と共にトナカイ約300頭を連れて南樺太へ「亡命」した。

しかし、彼はソ連に面従腹背で、アイヌ以外の南樺太先住民——「オロッコ」（ウイルタ）、「ニクブン」（旧称ギリヤーク、現在のニブフ）、「キーリン」（旧称ツングース、現在のエベンキ）、「サンダー」（またはマグブー。現在のウリチ）——の指導者的立場を得るや、日本軍による北樺太再占領とシベリアの故郷ヤクーチアの独立を唱え、1930・33・34年の三度にわたり東京を訪れ、右翼の巨頭 頭山満《とうやまみつる》や陸軍の要人たちと面会し、対ソ開戦を陳情・扇動した。

普段、彼は、冬期以外はトナカイの群と共にソ連との国境、北緯50度付近で遊牧生活を送っていたが、38年9月、ソ連に拉致され、あらためて対日諜報活動を誓約させられた。南樺太に戻った彼は、国境を越えた事実を隠していたが、露見して逮捕され、ソ連から二度にわたり諜報活動の指令を受けた廉で、豊原《とよはら》（現ユジノサハリンスク）の刑務所に収監された。彼と関係者8人（エベンキ7名、ウイルタ1名）の罪状は、内務省警保局『昭和十四年中に於ける外事警察概況』に詳述されている。友人・知人たちは彼の釈放のために奔走し、彼は懲役1年半で出所した。しかし、1941年の「大東亜戦争」開戦は、対ソ開戦を熱望する彼の意に反し、1942年4月、失意と苦悶のうちに生涯を閉じた。

ヴィノクロフ一家（ヴィシネフスキー『トナカイ王』）

樺太庁の調査によると、南樺太の「ヤクーツ」すなわちサハ人は、ヴィノクロフ一家だけである。しかし、彼と共に南樺太へ移動した牧民、イワン・M・ペトロフ（1886生。サハ名ナコロ）も、サハ人であった（樺太庁の調査では「キーリン」すなわちエベンキとされる）。

ヴィノクロフ同様、彼もヤクーチア出身である。19歳の時に北樺太に移り、山野を駆け巡って毛皮獣を狩り、故郷の実家に毛皮を送って暮らしていた。同郷の許嫁《いいなづけ》も、やがて彼のあとを追って東に向かって旅を続け、まる2年の歳月を経て、遂にイワンのもとにたどりついた。

イワン一家は北樺太でトナカイ牧畜に従事したが、その後、ヴィノクロフの雇われ牧夫となり、彼と共に日本領南樺太に移り住んだ。

ヴィノクロフの娘ワルワラとペトロフ一家ほか（ヴィシネフスキー『トナカイ王』）

幌内《ほろない》川流域のツンドラで天幕《パラトカ》に住み、数百頭のトナカイと共に遊牧生活を送っていたイワンと、彼の子テレンチー・ペトロフ（1914生）、テレンチーの妻で3児（男児1、女児2）の母である市子《イチコ》（1920生。父は日本人、母はウイルタ人）は、山本祐弘『北方自然民族民話集成—オロッコ・ギリヤーク・ヤクート・樺太アイヌ—』（相模書房、1968年）において、ヤクート（サハ）民話とキーリン（エベンキ）民話の語り手として登場する。

　しかし、日本の敗戦は、彼ら一家に過酷な運命をもたらした。テレンチーは、多くの南樺太先住民男性と同様、ソ連によってスパイの嫌疑で懲役刑に処せられ、シベリアに送られた。10年に及ぶ収容所暮らしを終えた彼は、樺太に帰った。しかし、妻市子は日本人と再婚して日本へ去っていた。彼女も子女を養って生き抜いていかねばならなかったのである。テレンチーは、樺太で生涯を終えた。なお、日本におけるサハ民族、テレンチーの子孫については、寡聞にして知る所がない。

　敗戦後における南樺太先住民、ウイルタとニクブン（ニブフ）の運命については、ウイルタのダーヒンニエニ・ゲンダーヌ（北川源太郎）の自伝（田中了／D・ゲンダーヌ『ゲンダーヌ——ある北方少数民族のドラマ』現代史出版会／徳間書店、1978年）等から、その一端を知ることができるが、南樺太のサハ人も、日ソ間に翻弄された人生を免れ得なかったのである。

29

チュヴァシ人とガガウズ人

★ヨーロッパにおけるキリスト教徒のテュルク★

世界的に活躍する（した）ロシア出身の芸術家やスポーツ選手には、テュルク系諸民族が少なくない。たとえば、20世紀最高のバレエダンサーの一人ルドルフ・ヌレエフ、テニス・プレイヤーのマラト・サフィン、ディアラ・サフィナ兄妹はタタール人である。高名な現代音楽作曲家ソフィア・グバイドゥッリナは、母はロシア人であるが父はタタール人である。ショスタコヴィチに高く評価された天才的作曲家アレムダル・カラマノフも父はクリミア・タタール人である。容貌またはアラビア語・ペルシア語・テュルク語源の姓名から見当をつけ、出生地を調べてみれば、ある程度までは出身民族を類推できる。しかし、容貌・姓名からだけではテュルクとわからないのが、ヨーロッパ・ロシア中央部のチュヴァシ共和国（タタルスタン共和国の西隣）の冠称民族、チュヴァシ人である。ロシア正教を伝統的に信奉しているチュヴァシ人の名前はロシア人と変わりがなく、民族衣装をまとっていなければ外見からも判断し難い。

女子マラソンの1992年バルセロナ五輪金メダリスト、96年アトランタ五輪銀メダリスト、ワレンティナ・エゴロワは、チュヴァシ共和国モルガウシュ地区出身のチュヴァシ人である。

チュヴァシ人の民間音楽演奏家
（Vyacheslav Shchurov, [CD] *Mother Volga. Volga Matj: Music of the Volga Ugrians*. Leiden: PAN Records, 1992）

有森裕子《ありもりゆうこ》の好敵手としても知られ、東京都名誉都民でもある彼女ほど、日本人に親しまれた一流の外国人女子マラソン・ランナーはいないであろう。

彼女以外にも、チュヴァシ人からは、アトランタ五輪女子10キロ競歩金メダリストのエレーナ・ニコラエワ、2003年ボストン、シカゴ両マラソン女子優勝者スヴェトラーナ・ザハロワほか、ロシアを代表する陸上選手が何人も輩出している。しかし、ロシア陸上界を揺るがすドーピング問題は、2005年ヘルシンキ世界選手権女子20キロ競歩優勝者オリンピアーダ・イワノワ等、チュヴァシ人選手にも波及し、輝かしい栄光に影が差している。

さて、チュヴァシ語は古ブルガル語と同系統で、テュルク諸語のなかでもモンゴル語に最も近い特徴を具えているとされており、テュルク諸語の分類上、特異な位置にある（第13章参照）。一部の言語学者は、チュヴァシ語が、フン族――「ゲルマン民族の大移動」を引き起こしたとして、世界史上きわめて有名である――の言語と同系統のテュルク系言語を唯一、今日まで伝えていると考えている。これは決して荒唐無稽な説ではない。言語学者、服部四郎《はっとりしろう》は「タタール語の成立とチュヴァシュ族の起源」という学術論文にて、ブルガル族はタタール語を受けいれたが、フン族の一分派でブルガルとは別の民族であるチュヴァシ族はそれを受けいれなかった、と主張しているが、そもそも古代ブルガル諸集団がフン族の系統を引いていた可能性が高い。また、大集団でヨーロッパ方面へ西進した最初のアルタイ系騎馬遊牧民であるフン族の言語が、その歴史地理的な要因ゆえに、テュルク諸語のうちモンゴル語に最も近いという古い言語的特徴を保持しており、それが古ブルガル語やチュヴァシ語に受け継がれた、と見なすことも不可能ではない。それらの可否はともかく、チュヴァシ語はアルタイ言語学上、非常に注目される言語である。

　また、チュヴァシ人の民族起源については、ソヴィエト期、タタール人との間に、どちらがブルガル人の後裔であるかを争った「ブルガル論争」と称される学術論争が繰り広げられた。ムスリムであるタタール人は、イスラームに入信したヴォルガ・ブルガル王国を自民族史上に位置づけ、かつては、しばしば「アル＝ブルガーリー」の称《ニスバ》を名前に帯び、「ブルガーリーヤ」「ブルガール」を表題につけた歴史書を編纂しており、宗教関係知識人を中心に「ブルガル・アイデンティティ」を持つ者が少なくなかった。しかし、タタール語は、ブルガル系ではなくキプチャク系のテュルク語であった（第38章参照）。それに対してチュヴァシ人は、言語的には古ブルガル語と同系の言語を用いるがムスリムではなく、ヴォルガ・ブルガル王国を自身の民族史上に位置づけるには難点があり、近代に至るまで彼らには「ブルガル・アイデンティティ」もなかった。このように、両者の主張にはそれぞれ根拠と問題点があるが、これは単なる学術論争ではなく政治的要素を含んでおり、この論争自体が研究対象として分析されるべきものである。

　さて、チュヴァシ人は、キリスト教徒であるという点で、テュルク系諸民族における少数派であるが、キリスト教徒であるヨーロッパのテュルク系民族としては、ほかにも、ブルガリア正教を信奉するガガウズ人がある。

ガガウズ人は黒海北西沿岸の、おもに旧ソ連邦のモルドヴァ共和国南部（ベッサラビア南部）に居住しており（1989年に15万3300人）、文化的・領土的民族自治が認められている。

彼らは約200年前にブルガリアから移住した人々の子孫である。ベッサラビア南部は、オスマン朝支配期、オスマン朝の保護国クリミア・ハン国の飛地所領であり、テュルク系ノガイ人（ブジャク・タタール人とも称された）が住んでいたが、1806年、帝政ロシアによってアゾフ海沿岸へ移された。そして、18世紀末〜19世紀初、ガガウズ人はブルガリア人等と共にベッサラビア南部に入植した。なお、ブルガリアに留まったガガウズ人は、ブルガリア人への同化が進み、1992年の統計では1478人を数えるのみである。

ガガウズの民族起源については、ルーム・セルジューク朝の君主イッズッディーン・カイカーウース二世——イル・ハン国の君主フレグと対立して1262年に東ローマ帝国に亡命したが拘禁され、1265年、キプチャク・ハン国軍に救出されてクリミアに所領を与えられた——に結びつける説もあるが、民族形成はブルガリアにおいて行われた。彼らはトルコ語を話すブルガリア人とも称されるが、ブルガリア人とは文化的な相違点が多い。言語はトルコ語の方言とも言い得るほどトルコ語に近いが、ソヴィエト期の1957年7月にキリル文字による文章語が制定され、独立の言語として扱われている。

ソ連邦末期の1989年9月、モルダヴィア共和国（当時）においてモルドヴァ語を公用語とする言語法が採択されたのに反発したガガウズ人は自治を要求したが、拒否された。そこで1990年8

月、ガガウズ人は「ガガウズ・ソヴィエト社会主義共和国」の分離を宣言した。事態の推移は日本でも報道され、新聞の第一面を飾ったことすらある。ソ連解体後の１９９４年７月、ガガウズ共和国とモルドヴァ共和国との間に妥協が成立し、現在に至っている。

なお、旧ソ連領の黒海沿岸域には、テュルク系民族ではないがテュルク系言語を話すキリスト教徒の集団が存在する。クリミア・ギリシア人の多くは、クリミア・タタール語に近いウルム語を用いている。彼らは、帝政ロシアによって１７７８年にアゾフ海北岸に移された。２０１４〜１５年の東ウクライナ紛争で前線となった都市マリウポリは、彼らが建設した都市である。ロシアで活躍した有名な風景画家アルヒプ・クインジ（１８４２〜１９１０）は、マリウポリ近郊出身のギリシア人で、母語はウルム語であった。彼の師匠で海洋画家として世界的に名高いイヴァン・アイヴァゾフスキー（１８１７〜１９００）はクリミア生まれのアルメニア人である。商業活動でウクライナ方面にも進出したクリミア・アルメニア人も、かつてはテュルク語を使用し、アルメニア文字で表記されたキプチャク＝テュルク語（アルメニア＝キプチャク語と称される）の文献を遺しており、研究上、重視されている。

伝統的な衣装をまとったガガウズ人男性（*Народы и культуры. Гагаузы*. Москва: Наука, 2011）

テュルク世界の全体像を理解するためには、キリスト教徒のテュルクまたはテュルク語話者についても、しかるべく認識する必要があろう。

（赤坂恒明）

エニセイ・キルギスの後裔とシベリアのテュルク化した民族

コラム7

赤坂恒明

イスタンブル大学トルコ学研究所の図書館内には、東アジア的な風貌の男性の写真が掲げられている。ロシア帝政期にカザン大学教授となったテュルク学者、ニコライ・F・カタノフ（1862～1922）である。彼が蒐集したロシア刊行テュルク学術書を中心とする東洋学文献は、第一次世界大戦の直前に、若き学徒ゼキ・ヴァリドフ（のちのゼキ・ヴェリディ・トガン。第48章参照）の尽力で同大学の所蔵となり、今日に至るまで多くの研究者を裨益し続けている。

フィンランドの言語学者ラムステッド（1873～1950）の『七回の東方旅行』（中央公論社、1992）にも登場するカタノフは、シベリアのテュルク系サガイ人であった。サガイ人は現在、ハカス人の下位集団の一つである。ソ連崩壊後、ロシア連邦ハカス共和国でカタノフは文化英雄として顕彰され、ハカス国立大学には彼の名が冠せられた。

帝政期にミヌシンスク・タタール、アバカン・タタール等と他称されたエニセイ上流域のテュルク系諸集団、サガイ、コイバル、ベルティル、カチン、キジル、ショル（ケメロヴォ州のショル人とは別集団）は、ロシア革命後の1919年に民族として統合され、ハカスと命名された。

これは、漢籍に見える族名「黠戛斯《かつかつし》」に基づいた復古的新名称である。黠戛斯は、古代よりエニセイ上流域を根拠地としていたキルギス

サガイ人（現在のハカス人の下位集団）出身のテュルク学者ニコライ・カタノフ（**1862 ～ 1922** 年。カザン大学教授）

――いわゆるエニセイ・キルギス――に対する漢字表記の一つである。

古代のキルギスは、漢籍やイスラーム地理書によると、長身、赤髪、白皙、緑眼という、古典人類学で言うところのユーロペオイド形質が優勢であり、元来、非テュルク系（スキタイと同系統の東イラン系か）であったと考えられるが、テュルク化が進み、突厥《とっけつ》（第32章参照）期には突厥文字によるテュルク語碑文（エニセイ碑文）を遺している。彼らは840年、モンゴル高原のウイグル国家（第33章参照）を崩壊させ、中央アジア南部定住民のテュルク化を促進する原因を作ったことで、史上に名高い。

キルギスは、その後もエニセイ上流域に蟠踞《ばんきょ》していたが、「最後の遊牧帝国」ジュンガル支配期の18世紀初頭、彼らの中核的集団は故地から移動させられて南遷した。エニセイ上流域に残された同系統の、およびテュルク化した諸集団の後裔が、ハカス人である。

南遷したキルギスについて詳細は知られていないが、ジュンガル滅亡と運命を共にしたと考えられる。清朝は、ジュンガルの遺民（オーロド と称された）を、内モンゴル東北部のフルンボイル地方や黒龍江省方面に移住させたが、彼らのなかにはキルギスも含まれていた。フルンボイルのキルギスはオーロド・モンゴル人に同化したが、氏族名としてキルギスを保っている。

黒龍江省のキルギスは、ハカス語に極めて近いテュルク語を現在まで残しており、中華人民共和国成立後の「民族識別工作」の際、蒙古族でなくクルグズ（キルギス）族と認定された（黒龍江省富裕《ふゆう》県の柯爾克孜《クルグズ》族。『内モンゴルを知るための60章』第38章も参照）。中国のクルグズ族の99％はクルグズスタンのクルグズと同族で、主に新疆《しんきょう》ウイグル自治区の西部に居住している。

一方、黒龍江省のキルギスは、新疆のクルグズとは歴史的に直接の関係はなく、言語・宗教等、文化も異なる。しかし、現在、新疆との交流が盛んになり、本来無関係の新疆クルグズ文化を部分的にではあるが導入することを試みている。

なお、フルンボイルと黒龍江のキルギスには、黄髪・碧眼の形質的特徴を備えた人がいる。これは、彼らが古代のエニセイ・キルギスの後裔であることを示すと考えられている。

さて、ハカス人の構成要素のなかには、近年まで非テュルク系言語を話していた諸集団も含まれている。南シベリアでは、アルタイ人の一部と、ケメロヴォ州のショル人、トゥバ人の下位集団トジ人とその同系諸集団（第27章参照）も、テュルク化した人々である。彼らが話していたエニセイ系諸言語（現存するのはケト語のみ）や、南サモエード系のカマス語、マトル語、コイバル語等は、18～20世紀に相次いで死語となった。また、ユーラシア大陸最北端のタイミル半島でも、18～19世紀頃、おもにツングース系エベンキ人がサハ人（第28章参照）の影響下にテュルク化してドルガン人が形成された。

つまり、テュルク化という歴史現象は、中央アジア、西アジアのみならず、シベリアにおいても、20世紀後半に至るまで継続していたのである。

とくに興味深いのは、彼ら、南シベリアのテュルク化した諸集団の一部が、その後さらにロシア化ないしモンゴル化して、数世代の間に言語を二度も取り替えていることである。これら諸集団のテュルク化を、トゥバ文化研究者、等々《とど》力《りき》政彦《まさひこ》氏は、クレオール性という視点から考察している。これは、ユーラシア史上におけるテュルク化現象を分析する上でも有効な興味深い視点であると思われる。

Ⅳ

世界史のなかのテュルク

30

漢文史料に見えるテュルク

★高車の登場★

中国の漢文史料にテュルク諸語を母語とする集団が登場するのは、紀元後5世紀のことである。彼らは「高車《こうしゃ》」と呼ばれる北方の騎馬遊牧民であった。テュルク諸語の先祖は、中央ユーラシアの草原世界に求めることができる。

そもそも紀元前9世紀から前8世紀にかけて騎馬遊牧という生活様式が誕生して以来、中央ユーラシアの東西にひろがる草原地帯では、紀元前7世紀からスキタイに代表されるインド・ヨーロッパ語族のイラン系遊牧民が活躍していた。

やがて、アルタイ語族の遊牧民が優勢となり、司馬遷《しばせん》の『史記』が伝えるように、紀元前3世紀には、現在のモンゴル高原や中国の北辺などを中心に「匈奴《きょうど》」と呼ばれる遊牧国家が出現した。秦漢《しんかん》帝国をおおいに苦しめた匈奴であったが、四分五裂のあとは中国に吸収されてゆく。

しかし、紀元後4世紀になると傭兵として中国に隷属していた匈奴が民族大移動を引き起こす。すなわち、匈奴をはじめとする遊牧諸族が晋王朝の内紛に乗じて大挙して華北に押し寄せ、「五胡十六国時代《ごこじゅうろっこく》」(304～439年)と呼ばれる分裂と戦乱の幕を切って落としたのである。

第30章
漢文史料に見えるテュルク

匈奴なきあとのモンゴル高原を制したのが、やはり騎馬遊牧民の鮮卑《せんぴ》であり、柔然《じゅうぜん》であった。まずは鮮卑が大興安嶺《だいこうあんれい》山脈からモンゴル高原を経由して華北に定着すると、五胡十六国の混乱をおさえ、現在の内モンゴルから山西省を中心にして北魏《ほくぎ》を建国する（３８６年）。ついで鮮卑が南下したあとのモンゴル高原に柔然があらわれ、北魏と対立する強大な遊牧国家に成長する。そして、数世紀にも及んだ中央ユーラシアにおける動乱の掉尾《とうび》を飾ったのが、高車という遊牧集団の登場であった。

漢文史料の『魏書』高車伝には「高車は太古の赤狄《せきてき》という蛮族の余類であるとおもわれる。もともと狄歴《てきれき》と名乗っていた。北方ではこれを敕勒《ちょくろく》と呼び、中国では高車丁零《ていれい》という」と記録が残っている。高車という名前は、彼らが季節移動してゆく遊牧生活のなかで、背の高く大きな車輪の荷車や馬車を利用していたことから命名されたものであった。そして、ここに伝えられる丁零、狄歴や敕勒（勅勒）こそがテュルクを漢字で音写したもので、高車をテュルク諸語の先祖と見なす所以である。一説には紀元前3世紀から匈奴の北方で遊牧していた丁霊をテュルク族の嚆矢《こうし》と見なすこともあるが、遊牧国家としての姿を追跡できるのは、やはり4世紀から6世紀にかけて活躍した高車である。

高車は、ほぼ同時代にモンゴル高原で勃興し台頭した柔然との抗争に明け暮れた。その建国当初から早々に、5世紀前半の最盛期を迎えつつある柔然に圧迫され、勢力維持もままならなくなった高車は、北魏への逃亡者が続出するなどして勢力を弱め、ほぼ柔然によって併合されてしまう。

ちなみに、このころ北魏に亡命した高車の支配氏族の一つ、斛律《こくりつ》氏の倍侯利《ばいこうり》という族長が漢文史料にテュルク族の痕跡をとどめている。その後、北魏が分裂した6世紀前半、彼の子孫の斛律金《きん》という人物が、事実上の北斉《ほくせい》の創始者である東魏《とうぎ》の高歓《こうかん》に仕えた。その高歓が宿敵の西魏《せいぎ》に大敗した際、麾下の将兵を鼓舞するため、斛律金に命じて歌わせ、ともに唱和された歌が伝えられている。

敕勒川　陰山下
天似穹廬　籠蓋四野
天蒼蒼　野茫茫
風吹草低見牛羊

敕勒《テュルク》の川（草原）、陰山（山脈）のふもと、
天は穹廬《きゅうろ》（遊牧民のドーム状のテント）のように、四方の草原を覆いつくし、
天は蒼《あお》く、草原ははてしなくひろがっている。
風が吹き、草の穂が垂れると、（そこに私は）ウシやヒツジを見るのである。

これが中国文学史上に名高い、古詩の選集には必ず収録されたという「敕勒の歌」である（北宋の『学府詩集』に採録）。伝承では、斛律金が鮮卑語から漢語に翻訳し朗誦したというものの、実際にはテュルク語からであったというのが正解であろう。『北斉書』や『北史』によれば、斛律金は、その字《あざな》を阿六敦《あろくとん》と名乗ったというが、阿六敦はテュルク語で「金」を意味するアルトゥンの音写である。彼の母語はテュルク語であったのである。東魏も西魏も鮮卑の拓跋《たくばつ》氏が支配集団となって建国した王朝であったが、文字通りテュルクの歌が軍隊内で好まれたように、その話者がある程度の規模で、ゴビ砂漠の南、内モンゴルの草原から華北一帯に住みついていたことがわかる。ちなみにこの歌をめぐっては、11世紀の中央アジアで流布するテュルク語の四行詩との影響関係も論じられている。

さて、そこから話は遡って5世紀後半になると、北魏の遠征をうけた柔然の弱体化に付け込み、いよいよ高車が独立をはかる。高車は、現在のトゥルファン盆地にあった高昌《こうしょう》国などを傘下に収めつつ、モンゴル高原から西方に新天地を求めた。今度は副伏羅《ふくふくら》氏の阿伏至羅《あふくしら》をリーダーに擁立した高車

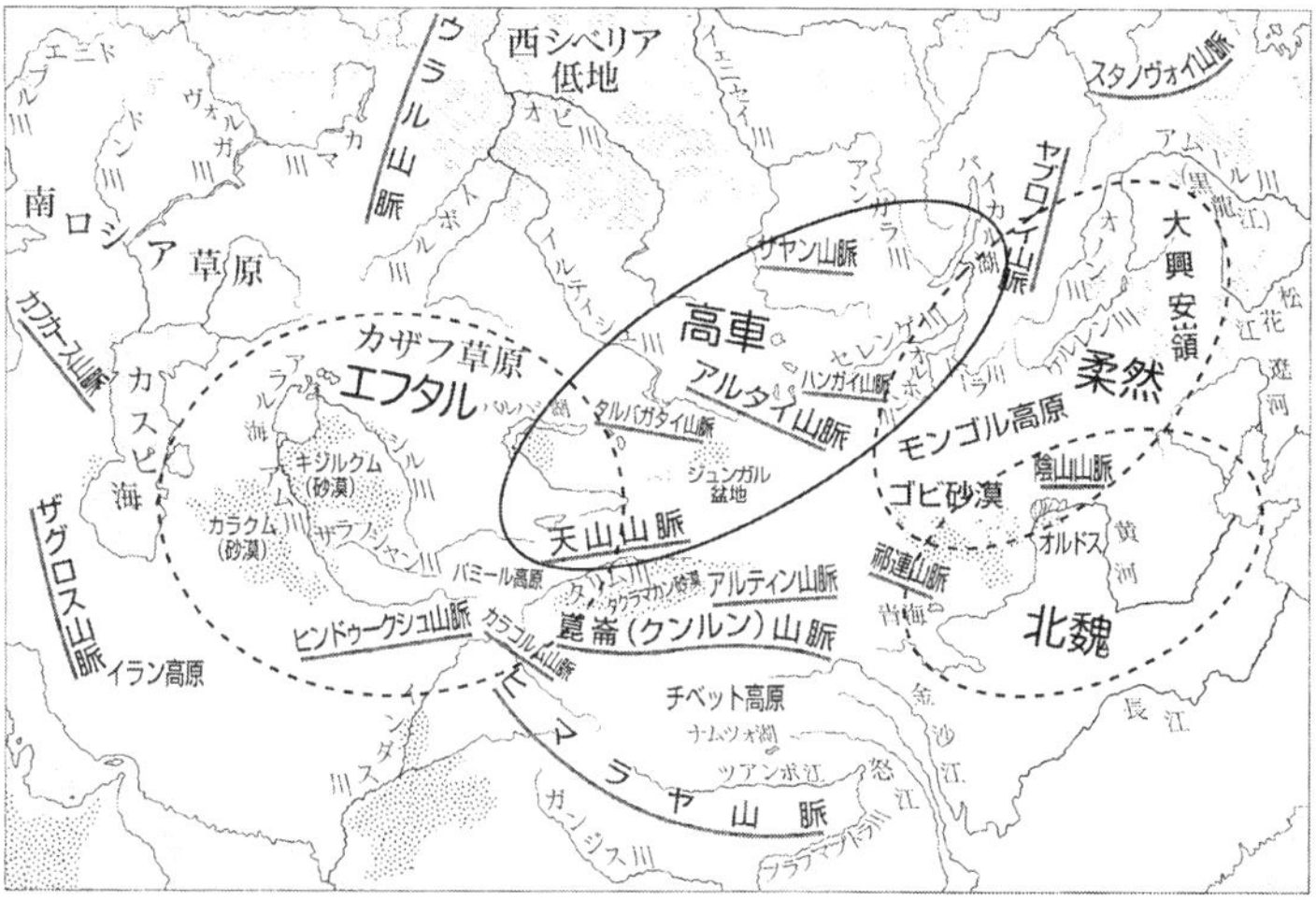

図　5世紀末葉から6世紀初頭の中央ユーラシア（小松久男（編）『中央ユーラシア史』（新版世界各国史 4）山川出版社、2000 年、7 頁、付図より作図）

は、アルタイ山脈の西南から天山山脈の北麓にかけて本拠を定めた。そして、高車は天山のふもとに形成された「シルクロード」のオアシス諸都市で活躍するイラン系のソグド人商人と提携しながら、東西貿易の利益を一手に収めて繁栄する。ここに5世紀末葉から6世紀初頭にかけての中央ユーラシアは、モンゴル高原の柔然（モンゴル系か?）、天山山脈の高車（テュルク系）、中央アジア西部のエフタル（イラン系）という三つの遊牧国家が鼎立する時代を迎えるのである。

残念ながら、高車のテュルク族としての特徴を伝える記述はきわめて少ないが、『魏書』高車伝に残された説話を一つ紹介しておこう。かつて匈奴の単于《ぜんう》（匈奴の言葉で「王」を意味する君主の称号）に二人の美しい娘が生まれた。単于は娘を俗世の人間ではなく、天に嫁がせようとして高い高い台《うてな》を築き、娘たちをその上に置いて天が迎えにくるのを待った。しかし、3年経っても4年経っても迎えは来ず、結局、一匹の年老いた狼がやって来ては昼夜となく吠え、台の下に居着いただけであった。ところが妹は、この狼こそが天のお迎えだと言って、姉の反対を振り切って台を降り、狼の妻となった。やがてその狼と妹の間に生まれた子どもが高車の祖先となったという。いわゆる狼祖伝説はのちの突厥《とっくつ》にも見られ、テュルク系遊牧国家の系譜を考えるうえでとても興味深い（第1章参照）。

その後、高車は西方のエフタルと東方の柔然とに挟撃され、541年に滅亡する。ついに柔然の前に膝を屈したのである。しかし、テュルク系遊牧民そのものはその後も着実に勢力をひろげていったようである。『隋書』には、高車の滅亡直後の様子を伝えて、テュルク諸族が東はモンゴル高原北部から、西はカスピ海北岸にまで分布しているという。そこにはテュルク系の遊牧民が「鉄勒《てつろく》」という名前で登場する。他方、「突厥」という名前も現れる。鉄勒がテュルク系遊牧民の総称として用いられたのに対して、突厥の名は柔然の支配から独立した、阿史那《あしな》氏を中心として建国された遊牧国家の呼称としてもちいられてゆく。あらたなテュルク系遊牧民の歴史が始まるのである。

（鈴木宏節）

31

ビザンツ史料に見えるテュルク

★テュルクの外交感覚★

4世紀末から5世紀にかけてヨーロッパを震撼させたフン族は、東西分裂（395年）後の東ローマ（ビザンツ）帝国から毎年多額の金を貢がせる和平条約を結んでいた（422年）。フンがテュルクであったかどうかは議論の分かれるところであるが、もしそうであるとすればビザンツは成立間もないころからテュルクと交渉を持っていたことになる。

その後もビザンツの前には、続々と東方からテュルク系騎馬遊牧民が現れた。アヴァル（モンゴル系説もある）、ブルガル、ハザル、ペチェネグ、キプチャク、セルジューク家が属するオグズ、そして最後にビザンツを滅ぼすことになるオスマン家がそれである。本章ではテュルク（ビザンツ史料ではトゥルク）の名で最初にビザンツと交渉を持つことになった遊牧国家突厥との関係をペルシアとも関連させつつ見てゆく。

突厥《とっけつ》は6世紀前半にアルタイ山脈あたりを本拠地とし、モンゴル高原を支配する柔然《じゅうぜん》に従属して鉄製品を供給していたがやがて自立を目指し、北朝の西魏《せいぎ》に絹馬《けんば》交易を申し入れた。これに対し西魏は545年にソグド人を使節として派遣し、ここに中国王朝の一つとの交流が生まれた。552年に突厥は柔然を滅ぼして独立すると西方にも目を向け、557〜561年には中央アジアの強国エフタルをササン朝ペルシアと結んで挟撃し、滅ぼした。そして突厥は直接ササン朝と向き合うことになった。

テュルクの使者がペルシアを経由せず、初めてビザンツ宮廷に現れたのは、563年のことであった。それは突厥の西面可汗イステミ（中国史料では室点蜜、ビザンツ史料ではシルジブロスなど）の承認のもとに、突厥の西方発展に貢献した氏族が派遣したものと思われる。使者が強調したことは、突厥の仇敵であるアヴァルをビザンツが受け入れないようにということであった。アヴァルはこの直前に東方から北カフカースに現れていた。ビザンツは彼らに貢納を払う条件で手なずけようとしたが、彼らはさらに西進して東欧に移動していった。突厥の仇敵というからには、柔然が西方に逃れたものをアヴァルというのではないかという説も生まれている。

次いで568年にはまた別の目的を持った使節、ソグド人のマニアクが突厥からビザンツに派遣されてきた。それは実質的にはソグド人の商業使節団で、ササン朝ペルシアに絹を売り込みに行ったが、ササン朝は自国産の絹を守る立場から拒絶したため、北回りでビザンツにやって来て絹の販路を開こうとするものであった。ビザンツではこの頃ようやく絹生産が始まっていたとはいえ、絹が高値で売れる最大の消費地であったことに変わりはなかったのである。5年前の使節は、下見を兼ねたものだったかもしれない。当時ペルシアと鋭く対立していたビザンツ皇帝ユスティノス二世（在位565〜578）は、突厥と同盟を結ぶ策を選んだ。突厥の使節の帰還に同行してビザンツの使節ゼマルコスが答礼使として、天山山中のユルドゥズ草原にいた突厥のシルジブロスのもとを訪れた。ゼマルコスは569年8月初めに出発し、同年冬頃に到着したと思われる。

11 月初めの天山山脈北麓、手前の土盛りはスキタイ時代の墳墓（1989 年）

ゼマルコスの残した報告によると、彼らはまずソグディアナ（今日のウズベキスタン中南部）に至り、数人のテュルク人に会った。彼らの土地は多量の鉄を産出するので、鉄を売りたいと申し出たという。また彼らのなかの呪い師が使節団の荷物を一か所にまとめ、その周りを鉦や太鼓をたたいて騒ぎ立て、香とともに燃えている小枝を狂ったような身振りで振り回した。それは悪霊を払うためであった。さらに彼らはゼマルコスを導いて、焔のなかを横切らせた。そうすることによって身体が浄められると信じていたからであるという。

その後、ゼマルコスたちはテュルク人たちの案内で可汗が住んでいる「エクタグ」と呼ばれる山に向かったが、これは「金の山」を意味するという。テュルク語で山はタグだが、金はエクではなくアルトゥンである。エクをアクとすれば、「白い山」ということになり、天山山中の山のことではないかという説が有力である。

ゼマルコスたちが到着すると、可汗は天幕のなかで、二輪の車付きの金の椅子に腰かけていた。天幕の内側はさまざまな色を織り込んだ絹で覆ってあった。謁見の後、その天幕のなかで酒宴が開かれた。テュルクたちは酒をよく飲んだが、その酒はブドウから搾ったものではなく、異国風な酒であったという。それはおそらく馬乳酒であろう。翌日は別の天幕に招かれたが、そこも絹で飾られていた。またさまざまな像が立っていた。可汗は純金製のクリーネ（上半身だけ起して寝そべっていられる長椅子）に座っていた。天幕の中央には黄金の壺と酒を注ぐ容器、水差しがあり、また酒宴が行われた。翌日、また別の天幕に集まった。それは4本の金で覆われた柱で支えられ、同じく金で覆われたクリーネがあったが、それは4羽の金の孔雀によって支えられていた。この天幕の前の広い場所には多数の銀製品（皿、碗、動物像）を載せた四輪車がずらりと並べられていたが、それらの銀製品はビザンツのものに劣らないほどであった。テュルクの支配者はそれほどに裕福であった。

第二突厥三代目ビルゲ可汗（**734**年没）の墓廟から出土した銀鍍金鹿像（ホショー・ツァイダム博物館蔵）

そこから可汗はペルシアとの戦いに向かい、ゼマルコスたちも同行させた。一行がタラスというところで止まっていた時、ペルシアから派遣された使節が到来した。タラスでは約200年後に唐とアラブの両軍が戦うことになる。さて可汗はビザンツとペルシアの双方の使者たちを招待して宴席を張った。この席でペルシア側は可汗に対して非礼な態度をとったため可汗はペルシアに向かう準備を進め、一方ビザンツ側に対しては一層の友好関係を固めたうえで、使者たちをビザンツへ帰らせた。それにはまたテュルクから新たな使者が加わっていた。帰路はアラル海とカスピ海の北側を回って北カフカースのアラン人を頼り、ペルシア軍の待ち伏せを避けつつ山脈をどこかで越えて黒海に出、それから船でビザンツに戻った。このあと9年間に6回の使節交換が行われたようだ。しかし後の史料によれば570年頃可汗はササン朝のホスロー一世（在位531～79）に自分の娘を嫁がせていた。これが事実とすれば、可汗はふたまたをかけていたことになる。

以上、ビザンツ史料に見られるテュルクの特徴的な事柄を列挙してみよう。

①突厥の西面可汗は当時の大国ペルシアとビザンツを向こうに回して対等の外交交渉を行っていた。これは東部の大可汗が中国の北周《ほくしゅう》・北斉《ほくせい》を天秤にかけていたことに対応する。
②実際の交渉にあたっていたのはソグド人であった。これも東部と同じ。
③交渉は政治だけでなく、絹交易という経済的側面も持っていた。これも東部と同じ。
④シルクロードのオアシス・ルートが使えないと、すぐに草原ルートに切り替えられた。
⑤テュルクの土地では鉄が多量に産出した。これは中国史料からも確認できる。
⑥可汗は絹と金銀を惜しげもなく使った豪奢な天幕に住んでいた。
⑦テュルクはシャマニズムを信仰していた。

（林　俊雄）

32

古代遊牧帝国

★突厥の出現★

6世紀前半、アルタイ山脈の西南麓で柔然《じゅうぜん》に服属していた阿《あ》史那《しな》氏の土門という族長が、552年、柔然を討ってモンゴル高原を統一し、自ら伊利可汗を名乗った。土門とはテュルク語で一万とか万人長を意味するテュメンの、伊利とはくにたみ《イル》を持つ者を意味するイルリグの漢字音写と考えられる。そして可汗とは、王を意味するテュルク語の称号たるカガンの音写であり、のちにモンゴル語のカンやハン、ハーンなどにつながる由緒ある遊牧民の君主号である。こうして突厥《とっくつ》可汗国と呼ばれるテュルク系の遊牧帝国が産声をあげたのであった。

突厥はもともと柔然のもとで鉄製品の鍛造に従事していたが、それに加えて、ソグド人との接触を通じ、いちはやく中国との絹馬《けんば》交易でも利益をあげていた。中央ユーラシアの草原遊牧民にとって、ソグド人に代表されるオアシス商業民は交易の上でも国家を運営する上でもかけがえのないパートナーであった。遊牧民は、その機動力と軍事力でオアシスどうしをつなぐ商業路の安全保障を担当する。一方のオアシス民は、その経済力と国家経営のノウハウで遊牧国家の運営や支配の拡大に寄与する。つまり遊牧民は国際的なシルクロード交易に従事するオアシス民の用心棒となり、オアシス民は遊牧国家への出資者あるいはブレーンとなった。このような遊牧民とオアシス民の共生関係が古代遊牧帝国の発展とソグド人商業圏の拡大をうながしてゆく。

三代目の木杆《ムカン》可汗の時代、突厥の威勢は東のかた大興安嶺山脈から西のかたカスピ海北岸にまで及び、テュルク系の鉄勒《てつろく》諸族を支配する。そして南のかたタリム盆地のオアシス諸都市を支配し、ササン朝ペルシアと共同して中央アジアのエフタルを滅ぼし（558年）、ソグディアナのオアシス諸都市も併呑した。中央ユーラシアにおける柔然・高車《こうしゃ》・エフタルの三国鼎立は、ついにテュルク系の遊牧帝国、突厥の覇権に帰結したのであった。

6世紀後半、突厥の本拠地がモンゴル高原の中西部、ハンガイ山脈山中のウテュケンと讃美されるテュルク諸族の聖地に置かれると、突厥可汗はソグド語ソグド文字で石碑を建てるようになった。今のところ唯一の現存例ではあるが、ブグト碑文は、文字なき遊牧国家の突厥でソグド語がいわば公用語であった証拠であると考えられている。ちなみに、この碑文にはテュルクがソグド文字でテュルキュット（tr'wkt）と刻まれているのだが、この単語が中国に伝えられ、突と厥という漢字2文字で音写されることになった。

ブグト碑文　**580** 年代建立。**4** 面のうち **3** 面がソグド文字ソグド語で、**1** 面がブラーフミー文字サンスクリット語で刻まれている。（アルハンガイ県立博物館、2013 年）

このことは、テュルクとソグドの結びつきが、中央ユーラシアの文化交流史上でいかに重要なものであったかを物語っている。

さて、遊牧国家の常ではあるが、急激に膨張した遊牧民の支配領域には次々と分家が生まれ分裂してゆく。突厥のアルタイ山脈以西の領域では、天山山脈山中のユルドゥズ草原に本拠をおく伊利可汗の弟（木杆の叔父）、西面可汗こと室点蜜《イステミ》が独立し、モンゴル高原を本拠とする東突厥の分家、西突厥が誕生する（のちに別名を十箭《オンオク》という十部族の連合体となる）。このイステミは568年に、カスピ海北方、黒海経由で東ローマ（ビザンツ）帝国にソグド人を派遣し、中国との交易で獲得した絹織物を直接売り込んで販路の拡大を図っている。

このように、中央ユーラシアを東西にわたるゆるやかな統合のもとにおさめた突厥であったが、やがて隋唐《ずいとう》帝国が成立すると、東西にわたってその介入をうけた。かつては中国の分裂状態を巧みに操縦した突厥であったが、中国が統一されると今度は自らの内部分裂を逆手にとられたのである。モンゴル高原で鉄勒諸族が優勢となったこともあいまって、東突厥はゴビ砂漠をわたり、しだいに陰山山脈ないし内モンゴル高原に南下してゆく。そして、ついに630年、唐の遠征軍によって最後の可汗、頡利（これもイルリグの音写）が捕縛され東突厥は滅亡する。ここまでを突厥第一可汗国というが、ここから約半世紀を唐の間接支配に置かれた羈縻《きび》支配時代という。すなわち、かつて可汗の支配にあった族長たちと遊牧集団は、部族組織ごとそっくりそのまま唐の支配下に組み込まれたのである。以後、唐の皇帝が彼らのカガンとなり（太宗は天可汗の称号を奉られた）、突厥の遺民たちはその騎馬軍団として、高句麗討伐の役や中央アジア遠征など、その覇権拡大のために使役されてゆく。

半世紀ほどにわたる唐の支配から突厥を独立と復興に導いたのが、阿史那氏の一門出身を名乗る骨咄禄ことクトゥルグ（カリスマ持てる者の意）であった。彼は、６８２年、突厥の遺民たちに擁立されてイルテリシュ（くにたみ《イル》を集めし者の意）可汗を名乗った。東突厥にとっての第二王朝、突厥第二可汗国の建国である。彼は内モンゴルで勢力を糾合するや、陰山山中からゴビを縦断して北上し、かつての鉄勒諸族、当時は九姓鉄勒と称する部族連合が占拠するウテュケンの地を奪取した。この初代可汗（在位６８２～６９１）と、続く二代目の黙啜可汗（カプガンとも称される。在位６９１～７１６）は、ゴビ砂漠をはさむ南北のモンゴルを自在に駆けまわり、とくに黙啜は武周革命で混乱をきたす華北平原に連年間断なく侵入しては、物的人的資源の掠奪を繰り返した。

やがて三代目の可汗、賢明なるカガンことビルゲ可汗の治世（７１６～７３４年）に転機が訪れる。外交面では、これまでの掠奪遠征をひかえ、唐との絹馬交易を活発化させている。文化面では、８世紀前半に遊牧民固有の文字である突厥文字でテュルク語を刻む突厥碑文が建立されるようになった。その発見地を流れる河川名にちなんでオルホン碑文とも呼ばれる一連の石碑群は、中央ユーラシアの遊牧民史上初めての固有の文字文献である。

突厥文字はその形状からテュルク・ルーン文字とも呼ばれるアルファベットの一種である。母音調和などテュルク語の特徴に照らした文字体系を備えており、もっぱらテュルク語を表記するためだけに考案されたようである。オルホン川中上流域に現存するほか、イェニセイ（エニセイ）川流域やバイカル湖北岸地域、アルタイ山脈や東トルキスタンなどにも突厥文字の銘文が数多く確認されており、およそ10世紀頃までこの文字が古代テュルクの遊牧民全般に流布していたことが判明している。

キョル・テギン碑文　**732** 年建立。右が突厥文字の刻まれた東面で、左が玄宗御筆の漢文が刻まれた西面。（アルハンガイ県ホショーツァイダム、1996 年／提供：中央ユーラシア学研究会）

この古代遊牧帝国を代表する碑文に、７３２年に建立された、三代目可汗の弟であるキョル・テギンの追悼碑がある。もともと唐の玄宗《げんそう》皇帝から追悼のために贈られた漢文碑だが、その側面と裏面には突厥文字がびっしりと刻みこまれている。その一節には「ウテュケン山より良き（ところ）は絶えてなかった。くにたみ《イル》を保つべき地はウテュケン山であった。我はこの地に住まい、タブガチ（拓跋《タクバツ》が訛った表現で唐を指す）の民と講和した。（彼らは我らに）金・銀・絹織物を限りなくこのように与えている」とあり、親唐政策による絹馬交易の成功が謳われている。

しかし、この突厥第二可汗国の繁栄もながくは続かず、７４４年、その支配下にあったテュルク系遊牧民バスミル・カルルク・ウイグルの三部族連合に敗れ、最終的には九姓鉄勒を糾合したウイグルによって取って代わられた。このウイグル可汗国でも突厥文字の記念碑が建立された。中央ユーラシアの草原世界で政権交代は起こったものの、テュルク系の遊牧国家で生まれたあらたな書記文化はしかと継承されてゆくことになる。

（鈴木宏節）

33

ウイグルの興亡

★遊牧帝国の変化★

ウイグルはそもそも、モンゴル高原のセレンゲ川流域で遊牧していた鉄勒《てつろく》諸部族の一つである。このテュルク系の諸部族のなかには、突厥《とっくつ》碑文やアラブ・イラン史料でトクズ・オグズと、漢文史料で九姓鉄勒と呼ばれる部族連合体が形成されていたが、ウイグルもそのうちの一つであった。トクズはテュルク語の９を意味し、オグズは連合体を指すものと見られ、諸史料で伝えられる呼称の意味内容が一致している。ウイグルは突厥に支配されながらも、このトクズ・オグズこと九姓鉄勒をまとめあげ、それぞれの族長に都督《トトク》という唐《とう》の羈縻《きび》支配時代（６３０～６８２年）に由来する称号を与えて、部族連合国家を組織しつつあった。

７４０年代になると、ウイグルは、おなじテュルク系遊牧集団のバスミル・カルルクとともに突厥の支配を打倒したのち、今度はバスミルとカルルクを討って傘下におさめた。７４４年にはその首長であるヤグラカル（薬羅葛）氏のクトゥルグ・ボイラ（骨力裴羅）が可汗に即位している。これがウイグル可汗国（７４４～８４０年）の誕生であり、のちに中央アジアに西遷したウイグルに対して、東ウイグル可汗国とも言う。

ところが、ウイグルによるテュルク系遊牧民の統一は決して平坦なものではなかった。二代目可汗であるモユン・チョル（磨延啜／在位747～759）の突厥碑文（墓誌が1本、紀功碑が2本現存）の記述によれば、バスミル・カルルクとの激戦や、オグズ諸族の相次ぐ反乱の様子が証言されている。すなわち突厥滅亡後のテュルク系遊牧民の趨勢はきわめて流動的で、モンゴル高原の南縁にも、唐の北辺にも数多くのまつろわぬ騎馬遊牧民が跋扈《ばっこ》していた。ちなみに後述の安禄山《あんろくざん》自身も、そのような辺境に集まった雑多な遊牧集団に出自しており、彼らを統率し唐帝国の騎馬軍団に再編成する仕事で頭角を現した人物である。

ウイグルの転機は、史上有名な唐の内乱、安史の乱（755～763年）であった。ソグド人を父親に、突厥人を母親に持つ、当時の中央ユーラシア世界の申し子とも言うべき安禄山（705～757年）は、唐北辺のテュルク系遊牧民を中核にソグド人や奚《けい》・契丹《キタイ》といった勢力を糾合し、またたく間に都の長安を陥落させた。玄宗《げんそう》皇帝を蜀《しょく》に蒙塵《もうじん》させ、唐帝国にかわる征服王朝を華北地帯にうちたてんとしたのである。この間、モユン・チョルは、唐から支援要請を受けるとただちに息子を援軍に派遣し、長安や洛陽の奪回におおいに貢献する。

ウイグルにとってこの隣国の災難はまことに奇貨と言うべきものであった。まず、かつて突厥の支配下にあった遊牧民をすっかり掃討あるいは併呑できたので、遊牧国家としてのウイグルの地位は盤石となった。次に、内乱によって財政危機に陥った唐が、援軍の見返りを支払えず、そのかわりに長安や洛陽といった大都市での掠奪を許したから、ウイグルは戦利品をほしいままにできた。さらに、安史の乱を鎮圧した功績によって唐から絹馬《けんば》交易が認められたため、軍事力でまさるウイグルは、大量の馬を連れては唐に押し寄せ交易を迫った。唐が代価の絹織物を調達できぬほどであったという。

こうして獲得された戦利品、財貨がウイグル可汗の権力基盤をいっそう強固なものにし、その遊牧民の性格さえも変化させていった。

　騎馬遊牧民は、元来、移動生活のために身軽さを重んじ、ごく簡素な冬営地のほかには定住拠点を築く習慣がなかった。ところが、ウイグルは安史の乱で得た物資を活かすために新たな草原都市を築

シネウス碑文　北面の碑頭にウイグルの王家ヤグラカル氏のタムガ（部族標識）が刻まれている。（ボルガン県、1996年／提供：中央ユーラシア学研究会）

いている。突厥碑文の一つであるモユン・チョルの墓誌（シネウス碑文）には「我はソグド人と漢人のためにセレンゲ川畔にバイ・バリクを建設せしめた」とある。テュルク語でバイは豊かな、富んだの意味を、バリクは城郭、都城を意味する。この都市は、その名がモンゴル語で訛って、ビーボラク（遺跡）という名で現存している。中国伝統の版築工法による、一辺235メートル四方の城壁が残っており、その城壁は高さ7メートル、厚さ3〜4メートルほど、その周囲には別に二つの都城遺址もある。この草原都市は交易の拠点として機能し、ウイグルに財貨をもたらした。漢文史料には文字通り富貴城と記録が残るほどである。

　そのほかにも、ウイグルは都市を積極的に活用し、三代目のブグ（牟羽）可汗（在位759〜763）は、オルドゥ・

バリクを帝国の首都として整備した。オルドゥとはテュルク語で玉座、転じて宮殿の意味がある。この都城は、もともと羈縻支配時代にテュルク系遊牧民を統制するために築かれた唐の都護城（安北都護府）に由来するものである。現在ではハル・バルガス遺跡（かつてカラ・バルガスンと呼ばれた）として保護されており、その城郭の規模は420×335メートル、城壁は8メートルほどの高さがある。また、その城郭の南には数キロメートル四方にもわたる市街地の跡が確認でき、遊牧民が積極的に都市を経営していた事実を目の当たりにできる。

ウイグルの変化はそれだけにとどまらない。ブグ可汗は、安史の乱において華北に援軍として派遣されたが、その引き上げの際に四人のマニ教僧侶をモンゴル高原に連れ帰り、その教えに帰依したという。特定の創唱宗教の信仰も草原遊牧民にはなかったが、これ以来、マニの教えがウイグルにひろがった。それに加えて、そもそもマニ教を信仰し、商取引に来訪したり草原都市に定着していたりしたソグド人の存在ともあいまって、マニ教は国教と言うべき地位を得た。このオルドゥ・バリクには9世紀初頭に建立された、八代目可汗の巨大な碑文、カラ・バルガスン碑文が部分的に残っていた。この突厥文字・テュルク語、ソグド文字・ソグド語、漢字・漢語で記された多言語碑文の断片を分析し読解すると、確かにマニ教が歴代の可汗に保護されていたことがわかる。

ハル・バルガス遺跡　ウイグルのオルドゥ・バリク（アルハンガイ県、1997年／提供：中央ユーラシア学研究会）

ところでウイグルでは、じつは７８０年にクーデタが起こっており、ブグ可汗やその側近が殺害された。同時に可汗に重用されていたソグド人が追放され、マニ教も迫害された。そしてヤグラカル氏にかわり、エディズ氏から可汗が輩出するようになったが、しかしトクズ・オグズの部族連合が瓦解することはなかった。しばらくするとウイグルはふたたびソグド人との提携を強め、河西回廊《かせいかいろう》の敦煌《とんこう》や西域方面に侵攻し、唐との交易に加えて、河西回廊から天山山脈南麓方面のシルクロード交易にも積極的に参入し、国力をますます充実させていった。

ここに8~9世紀のユーラシア大陸東部には、東に定住農耕民を支配する唐帝国が、西に古代チベット帝国の吐蕃《とばん》が、そして北には草原遊牧民を支配するウイグル帝国が鼎立することになった。9世紀前半には、唐と吐蕃が講和し、ラサには有名な唐蕃会盟碑《とうばんかいめいひ》が建立された。そしてこの時同時に、ウイグルと吐蕃の間にも会盟が結ばれたことが敦煌文書の分析から証明されている。中央ユーラシアには三国会盟による安定が訪れたのである。なお、近年、この会盟には、雲南を拠点に西南シルクロードをおさえた南詔《なんしょう》という国家が加わっていたことも判明している。

ところが、８４０年、ウイグルは西北のキルギズの攻撃を受けて瞬く間に崩壊してしまう。モンゴル高原から南走した一派はまもなく唐に討ち滅ぼされ、西走した一派はやがて河西回廊に甘州ウイグルを、別の一派はトゥルファン盆地を中心として天山山脈の麓に西ウイグル王国を建国する。これ以来、シルクロードの幹線路であったオアシスの道の住民は、これらウイグル人の定着によってテュルク化してゆくのである。

（鈴木宏節）

ヴォルガの雄――ブルガルの盛衰

コラム8

濱本真実

２０１４年、ヴォルガ河畔の古都ボルガルの遺跡の数々が、「ボルガルの歴史的考古学的遺産群」としてユネスコの世界文化遺産に登録された。ユネスコの世界遺産は、すでに登録数が千を超え、最近ではありがたみが薄れてきているとはいえ、ボルガルが位置するロシア連邦タタルスタン共和国にとっては、この遺跡の観光地化の努力が実った、祝賀すべき出来事だった。ボルガルは、ロシア中心部から交通の便が良いとはお世辞にも言えない場所にあるが、２０１２年にはこの遺跡の近くに「タタルスタンのタージ・マハル」とも呼ばれる白亜モスクが落成し、新たな観光地となっていることもあり、今後はボルガルへの日本人旅行者も増えるだろう。

このボルガルはもともと、テュルク系遊牧民ヴォルガ・ブルガルによって10世紀前半に建てられた、ブルガルとして知られた町であり、一時期はヴォルガ・ブルガル国の首都だった。ヴォルガ・ブルガル国は、６３０年代に北カフカースを中心とした地域に興ったテュルク系の大ブルガルが、内紛や、遊牧民ハザルの攻撃によって解体したのち、その一派が北上して、ヴォルガ中流域に建てた国である。建国当初からしばらくの間は、ヴォルガ下流域の大国ハザルに貢納する従属国だった。

８～９世紀には、ヴォルガ水系がユーラシアの南北を結び付ける重要な交通路の役割を果たしており、この水系に沿ったスカンジナビアにまで至る各地に、アラブの銀貨ディルハムが発見されている。おそらくはアラブとの交易を通して、ヴォルガ・ブルガルにはイスラームがもたらされ、10世紀初頭にはヴォルガ・ブルガルの間にかなりの程度イスラームが浸透していた。

　ヴォルガ・ブルガルの英主アルムシュは、当時興隆を極めていたバグダードのアッバース朝カリフに使者を派遣して支援を乞い、その答礼使節団として922年にイブン・ファドラーンをはじめとする一行を迎え、イスラームをヴォルガ・ブルガルの国教として受容した。こうしてヴォルガ・ブルガル国は、のちにキプチャク草原と呼ばれることになる中央ユーラシアの広大な草原地帯で最初にイスラームを受容した国家となり、この地域のイスラーム化に大きな役割を果たした。この事績によってヴォルガ・ブルガルの名は、国家消滅後もこの地方のムスリムの間に語り継がれることになる。

　強大なアッバース朝との外交関係樹立を背景に、ヴォルガ・ブルガル国は、衰退に向かっていたハザルから独立の動きを強めた（第8章参照）。イブン・ファドラーンの訪問時には、ヴォルガ・ブルガルのもとに政治・文化の中心となるような町はなかった。しかしその数年後には、かなりの人口を擁するブルガルとスワルの町が建てられており、10世紀前半のヴォルガ・ブルガル国の急速な発展の様子が窺える。965年に東スラヴ人の国キエフ・ルーシの大公スヴャトスラフ一世の遠征によってハザ

ボルガル遺跡（**14** 世紀）

ボルガルの白亜モスク（http://www.photokzn.ru/places/0/183）

ルが滅びると、ヴォルガ・ブルガル国はハザルに代わってカスピ海とノヴゴロドを結ぶヴォルガ水系の要所を押さえた。国際交易で巨利を得たヴォルガ・ブルガルの首都ブルガルは、巨大な商業都市として栄えた。ヴォルガ・ブルガル国は11世紀に最大領域に達したと見られている。

11世紀半ば以降、それまで南北交易の通過点に過ぎなかったロストフ、スズダリ、ウラジーミルなどのキエフ・ルーシ北東部に、キエフ・ルーシの大公家リューリク朝の一族が支配権を確立し、ヴォルガ水系の南北交易に介入してこの地域の経済を発展させることに成功する。その結果、ヴォルガ・ブルガルとルーシは交易の利益をめぐって対立するようになり、13世紀初頭まで、両者の間で頻繁に戦争が起こった。ヴォルガ・ブルガルは、ルーシの攻撃により首都をブルガルからより東方のビラルへ遷都させており、両者の争いではルーシが優勢だったと見られる。しかし、ヴォルガ・ブルガル国を滅ぼしたのはルーシではなかった。

1236年、ヴォルガ・ブルガル国はモンゴル帝国軍に征服されたが、ブルガルの町は、モンゴル帝国ジョチ・ウルスのもとでもしばらくは商業都市として繁栄を続けた。モンゴル支配下に組み込まれたヴォルガ・ブルガルの人々は、徐々に周囲のテュルク系民族に同化していったが、この地のムスリムの間には「ブルガル人」としての意識が長く残り、ソ連時代にはヴォルガ・ブルガル人と現代の民族との関係が盛んに議論された。現在のロシアの正式な民族名にブルガルは含まれていないが、一部の人々はブルガル人を自称し、ブルガルを現在の民族名とすることを主張している。

34

トルキスタンの成立

★遊牧民と定住民の融合★

トルキスタン Turkistān という語に含まれる -stān という要素は、古代ペルシア語の「立つ」を意味する動詞 stā からの派生語 stāna「場所」に由来する。トルキスタンすなわち「テュルクの土地」という名によって示される地域は、9世紀後半の最初のアラブ地理学者の一人であるヤアクービーによれば、マー・ワラー・アンナフル（アム川とシル川との間のオアシス地域）の彼方の「多神教の土地」であり、そこに住むテュルクの種族としてカルルク、トクズグズ、テュルギシュ、キメク、グッズが挙げられている。また13世紀前半のアラブの一歴史家は、「トルキスタンの土地は、カシュガル、バラサグン、ホタン、タラス、およびこれ以外のマー・ワラー・アンナフルに連接する土地」であって「テュルクのハーン家の王たちの手中にあった」と述べ、要するにカラハン朝の領域をトルキスタンと称している。同じ世紀後半の地理学者ヤークートとその同時代人の歴史家ジュヴァイニーもシル川以北を指して用いており、ティムール朝の文献も概ねこれに従っている。トルキスタンの名が広くマー・ワラー・アンナフルのみならず、現在のアフガニスタンの一部やトルクメニスタンを含む中央アジアを指すようになっ

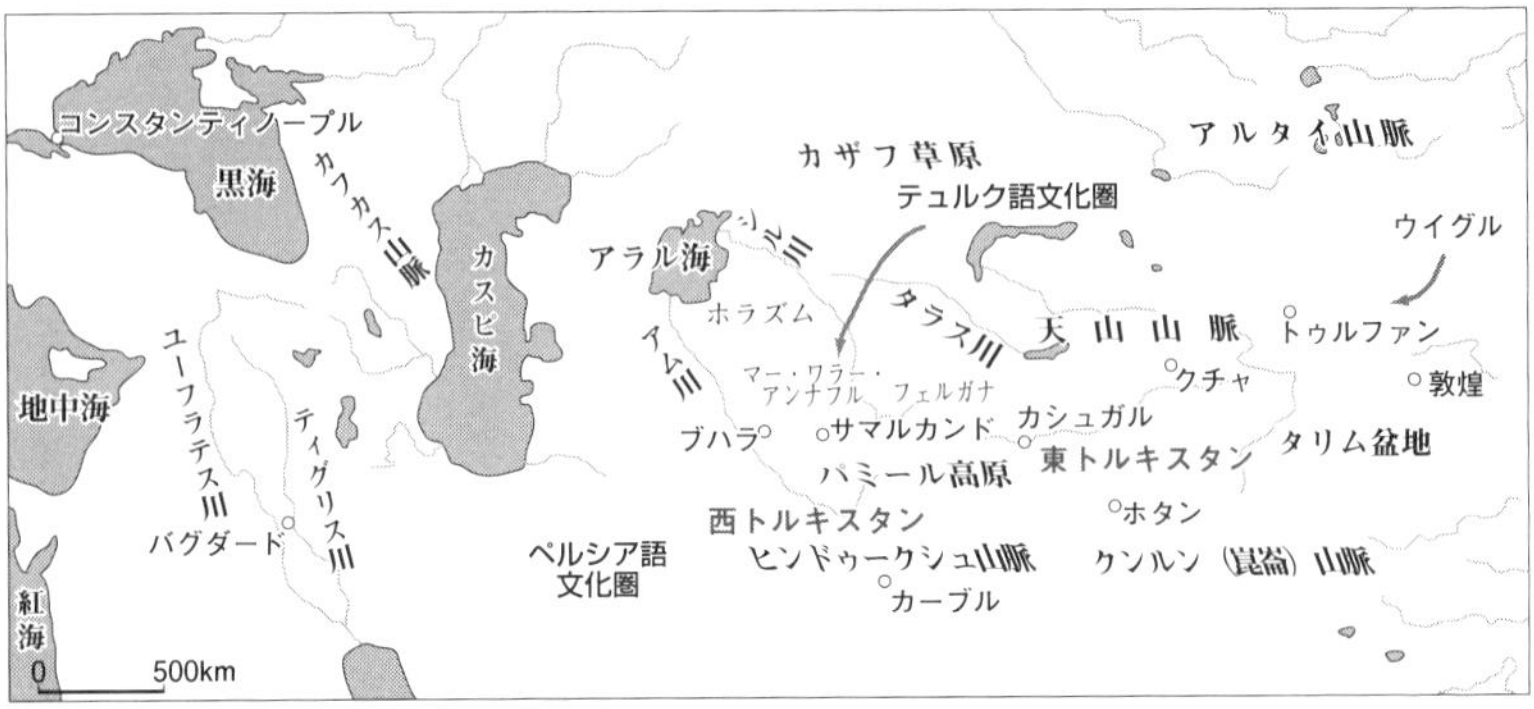

トルキスタン（『詳説 世界史Ｂ』山川出版社所収の地図をもとに作成）

た契機は、ロシアによる征服であり、１８６７年のトルキスタン総督府の設置はこれを決定づけた。しかしロシアの東洋学者バルトリドは、学術用語としてのトルキスタンの使用は、ロシア人ではなく英国人によって始められたと指摘している。

このように、歴史的にはトルキスタンの名は、概ねシル川以北を指して用いられたのであるが、中央アジアのオアシス定住地帯にこれを適用することは必ずしも不適切ではない。何故ならば地域差はあるものの、「テュルクの土地」と称し得る実体が存在したからである。東トルキスタンの東半では、８４０年のモンゴル高原におけるウイグル国家の解体を契機にして発生した遊牧民の移動の結果、急速なテュルク化が進展した。西半では、カラハン朝は9世紀末にはカシュガルを占領し、イスラームを受容した後、11世紀初頭にはホタン、なかばにはクチャまでを支配下に置いた。カラハン朝の領域ではインド・ヨーロッパ系の住民のテュルク化が進み、この世紀の後半には住民はすでにテュルク語を話していたと伝えられる。オアシスの先住民は征服者であるテュルクの言語と宗教をともに受容したと考えられる。

東トルキスタンに比して、マー・ワラー・アンナフル、ホラズム、フェルガナのテュルク化の過程はより複雑である。有史以来、シル川以南のオアシス地帯は草原の遊牧勢力の影響を受け続け、西突厥《とっけつ》が唐《とう》に滅ばされたのちも、テュルギシュなどの勢力下にあった。アラブの中央アジアへの進出はまさにこの時に当たり、７５１年のタラス河畔の戦いの結果、遊牧勢力はシル川以北に駆逐された。しかし、その2世紀後、イスラームを受容したテュルク系勢力は、次々とマー・ワラー・アンナフルに侵入し彼らの王朝を樹立した。しかし、流入した遊牧民がオアシスの間に広がる草原で遊牧生活にとどまっているかぎり、先住民との接触の度合いは比較的希薄であったと考えられ、先住民の社会は大きな変化を蒙らなかった。カラキタイの建国（１１３２年）により引き起こされた遊牧集団の移動、およびこれに続くモンゴルの征服に伴う新たな遊牧集団の流入の結果、モンゴル帝国からティムール帝国の時代にかけて、遊牧勢力、就中その支配層は、部族組織を保持しつつも定住化への道をたどり、オアシス定住民との融合が本格化した。16世紀末以降、ウズベク集団が南下して、マー・ワラー・アンナフルとフェルガナの最良の牧地を占拠し、もといた遊牧民を追い出したため、後者の定住化が進展した。かくして、この地域の定住民はその使用言語がペルシア語であるかテュルク語であるかにかかわらず、概ね一様な形質的特徴と文化を共有するようになった。ホラズム、フェルガナ、タシュケントの住民はサルトと称され、テュルク語使用者が多数であったが、二言語使用者も存在した。またマー・ワラー・アンナフルでは、住民はタジクもしくはチャガタイと称され、その多くはペルシア語使用者であったが、バイリンガルの者もおり、一部にはテュルク語を母語とする者もあった。先に述べたロシアによる征服は、こうした状況下で行われ、トルキスタン総督府が管轄する地域がすなわちトルキスタンということになった。

　ロシア十月革命の後、帝政時代の行政区分に基づきトルキスタン自治ソヴィエト社会主義共和国が成立した。しかし、ロシア共産党中央委員会は、「汎テュルク主義」を抑圧し、同時に内戦中に増幅されたさまざまなエスニック集団間の敵対関係を収束させるために、民族別の共和国を設立することとし、1924年「民族・共和国境界画定」を行った。その後に若干の手直しはあるが、こうして現在の中央アジア諸国の国境線が定まったのである。この画定により、中央アジアは複数の民族別共和国に分割され、ソ連邦の中央集権的統治体制に直接組み込まれることになった。したがって、ソ連時代には「トルキスタン」の名辞の使用は、むしろ忌避されていた。この名辞を多用したのは、革命に続く内戦期にソヴィエト政権と戦って国外に逃れ、あるいはソ連の民族政策を批判し続けたトルキスタンからの亡命者であった。ただし、ソ連の学者たちは新疆《しんきょう》に対しては東トルキスタンという名称を用い続けた。ペレストロイカ以後、この名称は復活し、とくに中央アジアの統合を唱える人々によって用いられている。

先に述べたように、現在の新疆、少なくともその西部は歴史的にもトルキスタンと呼ばれていたのであるが、現在この名称は、中国からの分離独立を志向するウイグル民族主義の表象となり、中国国内では禁句とされている。

（濱田正美）

35

トゥルシュカ

★インドのテュルク★

南アジア北部（アフガニスタン東部からパキスタン北部、インド北部）は遙か古代より、中央アジア方面から到来する部族民たちの活動の場であり続けた。前2千年紀のアーリア人をはじめ、1世紀のクシャーン朝などは明らかにアフガニスタン北部から山を越えて北インドに入り込んだ勢力であった。クシャーン朝の後を襲ってアフガニスタン北部から北西インドを勢力圏とした集団として、キダーラ、エフタル（アルハン）といった名前が知られるが、彼らは4世紀頃にアルタイ山脈方面から移動してきた集団に起源を持つとされ、その意味では6世紀に到来する突厥＝テュルクの先例であった。

南アジア北部と中央アジア西部を地理的に隔てるのは、パキスタン北部からアフガニスタン北東部、さらにその西部へと延びるヒンドゥークシュ山脈であるが、この山脈の北側は6世紀半ばに西突厥《とっけつ》が征服して以降、さまざまなテュルク系部族民の活動の場となった。7世紀半ばには、おそらく突厥に押される形で山を南に越えたハラジュ族が、カーブル川沿いにアフガニスタン東部からガンダーラにかけて国を建て、同地域に進軍してきたアラブ・ムスリム軍と戦った。このハラジュ族と阿史那《あしな》

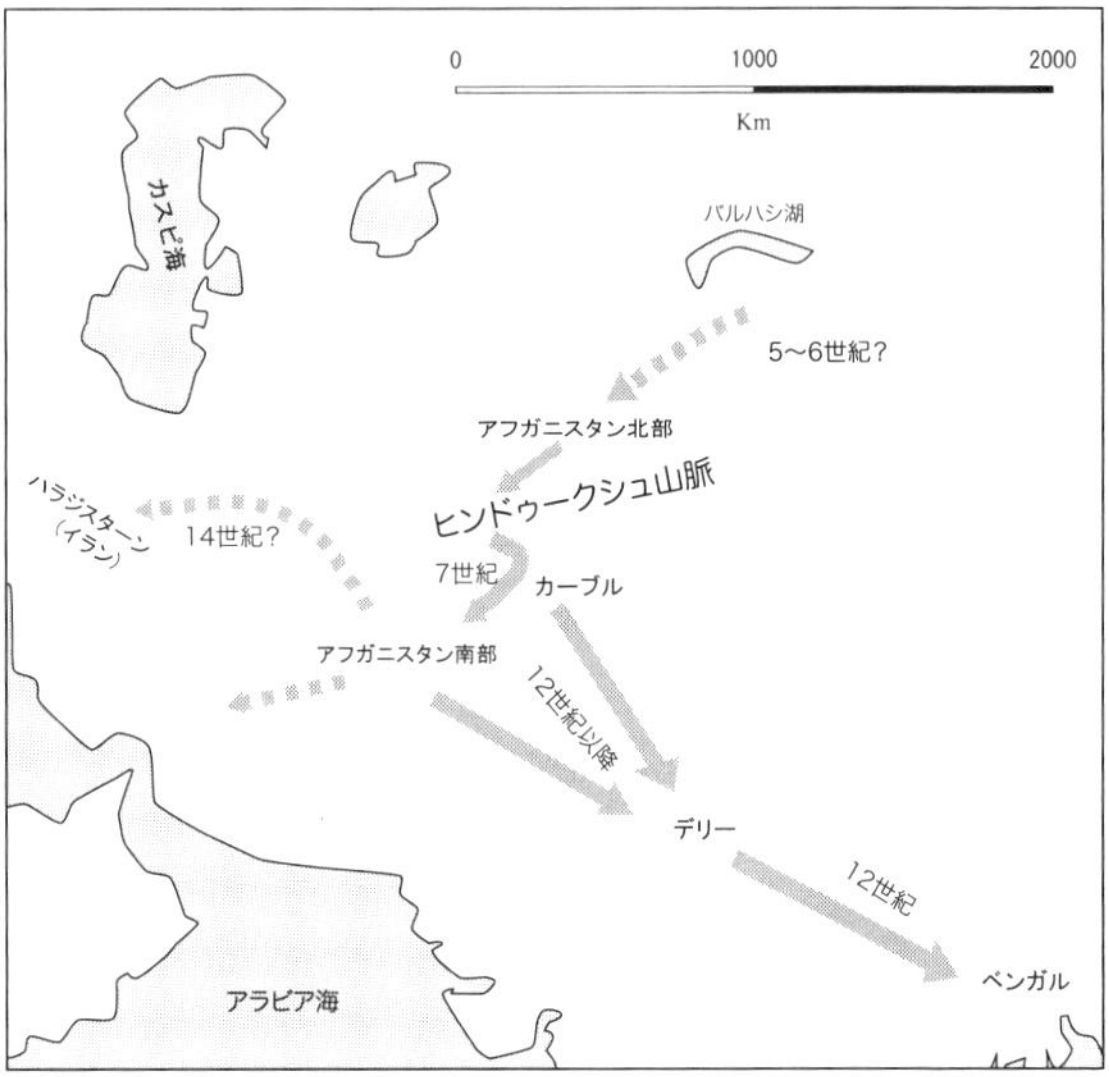

ハラジュ族の移動と拡散

氏率いる突厥との直接の関係は不明であるが、彼らはテュルク系の言語を用い、アラビア語史料にはテュルクとして言及される。

ハラジュ・テュルクの王国は9世紀前半、インド系の王家によって王位を奪われるが、ハラジュ族自体は東・南部アフガニスタンに残存していた。10世紀後半、東部アフガニスタンのガズニを中心に、サーマーン朝のテュルク人軍事奴隷であったセビュクテギンがガズナ朝（977～1186年）を建てると、ハラジュ族の一部もその軍に編入された。

ガズナ朝は第三代マフムード（在位997～1030）の時代に積極的にインド方面に進出し、北西インドにムスリム支配の礎を築いた。この戦略を成功させたのは、テュルク系軍事奴隷を中核とし、テュルク系その他の部族集団を傭兵として用いるガズナ朝の強力な軍事体制であり、ハラジュ族ももちろん後者に含まれた。マフムードは20回にも及ぶインド遠征によって莫大な戦利品を得たと言われる。この大成功は中央アジア方面から機会を求めて到来する部族集団を大いに惹きつけることとなった。１０２０年代にマフムードに臣従しようと到来した、セルジューク族のアルスラン・イスラーイール率いる集団や、マフムードの死後イラン高原東部に到来し、当初やはりガズナ朝への臣従を標榜していたトゥグリル、チャグリ兄弟率いる別のセルジューク系集団（のちの大セルジューク朝）などがその好例である。いずれにせよ10世紀末以降ムスリムの眼前に開けたインドという新たなフロンティアは、中央アジアから南アジアへと向かうテュルク系部族集団に大きな移動のモメンタムを与えたと言ってよい。

一方、ガズナ朝のルーツにも関わる軍事奴隷としてのテュルクも政権を支える重要な要素として購入され続けた。このような軍事奴隷は君主のそば近くに仕え、軍事的な要職を得て遠征軍を率い、あるいは地方総督として統治にあたった。

ガズナ朝は12世紀半ば、アフガニスタンの険しい山中から現れたゴール朝（12世紀初〜１２１０年）に圧迫されラホールへと遷都するが、同地も１１８６年に攻略され、以後ムスリムによる北インド征服はゴール朝の軍事奴隷出身の将軍たちの手に委ねられることとなった。この時期のインド側の文献には、強大な軍事力を持つ「トゥルシュカ turuṣka」がインドの地を蹂躙《じゅうりん》し、インドの聖なる場所を冒瀆していると述べられるが、言うまでもなく「トゥルシュカ」とはテュルクのことである。１２０６年デリーにおいて自立したゴール朝の将軍クトゥブ・アッディーン・アイベグ（在位１２０６〜１０）は、奴隷王朝あるいはインド・マムルーク朝と呼ばれる王朝を開いた。アイベグ自身、もともとはゴール朝のムイッズ・アッディーン・ムハンマドによって非常に高価な値で購入された軍事奴隷であり、デリーにおける彼の後継者もまた軍事奴隷出身者であった。この時代も変わらず優秀なテュルク系軍事

デリーのクトゥブ・ミナール（写真提供 Vinay Jani: https://commons.wikimedia.org/wiki/File:Minar_of_Qutub_in_Delhi.JPG?uselang=ja）

奴隷を購入するためにインドから中央アジアに商人たちが派遣されていた。

一方、アイベグらと同じ頃、アフガニスタンにいたハラジュ族のムハンマド・バフティヤールは自分の手勢を率いてゴール朝のインド征服に加わり、遠くベンガルを攻めてこれを攻略した。ムハンマドの死後、この集団はデリーの奴隷王朝に服属するようになるが、ハラジュ族自体は奴隷王朝の統治下で軍事集団としてそれなりに重要な役割を果たしていた。とくに重視されたのが、北インド侵入の姿勢を強めるモンゴルへの対策で、インダス右岸に敷かれたと覚しき対モンゴル防衛線において重要な役割を果たしたのが、ハラジュ族を率いたジャラール・アッディーンであった。

奴隷王朝末期の混乱に乗じ、ジャラール・アッディーン（在位1290〜96）はデリーの支配を確保し、新たな王朝ハルジー朝（ハラジュの王朝）を開いた。しかしこの頃すでにハラジュ族はテュルク系の言葉ではなくペルシア語系の言葉を話すようになっており、デリーの民はテュルク以外の支配者がやってきたことに戸惑い、彼らで大丈夫なのかという不安を示していたと史書は伝えている。

第35章
トゥルシュカ

ハルジー朝とそれを継いだトゥグルク朝（1320～1413年）の時代、デリーの政権の支配はデカン高原からさらに南方へと拡大した。この過程でテュルク系の軍人たちも南へと広がっていき、彼らの活躍によってデカン高原にムスリム政権たるバフマニー朝（1347～1527年）が成立した。同時代のヴィジャヤナガル王朝の碑文は彼らをムスリムではなく「トゥルシュカ」と呼んでいる。

この時代にインドに多くのテュルク系の人々が流入した背景の一つは、モンゴルの大征服に押し出される形で、すでに中央アジア西部にいた人々がさらに西や南に向かって移動したという現象であろう。イスラーム時代以降、中央アジアと南アジアを結ぶ道としておもに用いられていたヒンドゥークシュ山脈越えルート以外にも、インダス川の最上流域からカラコルム山脈の西側を抜けて東トルキスタン（タシュクルガン、コータン）に至るルートもまたテュルク系の民の流入の道として利用された可能性がある。このルート沿いには遅くとも12世紀以降「トラハーナ Trakhāna」という称号を持つ地方領主がいたことが知られるが、その称号は中央アジアのテュルク系の民に長く用いられた「タルハン tarkhan（ただしこの語自体はテュルク語由来ではない）」の転訛した形である。

やがて1526年ティムール朝のバーブルが、チャガタイ・トルコ語を話す集団を中核とする軍勢を率いて北インドを征服し、ムガル朝を開くことになる（コラム10参照）。同朝においてはもはやテュルクは、明瞭な部族集団としての実体を持たなくなっていたが、一方でムガル朝や地方王朝において精力的にテュルク語が学ばれるなど、ヒンドゥーと対置される概念・理念としての「トゥルシュカ／テュルク」自体は、権力や軍事力の象徴としての意味を強く持ちつつ、インドにおいてその後も存続した。

（稲葉　穣）

コラム9

カリフを守るテュルク
――中央アジアから来た騎馬兵

三浦　徹

テュルク系の軍人が、イスラーム世界を守る主力となるきっかけは、アッバース朝第八代カリフ（在位833〜842）のムータシムが、テュルク人を奴隷として購入し、テュルク（アトラーク）軍団を編成したことにあると言われる。なぜ、カリフたちは、アラブ戦士ではなく、異民族のテュルクに頼ったのだろうか？　イスラーム国家の軍事体制にたちかえって考えてみよう。

7世紀前半に始まったアラブ・イスラーム軍の大征服によって、東はアフガニスタンやインド西部へ、また西方ではモロッコからイベリア半島まで、国家は広大な領土を支配することになった。軍隊の主力はアラブ戦士であり、彼らは国家に登録され、戦利品とともに給与を支給され、主要都市に居住区を与えられた。ウマイヤ朝（661〜750年）の下で、征服地の住民から人頭税（ジズヤ）と土地税（ハラージュ）が徴収され、征服地の住民のイスラームへの改宗がすすみ、アラブによる支配が確立されるとともに、アラブ戦士は戦争や出征よりも安定した俸給生活を欲するようになったという。他方で、住民は、イスラームに改宗してもなお土地税が課され続けたため、その税によって俸給を得るアラブ人ムスリムとの間に格差があった。

このような税制上の不満を背景として、ウマイヤ朝を打倒する政治運動がホラーサーン地方で開始された。それは、アッバース家をカリフとして擁立し、750年にウマイヤ朝カリフを殺害し、アッバース朝が樹立された。このアッバース朝の樹立運動の原動力となったのは、ホラーサーン地方での武装蜂起に参集し

コラム9

カリフを守るテュルク

た7000の兵士である。アラブ人やイラン人からなる混成軍で、やがて王朝の軍として新都バグダードに配置され、給与を支給された。ホラーサーン軍の主力が第二世代にうつると王朝への忠誠心が弱まり、またカリフの一族の間で勢力争いが生じた。このため、王朝の正規軍とは別に、カリフは自分の命令に忠実で、自由に動かすことのできる軍団を必要とした。先のムータシムは、カリフとなる前から3000～4000騎の新軍団を編成し、即位後に7000騎に増強した。しかし、新軍団は、ホラーサーン軍の反発をうけ、またバグダード市中で狼藉《ろうぜき》をはたらいたために市民からも批判された。ムータシムは、このような対立をさけるために、836年に軍団を率いて、バグダード北方のサーマッラーに遷都した。奴隷軍団は、カリフの庇護をうけて増長し、やがてその改廃を左右するようになった。

新軍団は「アトラーク（テュルク人の意味）」と呼ばれ、その大多数は、中央アジア（とくにサマルカンド）で購入したテュルク人の奴隷兵であったが、エジプトで購入した奴隷兵や中央アジアの地方領主とその手勢も含まれていた。アトラークという用語は、ここでは、アラブから見た、中央アジア出身の異邦人一般をさしたが、狭義には、ムータシムが購入したテュルク人奴隷軍団を指していた。

なぜ、テュルク人を奴隷兵として軍団に編成したのだろうか？　アラブの征服地が拡大すると、戦争捕虜や購入奴隷が兵士として用いられた。アッバース朝第二代カリフ、マンスール（在位754～775）やマームーン（在位813～833）は、自身のマムルーク（ギルマーンとも呼ばれる）を身辺警護や政務に用いていた。文人ジャーヒズ（868／9没）は、カリフ＝ムータシムに献呈するために執筆した『テュルク人

馬上から後方に弓を射るテュルク兵（16世紀写本挿絵、トプカプ宮殿博物館蔵）

の美徳』のなかで、テュルク兵のすぐれた点について、つぎのような同時代の軍人の陳述を引用する。「アラブ遊牧民には、馬の背に乗って行う騎射の技術はない。ところがトルコ〔テュルク〕は獣、鳥、槍の上の的、人間、うずくまる獣、設置された形象を騎射することができ、騎馬を全速で、前後、左右、上下にギャロップさせても騎射することができる」（清水和裕訳、『世界史史料』第二巻、156頁）。ジャーヒズはさらに、炎天下でも主人が到着するまで下馬しないテュルク人兵士の忍耐強さを示す例を挙げ、テュルク人は、追従、甘言、偽善、中傷、気取り、悪口、放漫、恋愛、といったことに無縁であることを長所とし、他方で、強い望郷、放浪癖、略奪、慣習への固執といった欠点を持つと述べる。ジャーヒズの意図は、他の民族と比較しながらテュルク人の美徳を述べ、ホラーサーン軍にもカリフの腹心にもテュルク人が含まれていることを指摘し、彼らをイスラーム国家（ウンマ）の一員として認めることにあった。

騎馬兵士としてのテュルク人の適性は、同時期の日本で台頭する（東国）武士を思わせるところがある。日本の武士も、武芸と主従関係

──主君への忠誠心──は重要であり、他方下剋上によって領主の地位を奪うこともあったが、奴隷の身分となることはなかった。ではなぜ、テュルク兵を、「奴隷」軍人として購入・

馬上での槍の訓練（『騎士道の書』写本挿絵、14世紀）

育成したのだろうか？　ここで注意すべきことは、彼らは奴隷として購入され、武芸の訓練や教養を授けられたのちに、奴隷の身分から「解放」され、ムスリムに改宗していたことである。彼らは、自由な身となったうえで、自分が生きて出世する道が、主人のもとで精一杯はたらき、功績をあげることであることを自覚するのである。他方で、主人が死亡したり失脚したりすれば、別の有力者のもとに身をうつして仕える。この意味で、マムルークという人材のリクルートのシステムは、現代日本のビジネスマンの能力主義にも通じる仕組みとも言える。

36

テュルク対ビザンツ

★マラーズギルトの戦い★

トルコ共和国東部、ムーシュ県の町マラーズギルト。イスタンブルから直線距離で1171キロ。人口2万338人（2014年）。ヴァン湖北岸から内陸へ40キロほど入った、海抜1530メートルのステップのなかに、ぽつんと佇むこの町が、歴史に名高い合戦の舞台となったところである。町は市壁を備えた円形をなしていたが、修復された内城以外には、石積みは断片的に残っているばかりである。町はビザンツ史の方ではマンズィケルトといい、イスラーム史料にはマラーズギルド、マラーズジルドとして登場する。ウラルトに由来し、ビザンツ時代には、イスラーム勢力との間の緩衝地帯になっていた。

11世紀後半、ビザンツは、急激な衰退期に入ったコムネノス朝の時代にあたり、東部辺境の守備軍は弱体化し、テュルク系遊牧集団の侵入を防ぐことができなかった。一方、イラン・イラクを支配していたセルジューク朝（1038〜1194年）も、かならずしもその統制に従わない遊牧集団グズの扱いに苦慮しており、彼らのエネルギーを「聖戦」に転化させて、西へと送り出すことによって、領内の治安を保ち、牧地の荒廃を防ごうとしていた（本書57ページの地図を参照）。

前に公園が作られた、復元された内城（上）と市内に残る壁（下）。

この状況を座視するに忍びない、ビザンツ皇帝、ロマノス・ディオゲネス四世（在位1067～71）は、1071年4月、東方遠征のためコンスタンチノープルを出発した。軍は、スィヴァス、エルジンジャンを経てエルズルムへ到着。この地でさらに軍勢を集めたのち、マラーズギルトへと進んだ。このルートは、現代でも陸路で同地を訪れるには最適で、途中の自然景観、史跡を見学しつつ東部アナトリアに入るには、お勧めのコースである。

皇帝出軍の報を知ったセルジューク朝のスルターン・アルプ・アルスラーン（在位1063～73）は、シリア遠征の途中から引き返し、ウルファ、ディヤルバクル（当時はアーミドと呼ばれた）、ビトリスを経てヴァン湖方面へと向かった。このコースで東南アナトリアをじっくり味わうバス旅行も楽しい。

ビザンツ軍の内訳は、ルームびとのほか、ルース、グズ、グルジア、ハザル、アブハズ、フランク、アルメニア人等からなる、カスピ海北方からアナトリアへ移住していたテュルク系の者たちをも含む種々雑多な集団であった。

一方、セルジューク軍には、遊牧部族集団とともに、4千名のテュルク系グラーム(マムルーク)がおり、彼らが主導的な役割を果たしたという。グラームは、奴隷とはいえ、一定の訓練を受けて軍人となり、君主に忠誠を誓い、親衛隊となって将軍、高官ともなる当時のエリート階級であった。両軍にテュルク系の者がいたこと、しかもセルジューク軍の中核が整備された奴隷軍人部隊であったことが面白い。

ビザンツ軍の数は史料によってさまざまであるが、少なくとも数の上では優勢であったらしい。セルジューク軍の規模は1万5千名程度であったと、複数の史料が伝えている。いずれにせよ、現地を見る限り、大人数の軍をまかなうに十分な食料を調達するのは、困難であったと思われる。

両軍の一部は8月24日、ヴァン湖北岸の町、アフラート近くで衝突し、このときはビザンツ側が敗北、ルースの指揮官が捕虜となった。

25日には、ビザンツの本隊がマラーズギルト城外に到着。戦いに備えて、町の住民を他へと移動させようとしていたところにスルターンの軍隊が来襲した。マラーズギルトの住民もセルジューク軍側について参戦。ビザンツ軍は退却して、南の郊外に陣を構えた。東方に本陣を設営したアルプ・アルスラーンは、グラームを使者として派遣し、カリフを仲介者とする講和を申し入れたが、皇帝は「講和の話はレイ(当時セルジューク朝の中心地となっていた、イランの都市。現代のテヘランに近い)にて行うべし」と返答したため、交渉は決裂した。

明けて運命の26日。この日は金曜日であった。スルターンは大地に接吻し、礼拝を行い、弓と矢を取り、涙を流しながら全軍に「我々は少数で、敵は多勢だ。しかし手をこまねいているわけにはいかぬ。従うものは残れ。帰ることを望むものは自由に帰るがよい。我々ムスリムが、いにしえこのかたより行ってきた、イスラームのための戦いをなそうではないか」と檄を飛ばした。彼らは「我々はあなたのしもべです。何をなさろうと、それに従います」と答え、攻撃が始まった。

戦いの中心はグラーム軍で、アッラーフの名を唱え、大きなときの声をあげてビザンツ軍を攻撃。一旦退却すると見せて、わざと砂塵を巻き上げ、それに隠れて近づき、再び激しく突撃を敢行した。ビザンツ皇帝は、よもや敵軍が間近に迫っているとは思わず、騎乗しないうちに捕虜となってしまった。彼を捕えたのは、グラーム出身の将軍ゴウハル・アーイーンの部下の、これまたグラームであった。これでビザンツ軍は総崩れとなり、「川がその血で満ちた」と言われるほどの多くの者が殺され、ここに戦いの勝敗は決したのだった。

ビザンツ軍の血で満ちたと言われる川。町の東側にある。

スルターンは、「カリフを仲介者とする講和を拒否した」との理由で皇帝を鞭で三度打ち、それまでの言動を非難した。足を縛られ、首かせをはめられ、「非難などせず、望むとおりにされるのがよい」と述べるディオゲネスに、アルプ・アルスラーンは「貴下が勝利を得たあかつきには、余に対してどのようなふるまいをされたことだろうか」と問いかけた。皇帝が「悪しきことをなしたであろう」と返答すると、その率直さを是として、彼を解放することとした。その条件は、身代金150万ディーナール、講和金として毎年36万ディーナール、ビザンツ領内の捕虜の釈放および、ビザンツ軍の一部を援軍として派遣することであった。この条件を見ても、当時セルジューク朝自身がビザンツ領内へ積極的に侵攻する意図はなかったようだ。しかし、ビザンツ軍の敗北によって生じた権力の空白地帯に、権力争いに敗れた傍系のルーム・セルジューク朝（1077～1308年）をはじめとする種々のテュルク系の集団が流入した。モンゴル支配時代には、その数は、さらに増大することとなる。

マラーズギルトの戦いに関する記述は、同時代のものほど簡潔で、のちの史料になるほどエピソードが加えられてゆく。なかでも興味深いのは、有名なラシードゥッディーン（1249～1318）の『集史』の記述である。それによれば、この戦いには、スルターンの軍隊とともに、アルトゥク、サルトゥク、ダーネシュマンド、マングジェクらのテュルク系のアミールが加わっていたとする。彼らは、アナトリアの地に、その名を冠した諸侯国を建国することになる。これらの族長の名は、活躍した時代からも、他の記録に現れないことから見ても、支配の権威付け、正統化のために加えられたものと思われる。しかし、近年、マラーズギルトでは、彼らの名前が街区（マハッレ）の名前として復活している。街の南にはアルプ・アルスラーンの銅像が立ち、郊外には巨大な戦勝記念のモニュメントも作られている。これらはトルコ共和国におけるナショナリズムの一様相と言ってもよいであろう。（清水宏祐）

37

エジプトのテュルク

★マムルーク朝★

「ナイルの賜物」と言われる豊かな国土を持つエジプトは、地理的に、インド洋と地中海の交点に位置し、政治的・文化的にアラブ世界の中心としての役割を果たしてきた。しかし、政治の面では、エジプトの国土と住民（アラブ）は、9世紀から18世紀まで、テュルクをはじめとし、外からやってきた軍人によって、支配されていた。

その端緒は、アフマド・ブン・トゥールーン（884没）である。彼は、アッバース朝カリフの親衛隊員（マムルーク）を父とし、サーマッラーで軍事訓練をうけ、36歳のときに、義父にかわってエジプトに入り、カリフの信任を得て、868年に実権をにぎった。テュルク人マムルークなどからなる軍を強化し、イブン・トゥールーン・モスクを建設し、シリアにも勢力を拡大したが、彼の死後トゥールーン朝は勢力を失い、905年にアッバース朝がエジプトの支配を回復した。

チュニジアからやってきたファーティマ朝（909～1171年）は、新都カイロを建設し、軍の主力は、ベルベル人と黒人奴隷兵であった。その末期に、十字軍の来襲に備えるため、援軍を求められたサラディンは、シリアから兵を率いてカイロに到着し、1169年に宰相に任じられ、エジプト統治の実権をにぎった。これがアイユーブ朝（1169〜1250年）の始まりである。サラディンは、ファーティマ朝の軍の主力であった黒人奴隷兵と戦ってこれを一掃し、シリアから連れてきたクルド人やテュルク人マムルークにイクター（土地からの徴税権）を授与した。やがて、これらテュルク人のマムルークはアミール（軍司令官）に登用され、第七代君主（スルタン）サーリフ（在位1240〜49）は、即位する前から千名のテュルク人マムルーク騎兵を抱えていたが、さらに購入を続け、テュルク人騎兵は軍隊の大半をしめるようになったという。彼らは、その兵舎が、ナイル川（バフル）の中洲であるローダ島に置かれたことから、バフリーヤ軍団と呼ばれた。彼らは、主君が十字軍との戦いのさなかに急死したときに奮起してこれを撃退した。しかしその子トゥーラーンシャーがバフリーヤ軍団を弾圧したため、彼を暗殺し、サーリフの妃のシャジャル・アッドゥッルをスルタン位につけ、マムルーク朝が樹立された（1250年）。

しかし、シリアのアイユーブ家も、バグダードのアッバース朝もこの女性のスルタンを認めず、バフリーヤ出身のアイバクがスルタンとなり、シャジャルと結婚した。アイバクの死後は、そのマムルークであったクトゥズが実権をにぎった。1258年にモンゴル軍がバグダードに侵攻し、アッバース朝カリフを殺害し、さらにシリアに進出するという危機に、クトゥズはスルタンに擁立され、バフリーヤ軍団とともに、これを撃退した。しかし、その報償に不満を持ったバフリーヤ軍団は、クトゥズを殺害し、リーダーであるバイバルスがスルタンとなった（1260年）。バイバルスは、シリアやヒジャーズ（アラビア半島）を支配下におさめ、統治体制を固めた。こうして、10年にわたる権力争いは終結した。イブン・ハルドゥーン（1406没）は、その著『世界史』のなかで、モンゴルの侵攻によってアッバース朝が倒れ、ムスリムが放縦と無力感に陥っているときに、イスラーム世界を守るために神が遣わしたのが、テュルク系の統治者であったと述べている。

マムルーク朝の支配体制は、スルタンを頂点とし、マムルーク出身の軍人が軍事と行政をにぎっていた。スルタンは、父から子という血統によって受け継がれるのではなく、マムルーク軍団のリーダー（アミールと呼ばれる軍団長であり国政を握る大臣でもある）から選ばれた。スルタンが子を後継に指名し即位することもあったが、政治の実権はアミールが握り、短命な政権に終わることが多かった。スルタン自身が購入したマムルークが子飼いの兵として重用され、アミールへと昇進する可能性も高かった。他方で、スルタンが交代すると、新スルタンは自身が購入したマムルークを重用するので、アミールとの間に権力争いが生じ、マムルーク朝の構造的な政治不安の原因となっていた。マムルークは、少年時に奴隷として購入され、兵舎で軍人として訓練を受け、一兵卒から将軍や大臣となり、さらには王に出世することもできた。他方で、マムルークの子どもは自由身分であり、マムルークにはなれず、昇進の望めない自由身分の兵士となるか、商人や学者に転身する場合もあった。歴史家イブン・タグリービルディー（１４７０没）の父は、アナトリアから購入されたマムルークで、軍司令官まで昇進したが、タグリーはテュルク語で「天（神）」を意味する。

13世紀末からは、テュルク系マムルークにかわってチェルケス系のマムルークが購入されるようになり、バルクーク（在位１３８２〜８９、９０〜９９）以降は、このチェルケス系が、スルタンやアミールを輩出し、支配権を握った。カイロの城塞（ブルジュ）に兵舎が置かれたことから、ブルジー・マムルーク時代と呼ばれる。

マムルーク朝スルタン・ガウリー（在位**1501～16**） カイロに隊商宿、マドラサなどを建設したが、オスマン朝とのマルジュ・ダービクの戦い（**1516**年）に出征し敗死した。ドイツで出版された版画（**1648**年）。

マムルーク朝は、イスラーム世界の中心地とも言えるエジプトとヒジャーズを250年の長きにわたって統治し、農業や手工業の生産に加え、地中海とインド洋を結ぶ東西交易によって繁栄した。カイロやダマスクスには、マムルーク軍人らが建設・寄進した壮麗なマドラサ（学院）や隊商宿が立ち並んだ。マムルークは、エジプトやシリアで多数を占めるアラブ住民にとっては、異なる民族・言語の、外からやってきた、奴隷身分出身の軍事支配者であった。しかし、イスラーム諸学を修めたアラブの知識人たち（ウラマー）の著した年代記では、マムルークやマムルークの統治を、外来の支配者として、頭から否定することはなかった。重要なことは、マムルークの支配者たちが、イスラーム法に則って、政治を行っているかどうかであった。公正な統治を行ったものは称賛され、イスラーム法から逸脱した課税や乱行を行ったものは、厳しく批判された。

波乱に満ちたマムルーク朝時代は、エジプトの歴史小説や歴史ドラマの格好の題材となっている。『イスラームよ、救いを』という作品は、モンゴル軍によって奴隷となったホラズム・シャー朝の末裔が市場で売られるシーンから始まる。エジプトでは、スルタン・シャジャルからアイバクにかけて

歴史ドラマ『イスラームよ、救いを』の勝利の場面。

の権力争いが続き、モンゴル来襲という危機を救うのは、この奴隷出身の軍人（クトゥズ）である。『マムルーク』では、スルタンやマムルークは、私利私欲から徴税や略奪に明け暮れる。重税に苦しむエジプト市民を救うのは、一介の鍛冶職人とそれに協力する農民出身の宰相である。悪しき支配者から民衆が救われ、メデタシメデタシで終わるところは、江戸時代を舞台とした「水戸黄門」などの時代劇とも似ている。ここでもマムルークは、エジプトやイスラームの守り手であるとともに、圧政者ともなり得る、両義的な存在と見られている。

（三浦　徹）

38

モンゴル帝国とテュルク

★テュルク世界の拡大に果たした役割★

現代モンゴル民族を構成する諸集団のなかには、ごく少数であるが、テュルク語を母語とする人々も含まれる。すなわち、モンゴル国西部と新疆《しんきょう》ウイグル自治区に居住するモンゴル人の下位集団ウリャンハイ（オリアンハイ）における、トゥバ語を話す人々である（本書第27章および『内モンゴルを知るための60章』第40章「トゥバ人も「蒙古族」」等を参照）。モンゴル集団におけるテュルク語話者の存在は、1206年のモンゴル帝国建設以来、今日に至るまで、常に見られる。そもそもモンゴル高原は、歴史的に見ても、突厥《とっけつ》、回鶻《ウイグル》等、テュルク系騎馬遊牧民国家の本拠地であり、チンギス・ハンの時代においても、ナイマン、オングトなど、テュルク語を話していたと考えられる諸集団が存在していた。したがって、モンゴル帝国期のモンゴル軍のなかにテュルク語話者が少なからず含まれていたことに、疑いの余地はない。

西方に拡大したモンゴル帝国の領域の西半分では、周知のように、西アジアのイル・ハン国、中央アジア南部のチャガタイ・ハン国、キプチャク草原（現在のカザフスタンから黒海北岸に至る草原地帯。テュルク系キプチャク人に由来する地名）のキプチャク・

中国で刊行された新疆の図瓦《トゥワ》人、すなわちトゥバ語を話すウリャンハイ（オリアンハイ）集団に関する書籍

ハン国が分立した。これらの西方諸地域に移住したモンゴル人の人数は決して多くはなく、しかも彼らのなかには当初よりテュルク語話者も含まれていた。そのため彼らは、移住先において多数を占める先住テュルク諸集団に同化していった。

中央アジアと西アジアの先住テュルク集団の多くはムスリム（イスラーム教徒）であったため、モンゴル人のイスラーム化と言語的テュルク化が並行ないし雁行して進んだ。

西アジアのイル・ハン国は「イランのモンゴル人政権」として知られているので、モンゴル人は現地のイラン人と同化したと思われるかもしれない。しかし、イランでは、文官を輩出した定住民のイラン人（タージークと称される）に対し、軍人である遊牧民はテュルクであり（第43章参照）、モンゴル人の多くは後者に同化したと考えられる。また、イル・ハン国の政治的中心地であった西北イラン地域（アゼルバイジャン等の諸地方）では、モンゴル軍団のみならず非テュルク定住民においてもテュルク化が進行した。

同様の現象は中央アジアにおいても見られる。モンゴル帝国期、ホラズム地方（ウズベキスタン西北部のカラカルパクスタン共和国とその周辺地域）において、東イラン系のホラズム語が消滅し、テュルク系言語に取って代わられた。また、モンゴル人のテュルク化も、チャガタイ・ハン国の君主タルマシリン・ハン（1334没）が、有名な旅行家イブン・バットゥータにテュルク語で語りかけたことから例証されている。キプチャク・ハン国における先住諸集団のうち、多数を占めていたテュルク系遊牧民キプチャク人は、モンゴル支配期以前は非ムスリムが多かったが、キプチャク・ハン国期にイスラーム化した。支配層のモンゴル人はキプチャク人に同化し、言語的にキプチャク＝テュルク化するとともにイスラーム化した。

また、モンゴルの支配下に入った先住の非テュルク諸集団においても、キプチャク・ハン国とその継承諸政権の時代に、キプチャク＝テュルク化したものは少なくなかった。非ムスリムが多かった、ウラル地域のウゴル系マジャール（バシュグルド）人――中欧へ移住しなかったマジャール人（第56章参照）――や、古代騎馬遊牧民スキタイの系統を引く北カフカースの東イラン系アラン（アス）人の一部は、モンゴル人と同様、イスラーム化と言語のキプチャク＝テュルク化が進んだ。前者は、バシコルト（バシキール）人の中核的集団となり（第26章参照）、後者は、カラチャイ人とバルカル人を形成したと考えられる。

また、言語分類上キプチャク語とは異なるテュルク系言語を話すムスリムであった、ヴォルガ中流域のブルガル人（第13、29章、コラム8参照）は、言語的にキプチャク＝テュルク化した。なお、ヴォルガ地域のフィン・ウゴル系住民においても、イスラーム化、キプチャク＝テュルク化した集団があり、両者あわせて今日のヴォルガ・タタール人を形成している（第22章参照）。

なお、モンゴル人と彼らの支配下に入ったテュルク系の人々は、ロシア人から「タタール人」と呼ばれた（この「タタール」は、時代・地域によって概念が大きく異なる）。ちなみに、彼らのうち、支配層をなした遊牧民集団は、支配域内にイスラーム教を広めたキプチャク・ハン国の君主ウズベク・ハン（1342没）の名にちなみ「ウズベク」と自称していたと考えられる（ただし異説もある。この族称は現代ウズベク人に継承されたが、やはり時代によって概念が異なる）。

要するに、中央アジア以西においては、モンゴル帝国およびその継承諸政権の下で、モンゴル人がテュルク化したばかりでなく、少なからぬ非テュルク系の先住諸集団もテュルク化し、結果的にテュルク世界が拡大したのである。

一方、モンゴル帝国の拡大によって住地を追われたテュルク系集団の他地域への移住が、テュルク世界の拡大につながった、とも考えられる。

モンゴル軍を避けて西方へ移住したテュルク遊牧民がアナトリアでオスマン朝を建設したというのは、伝説的要素が強い言説であると考えられているが、一部のテュルク集団の西遷があったこと自体には疑いの余地がない。ただし、西方へのテュルク遊牧民の移動は、モンゴル帝国期以前から（第36章参照）、その崩壊後に至るまで、長期間にわたって行われており、ことさらモンゴルによる影響を強調すべきものでもないと思われる。

また、モンゴル軍による、北方森林地帯《タイガ》の「森の民《ホイン・イルゲン》」——テュルク系集団も含まれていた——に対する軍事活動が、テュルク系集団の北方進出を促進した可能性もある。テュルク系サハ人（第28章参照）が東シベリアに進出した時期を13～14世紀とする学説がある。これは、モンゴルに敗れたメルキト族やトマト族（第27章参照）などのテュルク系（と思われる）集団が、サハ人の民族構成要素の一部の起源に求められることからも、それなりの説得力はあると考えられよう。

ただし、モンゴル軍から逃れてハンガリー王国領内に亡命した、一部のテュルク系キプチャク人は、移住先でマジャール化し、今日では、「クン人」という呼称と、若干の形質的特徴を残すのみで、テュルク世界の拡大には寄与できなかった（第56章参照）。

逆に、モンゴル高原においては、モンゴル帝国の下でテュルク世界は縮小した。古代の「鉄勒《てつろく》」以来の歴史を持つテュルク系集団は、一部の例外――トゥバ語話者をも含む上述のウリャンハイ（オリアンハイ）集団――を除き、姿を消した（ただし、近世以降、カザフがモンゴル高原の西端に進出した）。

それにもかかわらず、全般的に見て、モンゴル帝国は、テュルク世界の拡大に大いに貢献した。また、モンゴル帝国の諸制度やモンゴルの文化がテュルク世界に与えた影響も大きい。さらに、テュルク化したモンゴル帝国の継承政権は、若干のテュルク系諸民族の民族形成にも、一定の役割を果たした。すなわち、カザフ・ハン国がカザフの、シャイバーン朝がウズベクの、カザン・ハン国等がタタールの、クリミア・ハン国がクリミア・タタールの、ノガイ・オルダ（マングト）がノガイとカラカルパクの、それぞれの民族形成の中核（の一部）となったことは否定し難いであろう。新疆のウイグル人の形成についても、カシュガル（ヤルカンド）・ハン国の存在は無視できまい。

モンゴル帝国の影響を過大評価することには問題があるが、そのテュルク世界に果たした歴史的役割が小さくなかったことは、十分首肯するに足ろう。

（赤坂恒明）

39

テュルクとロシア

★「韃靼人の踊り」と「タタールのくびき」★

遊牧生活を送り、その大部分がイスラーム化したテュルクと、もともと定住民であり、ビザンツ帝国からキリスト教の正教（ギリシア正教）を受容したロシア。一見、相いれない組み合わせだが、両者は隣人として、ときには支配者、被支配者として、今日までの歴史を通して密接な関係にあった。本章では、おもにロシアに対するテュルクの影響という観点から、両者の関係をたどってみよう。

ロシア人、ウクライナ人、ベラルーシ人の祖である東スラヴ人の国、キエフ・ルーシが成立したのは9世紀後半のことである。キエフ・ルーシの南方の草原地帯は、古くからさまざまな遊牧民の活躍の舞台となっており、キエフ・ルーシ建国当時は、少なくとも支配層はテュルク系だったと言われるハザル国が、ユダヤ教を奉ずる大国としてここに存在していた。キエフ・ルーシの初期の歴史もハザルの歴史も、史料が非常に少ないためにその関係の詳細は不明だが、ときにルーシの君主がカガンの称号で呼ばれたこと、そしてその称号はハザルからもたらされたことが知られており、両国の君主の間に何らかの関係があったことが窺われる。ハザルのカガンによる、ルーシの国家建設への関与を示唆する研究者もおり、ロシアは建国の最初期から、テュルクの影響を受けた国だったと言える。

キエフ・ルーシの南方の草原には、ハザルの他にも、ヴォルガ・ブルガル、ペチェネグ、キプチャク（ロシア語ではポロヴェツ、ラテン語ではクマン）などのテュルク系遊牧民が現れた。キエフ・ルーシはこれらの諸民族と和戦両様の関係にあり、婚姻関係を通じた同盟を結ぶことも稀ではなかった。両者の頻繁な接触は、14世紀のキプチャク語に関する重要資料『コデクス・クマニクス』等の史料に見られる、ロシア語からキプチャク語への数語の借用語からも確認できる。

一方で、すでにこの時代のロシア語には、かなりの数のテュルク語起源の単語が含まれていた。キエフ・ルーシが、西方のヨーロッパ諸国と婚姻関係を結び、正教やキリル文字等、圧倒的な文化的影響をヨーロッパから受けたことは間違いないが、同時に、さまざまなテュルク系民族との関わりを通してテュルクの文化を受容したことも忘れてはならない。

キエフ・ルーシにおけるテュルクの文化的影響を端的に表しているのが、キエフ・ルーシ最高の文学作品と言われる、作者不詳の『イーゴリ軍記』である。この作品は、19世紀末にロシアの作曲家ボロディンによって『イーゴリ公』としてオペラ化され、なかでも「韃靼《だったん》人（ポロヴェツ人）の踊り」はロシアを代表するクラシック曲の一つとなっているので、古ロシア語の文学作品としてはめずらしく、ロシア以外の国でも知名度が高い。

『イーゴリ軍記』は、1185年に南ロシアの小都市ノヴゴロド・セーヴェルスキーの公イーゴリが、キエフ・ルーシの南部国境を脅かすテュルク系遊牧民キプチャクのもとに遠征に赴くが大敗し、捕虜となった1年後に逃亡に成功して故郷に帰還した、という歴史的事件を叙事詩にしたものである。2500語あまりの短い作品だが、この作品には当時キエフ・ルーシと深い関係を有していたキプチャクの言葉が多数含まれている。この作品のテキストを詳細に分析したカザフ人の詩人であり作家・文学者のオルジャス・スレイメノフ（1936～）は、『イーゴリ軍記』が、ロシア語とキプチャク語のバイリンガルの作者によって記された、バイリンガルの読者に向けた作品である、とまで述べている。

13世紀半ばにキエフ・ルーシがモンゴル軍に蹂躙され、モンゴル帝国ジョチ・ウルスの支配下に組み込まれると、ロシアとテュルクの関係は新しい時代を迎える。ジョチ・ウルスのモンゴル人は少数であり、彼らは、支配下に置いたキプチャクその他のテュルク系民族にテュルク化され、ジョチ・ウルス支配層はタタール人と呼ばれるようになった。いわゆる「タタールのくびき」のもとで、モスクワがロシアの中心として発展していく。この時代には、とくに、行政・財政・軍事など実務的な分野のテュルク語あるいはテュルク語に取り入れられたアラビア語・ペルシア語起源の言葉がロシア語に浸透していった。たとえば、現在のロシア語で、貨幣はヂェニギというが、これは、テュルク語のテンゲ（貨幣）からの借用語である。テュルク語のタムガ（焼印、印、税）は、そのままの形でロシア語に入り、現在の税関《タモージュニャ》の語源となった。これらの借用語は、ジョチ・ウルス支配がロシアの行政・財政・軍事に与えた影響の大きさを暗示している。

その後、ジョチ・ウルスの内紛・分裂の過程で、モスクワにはタタール人の亡命者が大量に流れ込むようになった。モスクワの宮廷は、タタール人亡命者のうちの貴族・士族を、モスクワでも貴族・士族として遇したため、モスクワの宮廷にはタタール人を始祖とする貴族・士族が増加していった。

17 世紀末のナルベコフ家の紋章（ロシア国立古文書館蔵）

18 世紀末のナルベコフ家の紋章（『全ロシア帝国貴族家系紋章集』1799 年）

ある試算によれば、17世紀のロシアの貴族・士族のうち、タタールを出自とする者は17％にものぼった。

ロシアは15世紀半ばに「タタールのくびき」から脱し、16世紀半ばには、ジョチ・ウルスの後裔政権カザン・ハン国とアストラハン・ハン国を征服した。こうしてロシアは立場を逆転させて、タタールを支配する側に立った。タタール出自のロシア貴族・士族は、16世紀半ば以降のロシアの宮廷でどのように扱われたのだろうか？　この問題を考える上で参考になるのが、17世紀末に作成された、始祖をタタール貴族と主張するナルベコフ家の系譜である。この系譜には、紋章と一族をたたえる詩が含まれているのだが、紋章にはムスリムの象徴としてのターバンが記されており、詩のなかでは、ナルベコフ家がムスリムの古くからの公《クニャージ》の家系であることが誇らしげに詠われている。同時に、ナルベコフ家の祖先が、ロシアで敬虔なキリスト教徒となったことも強調されている。簡略化された18世紀末の紋章には、ターバンの他に、タタールの出自を示す騎射に適した弓矢と、イスラームを象徴する三日月が加えられた。ナルベコフ家の紋章と詩の存在は、ロシアの宮廷が、正教に改宗したタタール人貴族を敬意をもって遇していたことを、間接的に示していると言えるだろう。

現代のロシア人のなかにも、タタール起源、あるいはテュルク起源の姓を持つ人は多い。日本で知名度の高い人物としては、プロテニス選手のシャラポワ、フィギュアスケーターのトゥクタミシェワ、棒高跳びのイシンバエワなどが挙げられる。テュルク語からの多くの借用語と同様、ロシアでこれらの姓がテュルク起源だと意識されることは稀である。テュルクの影響はロシア人にとって、それほど自然で深く根付いているものなのである。

（濱本真実）

40

ティムール朝の興亡

★中央アジアと西アジアの統合★

14世紀半ばの中央アジアでは、チャガタイ（チンギス・ハンの次男）の子孫を君主に戴くチャガタイ・ウルス（ウルスは所領・国の意）が事実上、東西に分裂した。すなわち、西部ではチャガタイ裔が実権を失いチャガタイ・アミールと呼ばれるテュルク諸部族の指導者たちが覇を競う「戦国時代」が到来する。これに対し、東部ではチャガタイ裔の英主トゥグルク・テムル・ハン（在位1347／48〜62／63）が独立してモグール・ウルス（モグールはモンゴルの意）を創建し、短期間だが中央アジアを統一した。

ティムール（1336?〜1405）は西部のバルラス部族の出身であり、トゥグルク・テムル・ハンに見出され、チャガタイ・アミールとなった。もともと、彼は財産や軍事力を持たず、出身部族や一族を頼ることができない境遇にあった。これは父を失ったあとの若きテムジン（のちのチンギス・ハン）の境遇に似ているかもしれない。このため、ティムールは旧来の部族の枠を超えたチャガタイ人と呼ばれるイスラーム化したテュルク人を集め、家臣団の中核にすえた。さらに、モグール・ウルスと同盟を結び、その支援をとりつけた。こうして1370年、彼はライバルを倒して西部の主邑、サマルカンドに政権を樹立し、中央アジアの「戦国時代」を終わらせたのである。

モンゴル時代以降の中央アジアでは、チンギス・ハンの血統が貴種として尊重された。チンギス裔ではないティムールはハン位に就く資格がなかったため、ウゲデイ（チンギス・ハンの三男）の子孫をハンに擁立して実権を掌握した。さらに、チャガタイ裔の亡きハンの娘を娶り、誇らしげにキュレゲン（ハンの婿の意）の称号を使用した。また、イスラーム教徒の多い中央アジアでは、イスラームの威信を尊重する必要もあった。ティムールは政権樹立にあたり、サイイド（預言者ムハンマドの直系子孫や傍系親族）の同意をとりつけ、イスラームの権威者の「御墨付き」を得た。

1401年8月、バグダードを攻めるティムール（ヤズディーの『勝利の書』の一手稿本より）

ティムールは１３７０年代を通じて中央アジアの統一を進め、80年代から晩年に至るまで西アジア、キプチャク草原、北インド等へ大規模な遠征を行った。とりわけ、マムルーク朝を中心とする反ティムール同盟への攻勢を強め、バグダードやダマスカスを陥落させたあと、アンカラの戦い（１４０２年）に大勝してオスマン朝を存亡の淵へ追い込んだ。なお、ダマスカス包囲戦では、アラブの著名な歴史家イブン・ハルドゥーン（１３３２〜１４０６）を接見し、歴史に強い関心を持つ統治者の一面を見せている。こうして、ティムールは中央アジアと西アジアを統合し、その支配圏と勢力圏は旧モンゴル帝国の西方領のほぼ全域に及んだ。

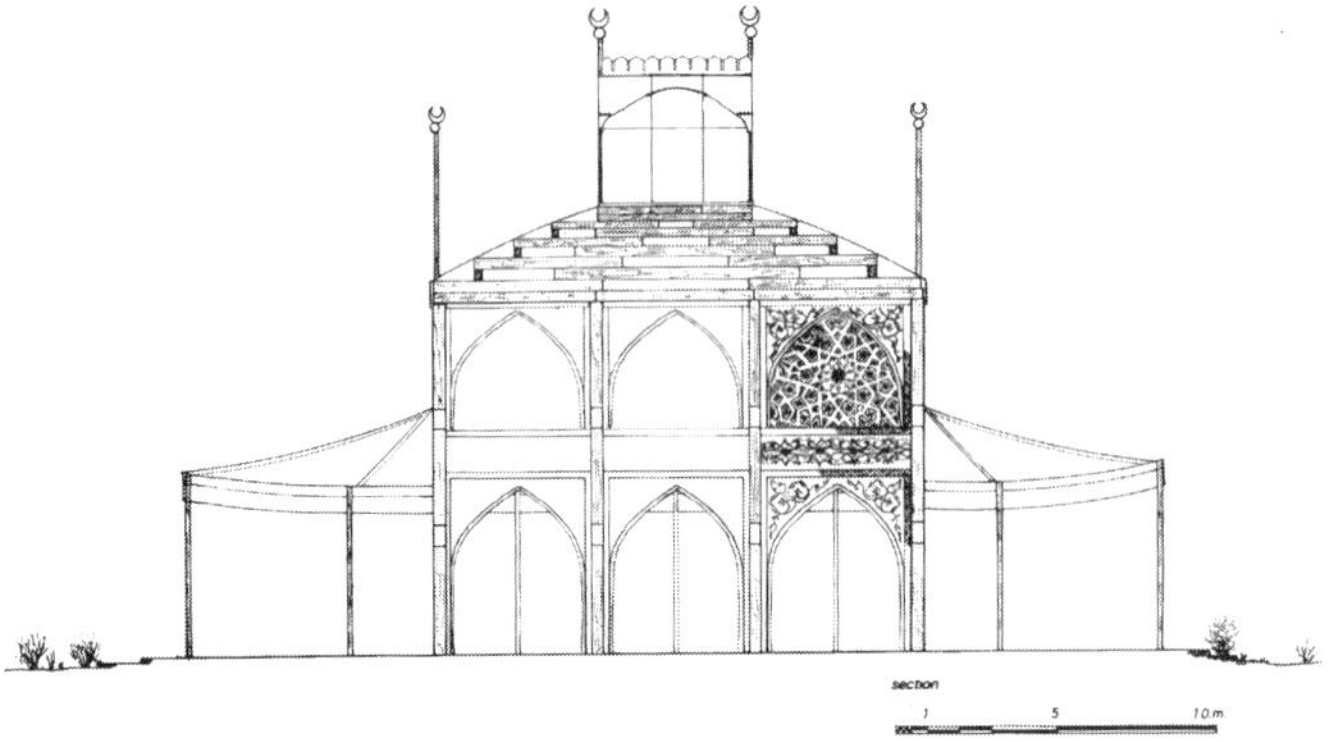

クラヴィホの記述に基づいて復元したティムールの **12** 本柱大天幕
（P. A. アンドリュース『フェルトの天幕と大天幕』より）

ティムールがオスマン朝を痛打したことは、オスマン朝のヨーロッパ進出を警戒するイベリアのカスティーリャ王国の関心を引き、国王エンリケ三世はティムールのもとにクラヴィホらの使節を派遣する。クラヴィホの遣使記によれば、１４０４年９月、一行は「喜悦の園」という名のバーグ（庭園・緑地の意）で初めてティムールに謁見し、歓迎の宴席では中国の明《みん》の使節より上座を与えられた。ティムールはサマルカンド郊外に数多くの壮大な宮殿付きバーグを建設し巡行したが、バーグこそが彼の日常的な生活空間だったのである。

ところで、クラヴィホによれば、ティムールが孫たちの結婚の祝宴のためにサマルカンド郊外の牧地をオルド（野営地の意）にすると、２万近い天幕が王室帳幕の周りに出現したという。王室帳幕は大帳幕の周りのサラー・パルデと呼ばれる囲い場に設営された。サラー・パルデとは、絹布の幔幕《まんまく》で囲まれた壮麗な空間であり、ティムール、彼の妻たち、彼の子孫の妻たちに割り当てられ、全部で13もあった。クラヴィホは大帳幕内の祝宴で見られた、ティムールから酒杯を賜った際の儀礼や貴婦人に酒杯を捧呈する儀礼を紹介するが、なかでもどれほど酒杯を賜っても酔いつぶれない者はバハードゥル（豪の者の意）と呼ばれるという証言はおもしろい。

サマルカンド近郊では麦・米・綿花・果物などが栽培され、質のよい牛馬・家畜が飼育された。一方、市内の市場ではロシアやモンゴリアの皮革・布地、中国の絹・麝香《じゃこう》・宝石・真珠・大黄《だいおう》、インドの香辛料が見られ、シリアやトルコの征服地からは絹、武具、ガラス、金銀細工などあらゆる種類の熟練職人がサマルカンドに連行されたという。これらの記述からは、サマルカンド地方の経済の繁栄ぶりと東西交易の活発さがうかがわれる。

１４０４年11月、ティムールは老身を押して旧モンゴル帝国の東方領の征服に出発する。しかし、厳寒の翌１４０５年2月、シル川流域のオトラルで病を発し、ついに波乱に満ちた生涯を終えた。まもなく後継をめぐる内乱が勃発し、最終的にティムールの四男シャー・ルフ（在位１４０９〜４７）が勝利する。シャー・ルフは父の在世中からイラン北東部のホラーサーン地方等の総督としてヘラートを拠点にしてきたため、中央アジアの統治を長男ウルグ・ベグ（１３９４〜１４４９）にゆだねた。しかし、この方針はのちに帝国が大きく中央アジアとホラーサーンに分裂する原因となる。

シャー・ルフは統治者としてイスラーム法の遵守と帝国の西方領の確保に努めた。明の永楽帝《えいらくてい》からシャー・ルフのもとに派遣された使節、陳誠《ちんせい》と李暹《りせん》の遺使記によれば、彼はヘラート城内の宮殿や天幕で生活し、広大な「果園」（バーグのこと）を築いたという。実際、シャー・ルフもまたヘラート郊外に建設した宮殿付きバーグで日常生活の大半を送ったのである。一方、サマルカンドでは著名な学者・文人でもあるウルグ・ベグの統治下に当代一流の科学者が集い、郊外の天文台では天体観測が行われ、精緻な天文表が作成された。

シャー・ルフの死後、彼の子孫による後継闘争が続いたが、しだいにティムールの三男の孫アブー・サイード（在位１４５１〜６９）が頭角を現わし、アブルハイル・ハン率いる北方のウズベクの支援で

格子天幕、日よけと宴会中のスルターン・フサイン（ビフザード作、1488年）

サマルカンドに政権を樹立する。アブー・サイードはアブルハイル・ハンの娘と結婚してチンギス裔を尊重する一方、ナクシュバンディー教団の指導者ホージャ・アフラール（1404～90）が説くイスラーム神秘主義に傾倒した。

1469年、アブー・サイードが白羊朝（アクコユンル）に奪われた西方領の回復に失敗して落命すると、帝国の分裂傾向は明確な形をとって現れた。まず、中央アジアにはサマルカンド政権が成立し、アブー・サイードの子孫が統治した。この政権もまたホージャ・アフラールの強い影響下に置かれた。これに対し、ホラーサーンを中心にヘラート政権が成立し、ティムールの長男の子孫が統治した。この政権の下では、英主スルターン・フサイン（在位1469～1506）や彼の側近ナヴァーイーの庇護もあり、ジャーミー、ビフザード等、すぐれた学者・文人・芸術家が輩出した。

しかし、シャイバーニー・ハン（アブルハイル・ハンの孫）率いるウズベクの侵攻・攻勢は激しさを増し、ついに1500年にサマルカンド政権が、1507年にヘラート政権が崩壊した。それから約20年後の1526年、一門のバーブル（1483～1530）が中央アジア・アフガニスタンから転進して北インドで政権を樹立すると、ティムール朝はムガル朝と名を変え、あらたな歴史を歩むことになるのである。

（川口琢司）

コラム10

ムガル朝――インドにおけるティムール朝

川口琢司

ティムール朝（1370〜1507年）の王族・君主であったバーブルは、遊牧ウズベク集団の攻勢の前に、ついに中央アジアにおける政権回復をあきらめ、北インドに新天地を求めた。すなわち、1525年、彼は当時本拠地としていたアフガニスタンのカーブルから第六次北インド遠征に出発し、翌年、デリー北方のパーニーパトで行われたアフガン系のローディー朝軍との戦いに勝利し、ムガル朝（1526〜1858年）を創始した。

この経緯からすれば、ムガル朝は第二次ティムール朝、あるいはインドにおけるティムール朝と言うこともできるであろう。実際、ムガル朝の第五代君主で、あのタージ・マハルの造営者として知られるシャー・ジャハーン（在位1628〜58）は、即位とともに「第二のサーヒブ・キラーン」（サーヒブ・キラーンは「吉兆の合の持ち主」の意で、ティムールを表す）という称号を名乗ったように、自身の系譜の始まりをバーブルではなく、ティムールと見なし、ペルシア語で書かれたティムールの一代記『勝利の書』を好んで読んでいたという。それほど彼はティムールに心酔していたのである。

バーブルはティムール朝が滅亡する以前から略奪を目的とする北インド遠征を始めていた。これは、たとえば、チャガタイ・ウルスのタルマシリン・ハン（在位1331〜34）やティムールが北インド遠征を敢行してデリーを破壊・略奪したように、中央アジアのテュルク・モンゴル系の諸勢力が南アジア世界に対してくりかえし行ってきた軍事行動の延長線上にある。しかし、バーブルが最終的にタルマシリンやティ

1630年頃に制作されたというムガル朝絵画。中央のティムールが左のバーブルに王冠を手渡そうとしており、それを右のフマーユーンが見ている。その様子を手前の**3**人のムガル朝の宰相たちが見守っている。

ムールと違ったのは、彼が中央アジアで実現できなかった確固たる政権を北インドに樹立した点であろう。さらに注目すべきことに、バーブルと彼の配下の集団は北インドにテュルク語文化をもたらすことになるのである。これはティムール朝が南アジア世界に与えた大きなインパクトの一つと言えよう。

ムガル朝以前の南アジアでは、10世紀末以降、テュルク族が中央アジアから流入するようになると、在来のインド系の諸言語に加えて、ペルシア語が話されるようになる。これに対し、テュルク語はと言えば、使用されていた形跡は存在するものの、証拠は断片的で、詳細は不明であった。一方、ティムール朝統治下の15世紀後半の中央アジアでは、ナヴァーイー（1441～1501）らの活躍もあり、チャガタイ語と呼ばれるテュルク語が文語としての地位を築いていた。こうして、ティムール朝の後継者であるムガル朝の時代になると、王族や貴族の間でテュルク語が口語や文語として使用されるようになるのである。たとえば、バーブルがテュルク語で著した回想録の傑作『バーブル・ナーマ』はまさにその証拠となる著作と言える。

それにしても、ティムール朝およびムガル朝では、宮廷史家に加えて、君主や王族が自ら散文で史書や回想録を著す事例がしばしば見られる。たとえば、ティムール朝第四代君主のウルグ・ベグは『四ウルス』と呼ばれる史書（現存せず）を編纂したことで知られる。ムガル朝では『バーブル・ナーマ』のほかにも、バーブルの娘グルバダン・ベグム（1523頃〜1603）が、異母兄で第二代君主のフマーユーン（在位1530〜40、55〜56）の一代記『フマーユーン・ナーマ』をペルシア語で著している。さらに、第四代君主のジャハーンギール（在位1605〜27）も回想録『ジャハーンギール・ナーマ』をペルシア語で著している。イスラーム圏の君主や王族が作詩を嗜み、詩集を編纂するのはよくあることだが、自ら散文の史書や回想録を著すのはめずらしい。それだけ、ティムール朝やムガル朝の宮廷では韻文・散文ともに、宮廷史家だけでなく、君主や王族をも巻き込んで活発な文芸活動が展開されていたことが窺われるのである。

ムガル朝の宮廷では文語としてはペルシア語が圧倒的優位を占めていた。これに対し、テュルク語は身につけるべき資質の一つではあったが、しだいに王室の家内の言語あるいは父祖代々の言語という、いわばシンボルとして重視されるようになっていった。こうして、シャー・ジャハーンの治世になると、君主や王族は相当な努力と苦労をしてテュルク語を身につけるようになっていたのである。

さて、そのようなムガル朝の人々が継承したテュルク語の一例として、「オルド」がある（第40章も参照）。一般に、「軍営」、「野営地」といった軍事的な意味で使われるが、その一方で、遊牧民の君主が居る所という意味から派生して「宮廷」をも表した。このため、遊牧民の文化を理解するためのキーワードである移動性を含意した術語と言ってよい。興味深いことに、この「オルド」は、現在、パキスタンやカシミール地方などで話されている公用語、ウルドゥー語という言語名の語源となっているのである。

41

コンスタンティノープルの征服

★地中海と黒海の覇者テュルク★

1453年、オスマン朝によってコンスタンティノープルは陥落し、ここに1千年の命脈を保ったビザンツ帝国は滅亡した。慎重派の宰相チャンダルル・ハリルらの反対を押し切りこれを成し遂げたのは、即位したばかりの第七代君主、弱冠21歳の「征服王」メフメト二世(在位1451~81)である。この攻防をめぐるさまざまな逸話――ハンガリー人技術者ウルバンによる巨砲の活用や、鎖で封鎖された金角湾に丘越えによって艦隊を送り込んだなど――はよく知られている。こうした印象的なエピソードがちりばめられたコンスタンティノープルの征服は、これまで数多くの研究の対象とされただけではなく、小説や映画の題材にもなっている。

コンスタンティノープル征服が歴史上の一大事件であることは、後代の帝国史家たちにとっても同様であった。近代オスマン帝国を代表する文人の一人アフメト・ミドハトは、その歴史書『詳説近代史』のなかで、コンスタンティノープルの征服をもって世界史は中世から近代に移行したとしている。トルコ民族主義的歴史叙述の先駆者であったミドハトは、世界史の転換はトルコ人によって成し遂げられたと称揚するのであった。こうした視点はトルコ共和国にも受け継がれ、コンスタンティノープルの征服はトルコ民族の偉大な成果とされた。もちろん研究者の立場からは、多民族国家であるオスマン帝国を、単純にトルコ民族国家と規定し得ないのは言うまでもない。

イスタンブルの大城壁

近年では、この征服の「神話」を客観的な視点から解体しようという研究も著されている。たとえば、前述した戦艦の丘越えであるが、これを記すのは一部の年代記に限られる。対して、後代ではあるが17世紀に書かれたオスマン朝諸史料では、戦艦は金角湾の最奥部にほど近いオク・メイダヌ（矢の広場）にて建造され、そこから金角湾に運ばれたと記している。実現可能性から言えば、こちらのほうが丘越えよりも信憑性が高いかもしれない。また、コンスタンティノープル征服が当時のキリスト教世界に大きな衝撃を与えたという従来の見解に対し、疑義を投げかける研究もある。コンスタンティノープルの陥落とビザンツ帝国の滅亡は、遅かれ早かれ予想された既定路線であり、これをキリスト教世界にとっての脅威と主張したのは一部の反トルコ活動に熱心

トプカプ宮殿「帝王の門」の銘文

な人々に限られていた、と言うのである。

以上のような指摘はあるものの、この征服が、イスラーム、そして東ヨーロッパ世界において一時代を画したことは間違いなかろう。コンスタンティノープル——征服以後は、徐々にイスタンブルと呼び慣わされる——は首都と定められ、オスマン朝は名実ともに「帝国」たるに相応しい発展を遂げてゆく。その支配者を表象するに相応しい文言が、征服後まもなくメフメト二世によって建てられたトプカプ宮殿、その「帝王の門（バーブ・ヒュマーユーン）」に掲げられた銘文に刻まれている。「二つの陸のスルタンにして二つの海のハーカーン」という称号である。

「陸と二つの海のスルタン」という表現は、セルジューク朝時代より用いられている伝統的な称号である。メフメト二世はこの称号に含まれる「陸」の単語を双数形とし、「ハーカーン」号を加えることで自身の新たな称号として用いた。二つの陸とはすなわちバルカンとアナトリアであり、二つの海とは黒海と地中海を意味する。

また「スルタン」とは、セルジューク朝以来用いられてきた、イスラーム世界における世俗の君主の称号である。オスマン帝国において君主を示す用語は、公文書等では「パーディシャー（帝王）」というペルシア語由来の呼称が用いられるのが常であり、「スルタン」という語は、王子や王女など、君主以外を指すことが多い。しかし銘文や貨幣に刻まれる君主の称号としては、セルジューク朝以来のイスラーム的君主号としての「スルタン」が、重要性をもって用いられ続けたのであった。

そして「ハーカーン」とは、言うまでもなく、トルコ系王朝の君主の称号「可汗（カガン）」に由来する語であり、イスラーム世界ではカラハン朝以来の伝統を持つ。同じくカガンに由来するハンの称号について言えば、中央ユーラシアのテュルク・モンゴル系王朝では、チンギス・ハンの子孫のみがハンを名乗れるという慣習が存在した。しかし、それは中央ユーラシア世界でのみ通用するローカル・ルールにすぎない。実際オスマン王家の自意識としては、自分たちが名乗るハン号はチンギス・ハンではなく、テュルク族の伝説的な王オグズ・ハンより連綿とつらなる、オグズ族を統《す》べる王の称号として認識されていたのである。もちろんモンゴルの血を引くクリミア・ハン家はオスマン朝宮廷のプロトコルにおいて敬意を払われており、民間伝承レベルでは「オスマン王家が断絶した際はクリミア・ハン家が王位を継承する」との言い伝えすらあったから、チンギス・ハンの血筋にも一定の重要性が与えられてはいた。

コンスタンティノープル征服後に名乗られた「二つの陸のスルタンにして二つの海のハーカーン」という称号は、黒海と地中海そしてアナトリアとバルカンにおける、イスラームとテュルクの伝統を受け継いだ覇者であるという、メフメト二世の自負を過不足なく表象していると言えよう。この称号は、のちのオスマン朝君主たちにも繰り返し用いられた。16世紀から17世紀にかけてオスマン朝と抗争を繰り広げたイランのサファヴィー朝がオスマン朝に対して送った外交書簡にも、この称号が記されている。このことから、「二つの陸のスルタンにして二つの海のハーカーン」という称号は単なる自称に留まるものではなく、隣国にも認知されていたことがわかる。

なお、オスマン帝国君主がローマ皇帝としての自意識を持っていたという説も、巷間に流布している。オスマン帝国君主が「ルーム（ローマ）のカエサル」という称号を用いていたことはたしかである。しかしこの用法での「ルーム」とは「かつてローマが支配していた地域」という意味でアナトリアを指す地名であり、ローマ帝国を意味しているわけではない。また、「カエサル」も、数ある君主の称号の一つとして利用されていたにすぎない。同時代のオスマン朝史料には、明示的にオスマン王家をローマ皇帝の後継者として見なす記述は存在しなかったことには、注意しておく必要があるだろう。

（小笠原弘幸）

42

ウィーン包囲の衝撃

★テュルクとヨーロッパ★

中央ユーラシアを西進した遊牧騎馬民のヨーロッパ侵入としては、4世紀から5世紀にかけてゲルマン大移動の契機も作ったフン族のそれがよく知られている。その後も、テュルクに属するブルガルが5世紀にビザンツ帝国領を窺い、6世紀にはユスティニアヌス一世時代のコンスタンティノープルを包囲した。また7世紀にやはりテュルク系のハザルがヴォルガ下流域から北コーカサスに国家をたてたことも知られている。さらに11世紀になるとオグズが黒海北岸からバルカン半島へ入ってビザンツ領内を寇掠《こうりゃく》した。このように、史上多くのテュルクが黒海北岸を通ってヨーロッパへ入った流れを受ける形で、11世紀後半以降、イスラム化したセルジューク朝がイランから黒海南岸のアナトリアへ入り、さらにオスマン朝が14世紀にバルカンへの進出を始めたのである。

オスマン朝の第十代スルタン、スレイマン一世（在位1520～66）は即位の翌年にベオグラードを攻略してバルカン高地からハンガリー平原へ下る関門を押さえると、良質の小麦と馬とを産し、トランシルヴァニアやオーストリアへもつながるこの平原を支配すべく、1526年にハンガリー遠征軍を起こして国王を敗死させ、その首都ブダを占領した。スルタンに服従を誓ったハンガリー諸侯は後継国王にトランシルヴァニア侯サポヤイ・ヤーノシュを選んだが、ハプスブルク家のオーストリア大公フェルディナントを頼る諸侯もおり、まもなくサポヤイはフェルディナントによってブダを逐われた。サポヤイの支援要請を受けて、スレイマン一世は1529年5月に再度ハンガリーへ遠征し、途中、サポヤイを臣従させた上であらためて王位に就けると、ブダを攻めてこれを陥落させた。そしてさらに、敵対勢力の背後にいるハプスブルクを討つべく、ウィーンへ向かったのである。

スレイマンの動きを見てフェルディナントはウィーンの後方へ待避し、一方その兄カール五世もフランス王フランソワ一世対策で東方を支援するゆとりを持っていなかった。ウィーンの危機は深刻だったが、この年の悪天候がウィーンに幸いした。大雨と洪水とに悩まされてブダ入城までにも2か月を費やしたオスマン軍は、その後も泥濘に行軍を妨げられ、ようやくウィーン城下へ到着した9月末近い日も大雨だったと記録されている。城壁砲撃用に準備した巨大砲も行軍の妨げになるとして途中放擲《ほうてき》してきたオスマン軍に対し、ウィーン側は十分な準備期間を得て、人員、武器弾薬の調達を済ませ、城壁の補修も終えていた。こうしたなか、10月1日から攻撃を始めたオスマン軍

青年時代のスレイマン1世（没後まもなく描かれたミニアチュール）
https://tr.wikipedia.org/wiki/I._S%C3%BCleyman#/media/File:Semailname_47b.jpg

は、城壁を突破することができないまま降雪を迎え、2週間あまりで撤退を余儀なくされたのである。陥落を免れたとはいえ、神聖ローマ皇帝の本拠地が包囲されたことはキリスト教世界に大きな衝撃を与えた。だが、その衝撃の結果、「トルコの脅威」を目の当たりにしたヨーロッパがただ怯えたり、あるいは一致協力してその脅威にあたろうとする機運を生み出したりしたわけではなかった。まず、即位以来カール五世と対立し、1525年にはフランソワ一世自身がハプスブルク軍に敗れてスペインで捕虜になるという危機を迎えていたフランスが、ハプスブルクに対抗し得る勢力を糾合しようとしてスレイマン一世に接近を図っていた。そしてウィーン包囲後の1534年から35年にかけ、両国の使節が相互に双方の首都を訪問し合い、同盟関係の確認がなされるに至った。なおこの間、1532年にはスレイマンは3回目のハンガリー遠征を行い、その後オーストリアへ入ってウィーンの南を進んでグラーツにまで進軍していた。フランソワ一世は、こうした強大なオスマン軍の存在を背景に、ハプスブルクの圧力を回避することに成功し、やがて国内の集権化を進めて近代的主権国家の基礎を確立することになるのである。

同じようにカトリック皇帝カール五世と争う形で勢力の確立を目指していたドイツの新教諸侯にとってもまた、オスマン帝国の存在は重要だった。1521年に教皇から破門されていたルターは、オスマン軍の侵攻をローマの腐敗堕落に対する神罰と認識し、「トルコ人」と戦うことに反対するほどであったことが知られている。1526年にスレイマン一世によってハンガリー遠征軍が起こされると、新教諸侯はハプスブルク兄弟（カール五世、フェルディナント）からの支援要請を受けて、シュパイアーにおける帝国議会で新教諸侯ならびに帝国都市が教義を選ぶ自由を獲得した。さらに1532

3 **Anonymous**, ***Portrait of Süleymân,*** **Venetian woodcut, ca. 1535. Berlin, Staatliche Museen Preussischer Kulturbesitz, Kupferstichkabinett (from Dreyer, as in n. 3, no. 28)**

4 Agostino Veneziano, *Portrait of Sultan Süleymân,* engraving, 1535. London, British Museum (from Bartsch XIV, no. 518)

同時代の西洋人によって描かれたスレイマン１世
（出典：Gülru Necipoğlu, “Süleyman the Magnificent and the Representation of Power in the Context of Ottoman-Hapsburg-Papal Rivalry,” in Halil İnalcık and Cemal Kafadar (eds.), *Süleymân the Second and His Time*. İstanbul: İsis, 1993.）

年のオスマン軍による第三回ハンガリー遠征に際してはニュルンベルクの宗教和議締結を引き出すなど、１５５５年にルター派を公式に容認させるアウクスブルク宗教和議に至る過程で、皇帝の背後を脅かすオスマン帝国の存在は、ドイツ新教諸侯にとって常に大きな意味を持っていた。

やはりハプスブルクの支配を受けていたネーデルラントのカンルヴァン派（ユグノー）にとっても、オスマン帝国の存在は重要だった。カール五世から同地を生前に譲り受けた、その長子であるスペイン王フェリペ二世は、熱烈なカトリック戦士として新教の弾圧を強行していたが、同時にフェリペは地中海においてオスマン海軍に対する大規模な挑戦を始めていた。この活動がネーデルラント独立運動に対するスペインの圧力を弱めることを理解した運動の指導者オランイェ公ウィレムは、イスタンブルへ使節を送ってスペインに対するオスマン海軍の攻撃継続を要請したのである。

このように、ハプスブルク家の支配ないし脅威を脱して、近代主権国家へと連なる権力の確立を目指した諸勢力にとって、オスマン帝国の後ろ盾は大きな意味を持っていたが、ハプスブルクの王たちもまた、イスラームあるいはトルコの脅威からヨーロッパキリスト教世界を防衛する「神聖な任務」を遂行するものとして自らを表象することで、その支配の強化を図ることができた。とくにボヘミアにおいてはフェルディナントが「トルコの脅威」を掲げつつ新教派の都市を抑圧したり、銀山採掘権を手中に収めたりしながら、その支配を強めていったのである。

こうしてヨーロッパ諸国が変容を遂げる上でオスマン帝国の存在は小さからぬ役割を果たしたが、スレイマンの遠征から1世紀半後の1683年にオスマン軍が二度目のウィーン包囲に失敗して敗走すると、オーストリア、ポーランド、ヴェネツィアが「神聖同盟」を結んで攻勢に転じ、オスマン領を奪取し始める。そしてこの攻勢は、19世紀になると「東方問題」を生み出すことになるのである。

（新井政美）

43

イラン史のなかのテュルク

★共存と交錯★

ペルシア語を国語とし、おもにイラン人もしくはペルシア人の国だと思われているイランであるが、現在でも全国の人口の約18％（約1400万人）はテュルク系（おもにアゼリーとトルクメン）である。そして、歴史的には、テュルク系の人々の活躍はさらに顕著である。11世紀以来イラン高原の全部もしくは一部を支配した王朝は、セルジューク朝（1038～1194年）、カラコユンル朝（1375頃～1469年）、アクコユンル朝（1378頃～1508年）、ティムール朝（1370～1507年）、アフシャール朝（1736～96年）、ガージャール朝（1796～1925年）など、ほとんどテュルク系の遊牧民もしくは軍人によって建設されたものである。シーア派イスラームをもたらし現在のイランの祖型を作ったサファヴィー朝（1501～1736年）も、王家はクルド系と言われるが、初代君主シャー・イスマーイール（在位1501～24）はテュルク系の母を持ち、テュルク語で作詩し、「キジルバシュ」と呼ばれるテュルク系の遊牧民の軍事力に支えられていた。サファヴィー朝の文書行政はペルシア語で行われたが、宮廷では話し言葉としてテュルク語が用いられた。17世紀初めには、首都イスファハーンにおいてチャガタイ・テュルク語の詩人列伝『貴顕の会』が著されるなど、書き言葉としてのテュルク語の痕跡も認められる。この意味で、テュルク系の人々が、イラン史の展開において、非常に大きな役割を果たしてきたことは疑いない。

しかし、忘れてはならないのは、テュルク系の人々が、テュルク系ではない、インド・ヨーロッパ語族に属するペルシア語の文化もこよなく愛してきたことである。9世紀以降、今日のイラン、トルクメニスタン、ウズベキスタン、アフガニスタンにまたがるホラーサーン地方において発達した新ペルシア語による文芸は、東方から移住してくるテュルク系の君主に愛され、その庇護を受けた。テュルク系のガズナ朝（977～1186年）やセルジューク朝、ティムール朝やムガル朝（1526～1858年）の宮廷では、ペルシア語詩人たちが恩賞を求めて、その技を競い合った。そのためか、アリー・シール・ナヴァーイーは『二つの言語の裁定』のなかで、セルジューク朝君主をペルシア系（サルト）の王に含めている。さらに、テュルク系の人々がペルシア語の詩を詠むのもごく普通の現象であった。上述の詩人列伝『貴顕の会』の第七章はテュルクの詩人たちに関するものであるが、そこで取り上げられている作品はほとんどがペルシア語である。テュルク系の人々はペルシア語文化の保護者であり、享受者であり、さらに担い手でもあったのである（第16章参照）。

それでも、現在のイランの領域は、アゼルバイジャンなど一部を除いて、中央アジアやアナトリアほどにテュルク化することはなかった。その原因は、もちろん強固なペルシア語文化の伝統に求められようが、一方で、近世史の展開も無視することができない。16世紀初頭に成立したサファヴィー朝は東のウズベク諸政権、西のオスマン朝としばしば干戈《かんか》を交えながら、イラン高原に政治的安定をもたらした。とくに、ウズベク諸政権に対して火器を利用しておさめた軍事的成功は、テュルク系の遊牧民が、それ以上イラン高原に侵入することを防ぐ結果となった。また、文芸の面では、サファヴィー朝はティムール朝文化の中心地ヘラートを継承したものの、アリー・シール・ナヴァーイーに匹敵するようなチャガタイ・テュルク語の振興者を生むことはなかった（第15章参照）。そして、同時代のムガル朝が、テュルク語ではなくペルシア語文芸の最大の保護者となったことは、ペルシア語文化に巨大な市場をもたらし、イラン高原の文人たちのさらなるペルシア語へのインセンティブを高めたと考えられる。保護者を失ったテュルク語文芸は、こののちイラン高原で発達することはなかったのである。

18世紀末にイラン高原に成立したガージャール朝は、テュルク系ではあったが、「イラン」の王朝として自らを表象した。君主の王冠は古代イランの伝説の王朝カヤーン朝と結びつけられた。第二代君主ファトフ・アリー・シャーは、古代イランの新年の儀礼を復活させ、また、古代イランの諸王を模した自らのレリーフを巨岩の上に刻ませた。また、文芸面では、ガズナ朝君主を理想とし、これに倣ってペルシア語文芸の保護者となった。西欧諸国からアカイメネス朝（前550〜前330年）から続く「ペルシア」と認識されたガージャール朝下の人々は、徐々に自らのアイデンティティを

ファトフ・アリー・シャー

古代イランとペルシア語文化に求めていくようになるのである。

この意味で、20世紀前半の思想家、タブリーズ出身のアフマド・キャスラヴィー（1890～1946）の例はきわめて興味深い。テュルク系のアゼリー語を母語とした彼は、『アーザリーもしくはアゼルバイジャンの古語』という著作のなかで、テュルク化する以前のアゼルバイジャンの言語であるペルシア語系のアーザリー語を復元しようと努力する。また、アゼルバイジャンの住民が、テュルク語化したあとも、書き言葉として、互いに手紙をやりとりする際ですら、ペルシア語を用いてきたことを強調する。そして、20世紀初頭の立憲革命などイラン・ナショナリズムが高揚するなか、アゼルバイジャンの人々の間に、テュルク語を減らしてペルシア語へ回帰する機運が高まってきたことを指摘するのである。当然のことながら、キャスラヴィー自身の古語への関心も、失われた過去のペルシア語系の言語を取り戻したいという欲求に基づいていることは疑いない。アゼルバイジャンのすべての人々がキャスラヴィーと同じ立場に立つとは必ずしも考えられないが、テュルク系の人々がどのように国民国家イランと向き合ってきたか、その一つの形を示していると言えるだろう。

考えてみれば、11世紀以降のイラン高原の社会は、おもにペルシア系住民とテュルク系住民との共存と交錯によって成り立っており、両者が織りなしてきたその歴史をテュルク系の人々を除いて描くことは不可能である。そして、今日でも、アゼルバイジャン出身者を中心としたテュルク系の人々は、イラン社会のあらゆる組織・階層に食い込んでおり、少数派でありながらも強い存在感を示しているのである。

（近藤信彰）

44

ロシア革命とテュルク

★自治の夢とその後★

20世紀の初頭、ロシア帝国内にはじつに多くの、そして多様なテュルク系諸民族が住んでいた。彼らはロシア革命という大変動とどのように関わり、革命は彼らになにをもたらしたのだろうか。

これを考えるにあたって、まず彼らの間にはどれほどテュルクという一体感があったのかを確認しておく必要があるだろう。第46章にあるとおり、クリミアのガスプリンスキーは、新聞『翻訳者《テルジュマン》』を発行して「言語、思想そして行動における統一」の旗印のもと、テュルクの覚醒と発展を訴えたことで知られている。ロシア東洋学などによりテュルクの歴史と文化に関する知識や情報が蓄積されるに伴って（第53章参照）、ロシア領内でもムスリム宗務協議会のメンバー、ハサン・アタ・アバシーによる『詳説テュルク民族史』（ウファ、1909年）や若き学徒アフメト・ゼキ・ヴェリディの『テュルク・タタール史』（カザン、1912年）のような概説書が書かれ、読まれていた。自分たちは広い意味でテュルクの一員だという意識は、少なくとも新聞や書籍を読む知識人の間では共有されていただろう。カザン生まれのタタール人で、のちにオスマン帝国の首都イスタンブルに渡って汎テュルク主義の運動を率いたユースフ・アクチュラ（1876〜1935）の例を見れば、テュルクの世界はまさに二つの帝国をまたいで想像されていたことがわかる（第49章参照）。

これに対して、日露戦争中に起こった1905年革命以後、ムスリムの政治運動が活発化すると、ロシアの官憲は、とりわけ改革派ムスリム知識人の言論や結社活動に、帝国の一体性を脅かす汎イスラーム主義や汎テュルク主義の危険を察知するのが常であった。当局は、些細な情報やときには密告をもとに、「危険な」ムスリム知識人の監視と摘発にあたっていたのである。それがどれほど誤っていたかについて、長く内務省でイスラーム問題を担当していたあるロシア人官吏は、ロシア二月革命後に記した覚書のなかで、ほぼ次のように記している。

新方式［改革］運動は、宗教的な基盤に基づいて全ロシア・ムスリムを統合することを目指しているという前提から出発して、旧［帝政］政府は運動のなかに国家の危険、ロシアの一体性を脅かす要因を認め、それゆえに活動家には疑惑の目を向け、これを否定的に扱った。しかし、個別の民族の文化的、民族的な自立への志向は、国家の一体性への脅威どころではない。民族は自立しても、国家からの分離を求めるわけではない。新方式運動は、ロシア・ムスリムの健全な文化的発展の現われであり、この場合に内務省の犯した誤謬とは、ロシアにおけるイスラームの自然な文化的な発展に反した行動をとったことにある。

これはまさにあらゆる偏見を排した卓見と言えるだろう、じっさい、1917年のロシア革命の前後に、ロシアからの分離独立を主張した例はまれであり、テュルク系ムスリムの民族運動の目的は、ロシアのなかでしかるべき自治を実現することにあった。これを例証するのは二月革命から間もない

5月、モスクワで開かれた全ロシア・ムスリム大会での議論である。このとき帝政の桎梏《しっこく》を解かれたムスリムの政治・社会運動は高揚期を迎えていたが、大会では新しいロシアの政治体制をめぐって二つの意見が対立した。帝国内に広く散居するタタール人を中心とした中央集権派は、単一の民主的なロシア共和国を想定し、テュルク系ムスリム集団の一体性を強調しながら、教育や宗教、言語などの民族文化の領域で自治を享受すればよいと主張した。これに対して、自分たちが多数を占める民族的な領域を持つアゼルバイジャン人やトルキスタン人、カザフ人などは、地域的な自治に基づいた連邦制のロシアを想定し、中央政府の役割はできるだけ限定しようとした。結果としては連邦派が大差でまさったが、このことはテュルク系ムスリムの一体性よりは、地域的、民族的なアイデンティティの方が重要性を持っていたことを物語っていると言えるだろう。

しかし、ボリシェヴィキによる十月革命は、革命に続く激しい内戦とともにテュルク系ムスリムの自治運動に挫折をもたらすことになった。なかでも劇的な展開をとげたのはトルキスタンの場合だろう。ここでは革命の直後にムスリム改革派と保守派との微妙な妥協の上に、コーカンドにトルキスタン自治政府が成立したが、ロシア人を主体に樹立されたタシュケントのソヴィエト政権は、この自治政府を階級的な基盤を持たないとして認めず、これを優勢な軍事力によって打倒した。これを契機としてトルキスタンではソヴィエト側から「バスマチ（野盗）」と呼ばれるムスリムの武装抵抗運動が広がり、内戦と飢餓が全域を覆うようになった。翌年ここにはトルキスタン自治ソヴィエト共和国が成立してロシア連邦に加盟したものの、現地ムスリム住民の支持や参加を欠いたソヴィエト政権の基盤は危ういものであった。そこで、レーニンはロシア人が政権を独占する植民地主義的な性格を払しょくするために、現地ムスリムの共産党員や要員を登用する政策を指令し、1919年にはムスリム・コムニストの公的な組織、地方ムスリム・ビューローが創設された。

こうして登用されたムスリム・コムニストは、階級闘争よりもこれまで抑圧されてきた民族の解放、植民地の遺制からの脱却、さらにはアジアに広がる植民地革命に重要性を認めていた。1920年初めトルキスタン共和国の要職にあったカザフ人ルスクロフ（1894～1938）らは、党と国家の名称をそれぞれ「テュルク諸民族共産党」、「テュルク・ソヴィエト共和国」に改め、テュルク民族の自決権を明示しようとした。ここでのテュルクは、党中央に対抗するムスリム・コムニストの連帯の象徴となったかのようである。しかし、レーニン以下の党中央は、この新装の「汎テュルク主義」を拒否した。この案件を処理したときにレーニンが残した指示は、トルキスタンを将来的にウズベキスタン、カザフスタン、トルクメニスタンに分割する案であり、これは1924年の中央アジアにおける民族・共和国境界画定によって実現することになる。現代中央アジア諸国の枠組みは、このときに成立した。

یاش توركستان

توركستان ملی استقلال فكریكه خدمت ایتوچی آیلق مجموعه‌در

باش محرری: چوقای اوغلی مصطفی

یل 1	دیكابر 1929	سان 1

بزنك یول

یه‌گیده‌ن چیقا باشلاغان هه‌ر بر سیاسی مجموعه وه غه‌زیته‌نك اوقوچیله‌ریگه اوز سیاسی غایه، یولی هه‌م مقصدینی تانیتوب كیتیش عادتی باردر. قانون حالیگه كیروب قالغان بو عادتكه بز هه‌م ایارامز. یولیمزنی آكلاتیش اوچون اوزون ایضاحله‌رگه احتیاج یوق. یولیمز وه مقصدیمز:

بز توركستان استقلالچیله‌ری ایلیمزنك ایركی وه یورتمز توركستاننك قورتولشی اوچون كوراشامز

جمله‌سنده خلاصه ایتیله بیله‌در.

توركستانلیله‌رگه موندن باشقا یول یوق؛ بولا آلماس وه بولماسین.

بز بو طرفده یورتمزده‌گی موسقوا ساویت حكمرانلغی ظلمی آستنده ملی استقلال اوچون آتیلوچی مبلبونله‌رچه توركستان اوغلله.

元トルキスタン自治政府首班のムスタファ・チョカイが亡命先のフランスで刊行した「トルキスタン民族独立思想に仕える月刊誌」 ***Yash Türkistan*（1929 ～ 39）**の創刊号

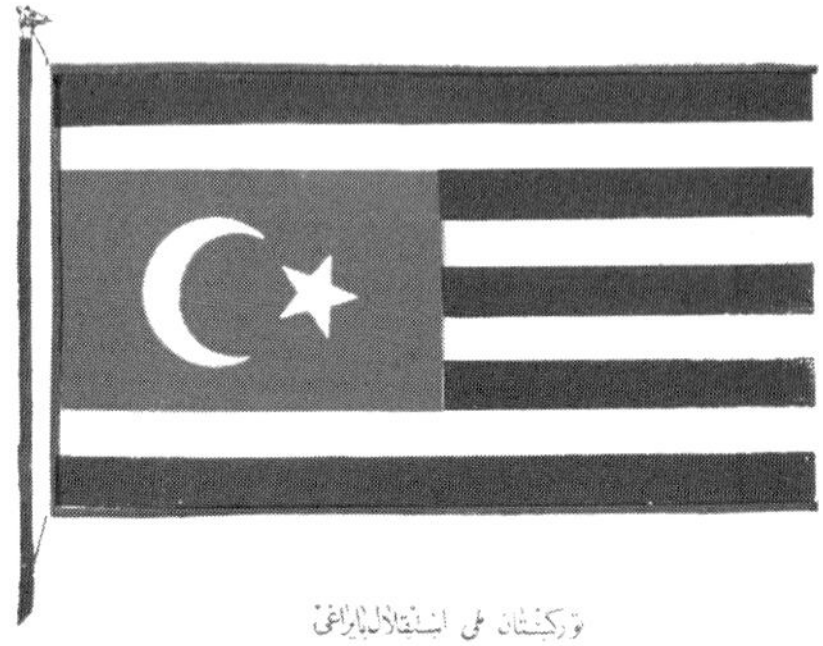

トルキスタン民族独立旗（Ahmed Zeki Velidi, *Bugünkü Türkistan ve Yakın Mazisi*, Mısır, 1929-39.）

こうしてテュルクのくに、トルキスタンは名実ともに姿を消し、ルスクロフらのムスリム・コムニストもスターリン時代の粛清によって命を絶たれた。トルキスタンは不可分一体のものと主張し続けたのは、ソヴィエト政権に対する武装抵抗運動の敗北後、フランスやドイツ、トルコなどに去った活動家たちであった。１９２１年サマルカンドで「トルキスタン民族連盟」を率いていたトガン（第48章参照）もその一人であり、連盟の中央委員会は将来の民族旗のデザインも定めていたという。１９２８年に発表された民族旗には、突厥《とっけつ》やモンゴル、ティムール朝以来の伝統色が使用され、旗竿の先にはテュルクの象徴、狼の頭が見える。

（小松久男）

45

アタテュルク

★蒼き狼★

　アタテュルク（１８８１〜１９３８）とは、トルコ共和国初代大統領ムスタファ・ケマルに「トルコ大国民議会」によって、彼の「姓」として１９３４年に贈られたもので、「父なるトルコ人」を意味する。彼の伝記は、すでに数多く書かれているので、本章では、本書の趣意に沿って、彼の「テュルク性」がトルコ共和国史、ひいては世界史上におよぼした影響を中心に考えてみたい。

　そこでまず、「テュルク性」とは何かが問題になるが、とりあえず、それをかつて中央ユーラシアに匈奴《きょうど》、突厥《とっけつ》、ウイグルといった国家を打ちたてた騎馬遊牧民に固有の性格としておきたい。ただし、それはアタテュルクの「血統」のことではなく、彼が成し遂げた業績を通して伺われる「騎馬遊牧民」の「子孫」にふさわしい気質のことで、それは何よりも「軍人」としての性格であり、そして、そこから生じる「勇気」「強い指導力」「現実主義」である。

　アタテュルクは、第一次世界大戦に敗北した結果、アナトリア（小アジア）の地が戦勝国である英・仏・伊、およびギリシアの占領下に祖国存亡の危機に直面したトルコ人の抵抗運動

（祖国解放運動ないしトルコ独立戦争）を指揮して勝利に導いた。その活躍ぶりは、まさに遊牧騎馬民の子孫にふさわしいものであった。そこで以下、彼の生涯をこうした観点から検証してみよう。

アタテュルクの生年については、公式には１８８１年ということになっている。彼は、当時のオスマン帝国領サロニカ（現ギリシアのテッサロニキ）に生まれた。この頃のオスマン帝国は政治的には一応独立していたとはいえ、経済的には西欧列強の影響力の下に置かれていた。このことは、この町が、エーゲ海・地中海を通じてヨーロッパとの密接な貿易関係のルート上にあったことを意味している。したがって、この町は、ムスリム（イスラーム教徒）、キリスト教徒、ユダヤ教徒、そしてヨーロッパ諸国の商人・領事などが共存するコスモポリタンな雰囲気に満ち溢れていた。下級官吏の子として敬虔なムスリムの家庭に生まれたが、早くに父を失ったムスタファ少年は、貧しいムスリム男子にとって唯一とも言える出世コースである軍人の道を自ら選んで、１８９３年に「陸軍中学校」に入学した。そこで彼は、たぐいまれな数学の才能を発揮し、教師からケマル（「完璧な」の意）の名で呼ばれ、以後、ムスタファ・ケマルを名のることになる。ここを１８９６年に卒業後、マナストゥル（現マケドニア共和国のビトラ）の「陸軍高等学校」に入り、ここでフランス語を学び、ルソー、コント、モンテスキュー、ヴォルテールなどを知った。１８９８年にここを卒業すると、ただちにイスタンブルへ出て、「陸軍士官学校」（１９０２年卒業）を経て、「陸軍大学」に登録された。この頃の彼はナポレオンに心酔し、また、各種の戦術を学んだ。１９０５年に「陸軍大学」を卒業すると同時に少尉に任じられた。このような彼の経歴は、いわば「近代化」の申し子とも言える士官学校出の青年将校であり、西洋型の知識人として世に出たことを示している。

陸大時代からオスマン帝国の現状を憂える革命思想を持ち、そのための組織作りに奔走していたが、1908年に実現した「青年トルコ人革命」（第二次立憲政）政府では、その中心人物であり陸大の2年先輩であるエンヴェル（のちパシャ、1881〜1922）ら首脳部との折り合いが悪く、政権の中枢部からはずされて、戦術書の翻訳や軍務に専念していた。彼の軍人としての才能が開花したのが、第一次世界大戦中に戦われた、ダーダネルス海峡の要衝ガリポリ（ゲリボル）の攻防戦である。ここへ上陸したイギリス軍を勇気と決断力をいかんなく発揮して撃退することに成功した彼の名は、一躍世界に知られることになり、37歳の若さで准将（パシャ）に昇格したのである。以後、彼はムスタファ・ケマル・パシャと呼ばれることになる。

戦後、イスタンブルに帰還していた彼は、占領下に置かれたアナトリアを奪還すべく、スルタンの意に反して、各地に展開されていた祖国解放運動に合流し、その最終局面であるギリシア軍との戦いに総司令官として指揮をとり、運動を勝利に導いた。このように、彼の業績はなによりもまず軍人としてのそれである。これは「蒼き狼」の始祖伝説を持つテュルク系騎馬遊牧民の「子孫」にふさわしいものである（第1章参照）。

次に、共和国大統領としてアタテュルクが行った改革である。イスラーム国家であるオスマン帝国から世俗的な国民国家を建設するためにアタテュルクが行った改革のうち、トルコ国民主義とならんで、最も重要なのは、いわゆる「世俗主義」改革である。それは、カリフ制とシャリーア（イスラーム法）法廷の廃止（1924年）を嚆矢《こうし》として、イスラーム暦からグレゴリウス暦に基づく国際的な暦法と時間の採用（1925年）、イスラームを国教とするという憲法の条文の削除、アラビア文字を廃

「『国父』ケマル・アタテュルク」（永田雄三・加賀谷寛・勝藤猛『中東現代史Ⅰ　トルコ・イラン・アフガニスタン』山川出版社〔世界現代史11〕、1982年、153頁）

して、ラテン文字を基礎とした新トルコ文字の採用（1928年）など、ごく短期間のうちに行われた改革である。ただ、大多数の国民がムスリムであるこの国において、イスラームの伝統をかくも簡単に消し去ろうとした、そしてアタテュルクの創設した共和人民党の一党独裁政治の下で断行されたこれらの改革は、第二次世界大戦後の複数政党制への移行を契機に多くの批判にさらされ、今日に至っている。だが、サロニカというコスモポリタンな町に生まれ、西洋式の教育を旨とした士官学校に学んだアタテュルクにとって、近代ヨーロッパに範をとった改革を行うことに抵抗感はなかったのではなかろうか。つまり、時代の推移を敏感に嗅ぎ取り、そこに未来を託すことは、これまた騎馬遊牧民の属性の一つである現実主義・功利主義である。

その点に関連して、彼の終生のライバルであったエンヴェル・パシャが汎テュルク主義の夢想を抱き続けたのとは対照的である。エンヴェルは、この夢を実現するべく、反ソヴィエトのバスマチ運動に加わり戦死している。また、ソヴィエト政権と闘っていた中央ユーラシアのテュルク系民族主義者がアタテュルクに期待をかけていたのに対して、彼はアナトリア領土の保全を第一義とし、そのためには解放運動中に、いち早く申し出ていたソヴィエトの支援を受け入れたにもかかわらず、独立後には、これと袂を分かつという現実的な道を選んだのも、冷徹な軍人であり、現実主義者である彼の判断であった。

（永田雄三）

V

イデオロギーと政治

46

ガスプリンスキー

――★ロシア的教養を身につけたテュルク系ムスリム知識人★――

イスマイル・ベイ・ガスプリンスキー（1851〜1914）は、ロシア帝国のテュルク系ムスリム社会における啓蒙活動家の先駆として最もよく知られたクリミア・タタール知識人である。1880年代前半、彼はアラビア文字表記のテュルク語とロシア語による新聞『翻訳者《テルジュマン》』（バフチサライ、1883〜1918年）を発刊し、ムスリム社会の伝統的教育施設であるマドラサやマクタブの改革にも取り組み始めた。ジャーナリスト、文筆家としての彼は、テュルク系ムスリム社会のさまざまな問題について論説を書き、文芸作品をも著して、『翻訳者』などで発表した。『翻訳者』が創刊以後20年以上もロシアでほぼ唯一のテュルク語紙だったため、ガスプリンスキーはテュルク系ムスリムの知識層に広く知られ、1905年革命と同時にムスリム知識人らが政治活動を始めた当初、彼はその中心的役割をも担うこととなった。

こうした「テュルク系ムスリムのための」活動からは想像しにくいかもしれないが、ガスプリンスキーはロシア語に極めて堪能で、ロシア言論界をよく知る人物だった。貴族身分の家庭に生まれ育った彼は、マドラサで初等程度の教育を2年ほど受けると、その後は家庭環境に相応しい、ロシア語で教育を行う帝国の教育機関で10代を過ごす。10歳でギムナジアに入学し、12歳で陸軍幼年学校に移った彼は、その2年後にモスクワに行くと、ジャーナリスト、文筆家として著名なロシア知識人ミハイル・カトコーフのもとに寄宿し、軍ギムナジアに通い始めた。つまり彼は、10代半ばの多感な年頃にジャーナリストの活動を見て、ロシア啓蒙思想をはじめとするロシア語論壇のさまざまな議論を知ったのである。その一方で彼はオスマン帝国に共感を抱いたらしい。1867年、クレタ問題を知った彼は、学友と一緒にロシアを去ってオスマン軍に入ろうとしたと伝えられる。彼らは出国前にオデッサ港で捕まり、ガスプリンスキーは学校に戻ることができず、クリミアでテュルク系ムスリムにロシア語を教え始めた。

イスマイル・ベイ・ガスプリンスキー
(出典：Ризаэтдин Фахретдинов: *Научно-биографический сборник*. Под ред. Марданова Р. и др. Казань: Рухият, 1999.)

その後フランスやオスマン帝国にしばらく滞在し、クリミアで行政職に就いた彼は、1881年、『ロシアのムスリム集団』という論説をロシア語で書き、マドラサやマクタブを改革する必要があるという見解を述べた。その議論は次のようなものである。……ロシアのテュルク系ムスリムは国家の言語であるロシア語を知らず、ロシア思想や文学に親しまず、国家的な思潮や国益も理解していない。これを変えるためには政

『翻訳者』1912 年第 1 号（ロシア暦 10 月 7 日付）。この号から日刊紙となり、「言語、思想、行動における統一」という標語の掲載が始まった。

府が、マドラサでテュルク語により、地理や歴史、理科などの普通（一般）教育で教授されるタイプの教科が教えられるよう、推進するとよい。その卒業生が教師としてマクタブを改革すれば、テュルク系ムスリムはロシア社会に同化することなく、しかしロシア的文物や科学的知識に親しんで理解を深め、ロシア国家に統合される。こうしたテュルク系ムスリムの行動規範におけるロシア化によって、国内のムスリム居住地域は発展するだろう。……

そして、ガスプリンスキーはテュルク系ムスリムのための「新方式《ウスーリ・ジャディード》」教育を提唱した。それは学年制、2学期制をとり、普通教育で教えられるような複数の教科を、時間割に従って並行的に教授・学習するという教育法だった。彼が最も重視したのはテュルク語の識字教育で、その手法はオスマン帝国で実践されていた教育法に着想を得たものと考えられる。教授言語はもちろんテュルク語だった。1884年、彼はクリミアのバフチサライに最初の新方式のマクタブを開校した。その前年に発行し始めた『翻訳者』と、その購読者網を生かし、彼は新方式教育の構想を広めた。

国内政治の文脈で教育改革によるテュルク系ムスリムの統合を提案したガスプリンスキーは、国際関係についても、ロシアがムスリム諸国と互恵的な友好関係を結ぶことを提言した。１８９６年、彼はやはりロシア語で『露東協約』という論説を著し、およそ次のように述べた。……国内におけるロシア人とムスリムとの良い関係とは逆に、イギリスなど西欧の言論界に影響された内外のムスリムはロシアを否定的に評価している。これは事実と異なるだけでなく、国際関係上もロシアに不利に働いている。ロシアにはボスポラス、ダーダネルスの海峡やペルシア湾に出るのが容易でないうえ、こうした地域のムスリムからの支持もないのである。この状況を変えるには、ロシア政府がオスマン帝国およびカージャール朝イランと友好的な協約を結ぶのがよい。そうすればロシアは、政治・経済的に重要な南の海への通行を保証され、オスマン帝国のカリフの権威もあって全世界のムスリムから肯定的に評されるだろう。……

ガスプリンスキーは、こうした協約でトルコやイランがブハラ・アミール国やヒヴァ・ハン国のような保護国になりはしないとも書いた（彼はこの数年前、中央アジアを訪れている）。いずれにせよ、彼はロシアとムスリム諸国が互恵的な関係を構築・維持して共存することを展望したと言える。ただし、この彼の考え方を正しく理解するには、その互恵関係の均衡点が、ロシア帝国のムスリム知識人としての彼の立ち位置を反映したものであることに注意する必要があるだろう。

さて、１９０５年革命が進むなか、ムスリム知識人らも集会を開き、団体を結成する活動を始めた。彼らは8月にニジニー・ノヴゴロドで最初の全ロシア・ムスリム大会を開くと、その1年後にロシア・ムスリム連盟という政治団体を発足させる。『翻訳者』で著名人となっていたガスプリンスキーは、最初の中心メンバーとなった。この頃から彼は、それまで以上に言語問題に傾倒する。そもそも彼が提唱し、使ってきた「共通テュルク《テュルキー》（トルコ）語」は、簡素なオスマン・トルコ語にクリミアやヴォルガのタタール語の語彙を加えたもので、テュルク諸語やトルコ語を知る者であれば誰でも理解できる文章語を目指したものだった。このため『翻訳者』はイスタンブルや新疆《しんきょう》でも読者を得たが、その一方で1905年革命後、とくにカザンでは、ヴォルガ流域のタタール語に基づく文章語の使用を主張する若いタタール知識人らが現れていた。ガスプリンスキーの方は「言語の統一」を訴え続けた。1912年、彼は『翻訳者』の標語として「言語、思想、行動における統一」を掲げた。国内ではテュルク系ムスリムの国家への統合、国際関係ではロシアとムスリム諸国の友好関係を構想した彼は、テュルク系ムスリムのなかでは、その言語・文化的「統一」を提唱したのである。

（磯貝真澄）

47

テュルクかタタールか

★民族のかたちをめぐる政治★

ヴォルガ・ウラル地域のテュルク系の人々は、いつどのように民族《ネイション》という単位で自他の関係を捉えるようになったのだろうか。ロシア帝国は宗教を行政単位としていたので、ロシア正教徒、ムスリム、自然宗教崇拝者という区分が社会生活を規定していた。そのうちムスリムの間には、ブルガル王国のイスラーム改宗譚を含む、ブルガル史とまとめられる一群の歴史記述が普及していた。これに実証主義的な批判を加え、「タタールでなければお前は何者だ」と問いかけた先駆者が、歴史家シハーベッディン・メルジャーニー（1818～89）である。他方、東洋学が発展するなかで、ブルガルの言葉がじつはチュヴァシ語の起源ではないかという説も生まれた。そしてそれはまず、ロシア人学者と当時形成されつつあったタタール知識人の間で、のちには、チュヴァシ知識人も加わった民族起源論争に発展した。その背後には、正教会の宣教師の思惑も見え隠れしていた。もしかつてムスリムだったブルガルがいま正教徒になっているチュヴァシ人ならば、この地域におけるイスラームの大きな存在感に対抗できる科学的な根拠を得ることになるからだ。

20世紀初頭でも「タタール」は生業の古物商を想起させ、ム

1908 年に登場した最初の職業的タタール劇団「サイヤール（流浪）」。タタール文学だけでなく、シェイクスピア、モリエール、チェーホフの作品も演じた。（*Tarikhi Kazan: Al'bom*, Kazan, 2003, 113.）

スリム自身もこの呼び名を忌避していた。しかし、1880年代から1890年代初めに生まれ、オスマン語、ロシア語、さらには直接西欧諸語の文学書・学術書に接した知識人は、西欧の進歩に魅せられ、科学的な真実を優先する思考を身につけた。彼らは、イスラームに代わり母語や歴史を共同体の礎と見なし、この人間集団も生存競争という自然法則から逃れられないと考えるに至った。1905年以降、定期刊行物や文学作品が急速に普及すると、内容の「民族性」だけでなく語彙や文法のレベルで口語に近いか否かが評価の基準となった。現在でも歌い継がれる詩「生まれつきのことば《トゥガン・テル》」を書いたガブドゥッラー・トゥカイ（1886〜1913）は、ロシア語詩におけるプーシキンに匹敵する役割を果たした。長編小説を開拓したガリムジャン・イブラギモフ（1887〜1938）は、自分たちはタタールだと高らかに宣言し、タタール文学の読まれる空間を「タタールスタン」と呼んだ。

他方で若い知識人のなかには、東洋学の成果を繙《ひもと》いて古代に遡るテュルク系の国家やモンゴル帝国に関する知識を深め、「テュルク」こそが自分たちの民族だと主張する者もいた。のちのバシキール民族主義者ゼキ・ヴェリディ（1890〜1970）もその一人だ（次章も参照）。彼は当時テュルク民族史を執筆したが、イブラギモフとカザンの出版社の圧力もあり、カザン・ハン国の記述を厚くした上で1912年に『テュルク・タタール史』と題して出版しなければならなかった。こうした妥協は、活動拠点をイスタンブルに移していたユースフ・アクチュラ（1876〜1935）の目にも留まり、

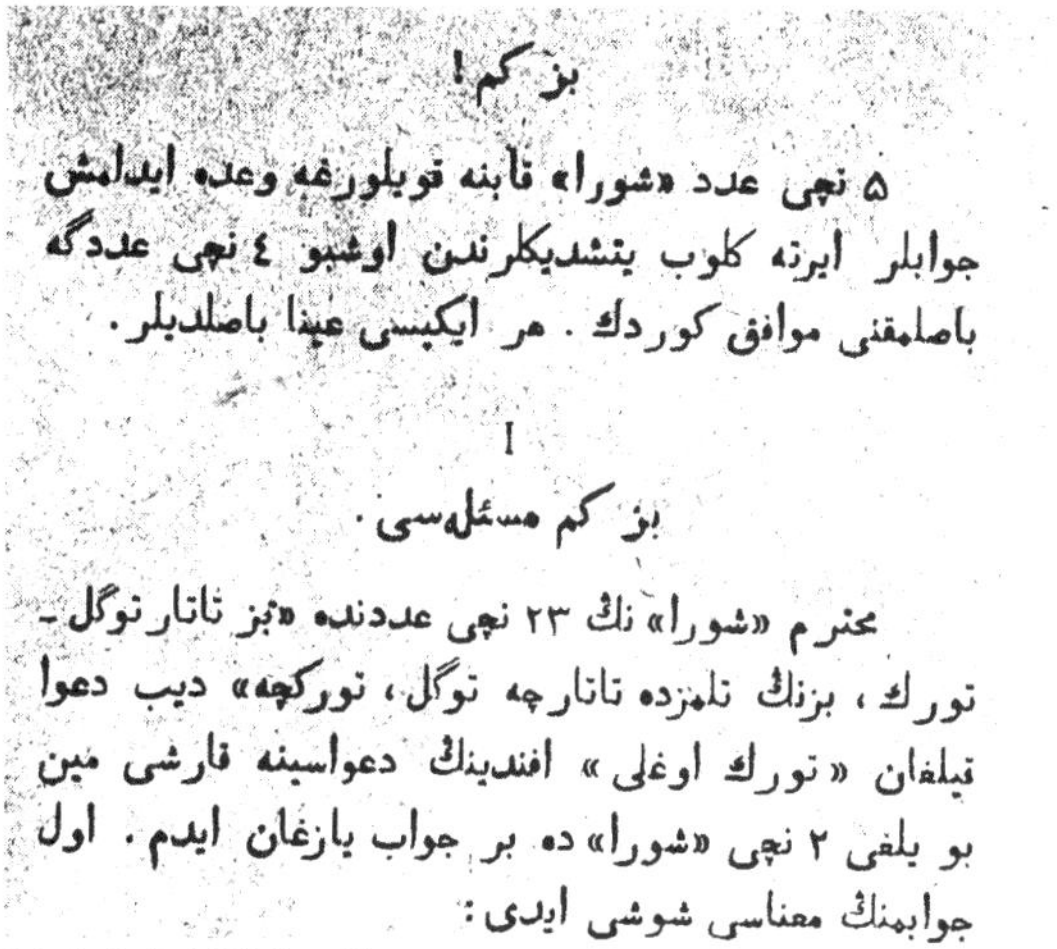
بز کم!

٥ نچی عدد «شورا» نابنه توبلورغه وعده ایدلمش
جوابلر ایرنه کلوب یتشدیکلرندن اوشبو ٤ نچی عددگه
باصلمقنی موافق کوردك . هر ایکیسی عینا باصلدیلر.

I

بز کم مسئله‌سی.

محترم «شورا» نك ٢٣ نچی عددنده «بز تاتار توگل۔
تورك ، بزنك تلمزده تاتارچه توگل، تورکچه» دیب دعوا
قیلغان «تورك اوغلی» افندینك دعواسینه قارشی مبن
بو یلغی ٢ نچی «شورا» ده بر جواب یازغان ایدم. اول
جوابمنك معناسی شوشی ایدی:

「われわれは誰か」『シューラー』4号、1911年、表紙裏。「われわれはタタールではなくテュルクであり、われわれの言葉はタタール語ではなくテュルク語だ」という「テュルクの息子」氏に対して反論を試みる「タタールの息子」氏。

自身が1911年末に創刊した『テュルクの母国』誌でテュルクの一体性を強調すべきだと批判した。こうして、1910年代初めに、オレンブルグの『シューラー（評議会）』誌やカザンの『アング（意識）』誌で、民族名をテュルクとするかタタールとするかをめぐる論争が展開した。

また、論争とは別に、西欧文化の窓としてのオスマン帝国に魅せられるインテリは少なくなかったが、詩人トゥカイは、猿のようにトルコ帽をかぶり互いにトルコ語で話しているとこれらの人々を嘲笑したものだ。こうした状況が変化する大きな転機となったのは、バルカン戦争である。オレンブルグの有力紙

『ワクト（時）』の編集長ファーティフ・ケリミー（1870～1937）は、自らイスタンブルに赴いて第一次バルカン戦争時のオスマン社会を仔細に観察し、この戦争を諸民族の総力戦として描いた。民族名論争で「タタール」を支持したジェマル・ヴェリディ（1887～1932）もこのルポを熱心に読み、タタール人はロシア市民として生きなければならないと説き、そのタタール人がオスマン・トルコ人に民族の覚醒を促すのだという使命感も表明した。他方で同時期には、テュルクかタタールかの論争から距離を置き、バシキール人の特殊性を打ち出す文芸家も現れた。彼らの作品は、南ウラルのステップでの独特な牧畜生活と文化に対する自覚だけでなく、タタール人やロシア人に先祖代々の土地が買い叩かれ、窮乏して絶滅しかねないという切実な危機感に裏打ちされていた。

1917年に、「ロシア・ムスリム」の糾合を図る運動がその内部の民族運動によって掘り崩されると、ヴォルガ・ウラル地域でも「テュルク・タタール」の自治を目指す動きが高揚した。しかしそれも、ゼキ・ヴェリディ率いるバシキール自治政府の挑戦に直面した。そして、ボリシェヴィキが内戦の趨勢のなかでタタール人とバシキール人に領域的自治を約束すると、「テュルク」の枠組みは消滅した。1920年に成立したタタール自治共和国ではタタール語が国家語の地位を得、革命前からの作家や歴史家がタタール語出版界の振興に寄与した。しかしその多くは1930年代末までに皮肉にも、「テュルク」の一体性を唱え反ソ的な活動に関与したとして命を落とした（第49章を参照）。他方で、1930年代後半の歴史研究では、14世紀末から15世紀初頭にジョチ・ウルスの実権を握ったエディゲイ（エディギュ）を描く叙事詩の研究が重要になっていた（第9章を参照）。しかし、ロシアを敵とする英雄叙事詩の研究はドイツとの激戦を経たソ連では到底許されなかった。1944年8月9日にソ連共産党中央委員会は、『エディゲ』が民族主義的で諸民族の友好に反すると断じた。こうしてタタール人の祖先はブルガルとして認定され、ブルガルをチュヴァシ人に繋げる説は民族主義的だとして攻撃された。

戦後もタタール人とチュヴァシ人の学者の間でブルガルがどちらの民族の祖先かをめぐる論争が続いた。バシキール自治共和国では、タタール人との対抗上、バシキール人は11世紀来の諸民族の移動の結果ではなく、ブルガル以前に遡る「原住性」を持つことを証明する立場が強くなった。ペレストロイカ期から１９９０年代にかけて民族の歴史の書き直しが進むと、タタール人の内部でも激しい論争が起こった。そこでは、民族名をブルガルに代えるべきだという要求がある一方、今こそジョチ・ウルスの歴史を民族史として発展させ、そのロシア史への貢献をもっと強調すべきだとの声が上がった。２００２年から刊行が始まり２０１５年に完成した『タタール民族史』全７巻は、ソ連解体後急速に進展した国際的な研究成果も盛り込んでおり、19世紀末以来のタタール知識人による探求の一つの到達点を示している。

ブルガル民族会議の参加者（**1989** 年）。この組織は、バシキール自治共和国も含む「ブルガル国（イレ）」の独立を要求した。（http://www.bulgars.ru/phot2.htm）

（長縄宣博）

48

トガン

★東洋学と民族運動★

晩年、学生たちから「トガン・ホジャ」（トガン先生）と呼ばれて慕われていたアフメト・ゼキ・ヴェリディ・トガンは、1890年12月10日に現在のロシア連邦共和国に属するバシコルトスタン共和国の小さな村で、しかし教養のある家庭に生まれた。本人の言葉によるとアラビア語を父から、ペルシア語を母から教わったというから、将来の東洋学者としての素地は幼い頃から培われたのであろう。しかし、父が息子を村のモスクの導師にしようと考えていることを知ると、父のもとからカザンに逃亡し、カザン大学を卒業。1912年に『テュルク・タタール史』を出版すると同時に、ロシア人の東洋学者たちの援助でトルキスタンへの調査旅行を行うなど、テュルク民族史研究者としての地位を確立した。このため、ロシアの議会の議員たちのためのムスリム民衆に関する問題の相談役となり、バシキール人の代表として1915年にペテルスブルクに行き、そこでバルトリド（1869~1930）をはじめとするロシアの東洋学者と知り合った（第53章参照）。ちなみに、後年バルトリドがイスタンブル大学に招かれたときの講義録が『中央アジア・テュルク史講義』（イスタンブル、1927年）として刊行されたが、トガンはその前半部のトルコ語訳を担当している。

１９１７年２月革命後、５月の第一回全ロシア・ムスリム大会に参加してバシキール民族運動の指導者となり、同革命委員会議長や軍事人民委員を歴任した。１９１７年十月革命後、バシキール自治共和国設立のリーダーとなった。ロシアにおける内戦の間､白軍の将軍たちの圧迫に抵抗して､ソヴィエト政権と協力した。この間、何回かレーニン、トロツキー、スターリンと会見したが、バシキール人の運動が望んだ結果を得られないため、１９２０年６月ソヴィエト政権と決別してトルキスタンに逃れ、１９２１年に設立された「トルキスタン民族同盟」のリーダーとなった。トルキスタンに滞在した30か月の間、バスマチ運動と共同してボルシェヴィキと抗争した。他方、エンヴェル・パシャなど、外部から来たトルコ人とも接触を続けた。

トルキスタンにおける活動が、ソヴィエト軍の前に潰える頃、１９２３年2月にイランに渡り、マシュハドでイブン・ファドラーンの未知のテキスト（10世紀のヴォルガ・ブルガル旅行記）を発見した。同じ年にイランからアフガニスタンに移った。一時期ヘラートで調査をしたのち、インド経由でトルコに入った。しかしビザがなかったため、ヨーロッパへ行かざるを得なかった。１９２５年5月に時の文部大臣の招待でトルコに戻り、トルコの国籍を取得した。そして、27年にはイスタンブル大学の前身である「学問の館」の歴史教授に任命された。

アタテュルクが１９３０年に提唱した「トルコ史テーゼ」を全国に普及させるために１９３２年に開催された第一回トルコ歴史学協会全国大会において、彼は、この「テーゼ」を厳しく批判したため、アタテュルクの側近たちの猛烈な反発を招き、大学の職を退いてウィーンに去らざるを得なかった。

そこで１９３５年にイブン・ファドラーンに関するドクター論文を執筆し、１９３８年にはドイツのゲッチンゲン大学に移った。しかし翌年、戦争が近づいたため、トルコに戻り、１９３９年９月イスタンブル大学に復職した。１９４２年以降のトルコにおいて高まっていた汎テュルク主義運動に加わったために逮捕されたが、１９４５年10月に釈放され、１９４７年３月31日には無罪の判決が出たため、翌年大学に復職した。その後、１９７０年まで大学での職を務めあげ、その年の７月26日に死去した。

以上、トガンの経歴をざっと見てきたが、彼は基本的には東洋学者である。彼の政治的活動は、むしろ高名な東洋学者としての見識とそれを評価する周囲の要請とによるものであると言ってよかろう。トガンの著書は多数あるが、このうち二つを紹介しよう。その一つは、彼が所属したイスタンブル大学文学部史学科の「テュルク全史講座」の教科書として執筆された『テュルク全史入門』（１９４６年）である。この本は、匈奴《きょうど》・突厥《とっけつ》から現代に至るテュルク民族史であるが、その第二版（１９７０年）の序文によれば、この本は１９４４〜４５年に、イスタンブルのトプハネ地区の監獄に収監されているときに執筆されたことがわかる。いま一つの著書は『史学概論』（１９５０年）である。この本の冒頭には『ファト・キョプリュリュへ――テュルク学を方法論上に根づかせる途上での御苦労への感謝のしるしとして本書を捧げます』という献辞が見られる。本書の内容は、基本的には欧米における史学概論とほぼ同じであるが、「歴史哲学」の項には「イスラーム東方における歴史観」としてイブン・ハルドゥーンとラシードゥッディーンに一節が割かれているほか、「付録」として「テュルク史に関する諸資料」として膨大な数にのぼるイスラームとテュルク史に関する雑誌、図書、論文が示されているところに大きな特徴がある。このほかに詳細を記すいとまはないが、テュルク族最初の民族叙事詩である『オグズ・ナーメ』、本人自身の手による６４３頁にのぼる『回想——トルキスタンと他の東方ムスリム・テュルク人の民族的存在と文化的闘争』などがある。

「トガン・ホジャと学生たち」(1966年)
(「民族のこころ（8）：トガン＝ホジャの涙」『アジア・アフリカ言語文化研究所通信』14号、1971年12月31日、31頁)

最後に、私事で恐縮だが、私が１９６５年10月にトルコへ留学して、イスタンブル大学大学院の史学研究科に入学し、トガン先生の授業を受講していた頃の思い出を記しておきたい。その頃の先生は、すでに70歳代の後半に入ろうとしていたが、小柄なお体いっぱいに「民族運動の闘士」といった気概と風格を漲《みなぎ》らせた先生の周りには、汎テュルク主義に共感する学生たちがたくさん集まっていた。たしか、１９６６年だったと記憶しているが、私が先生の講義を聴講していたときのことである。講義が終盤に近付いたある日、先生は突然、私に第二次世界大戦前の日本の歴史を話してくれないかと言い出した。私はあわてて日本から本を取り寄せて、先生の普段の講義の内容に沿って、戦前の日本の大アジア主義などの話を済ませると、先生は、「やあ、ありがとう。ところで橋本《はしもと》欣《きん》五《ご》郎《ろう》君はまだ元気かい？」と聞いてこられたのには驚いた。しかし、考えてみれば、橋本欣五郎（１８９０〜１９５７）は１９２７年９月から１９３０年10月までイスタンブルの日本公使館附武官として赴任していたから、トガン先生と直接会っている可能性が高い。橋本は、イスタンブル滞在中にアタテュルクの「トルコ革命」に身近に触れたことがきっかけとなって、帰国後ただちに革新派軍人の結社「桜会」を結成した、戦前の行動右翼の大立者の一人である。

先生は、その出身と経歴とから、汎テュルク主義ないし汎トゥラン主義の指導者として仰がれてはいたが、先生は終生変わらぬ学者としての性格を変えることはなかった。これも私の思い出の一つだが、やはり１９６６年の夏休みに「テュルク全史講座」の学生たちと、アナトリアへの旅に出たことがあった。先生はいつも朝起きるとすぐに町の図書館に出掛けて、新しい写本の発掘に取り組むのが常だった。すでに76歳になってなお探究心を少しも失わない先生の姿がそこにあった。（永田雄三）

49

汎テュルク主義（汎トルコ主義）

★「帝国」との関わりのなかで★

汎テュルク主義（あるいは汎トルコ主義）は、19世紀に登場したトルコ・ナショナリズムの一形態であり、ユーラシアに広く分布する「テュルク」系の人々、さらには旧オスマン帝国領に「取り残された」人々を糾合することを目指すものである。

13世紀のモンゴル西征に伴って成立したジョチ・ウルスを継承する諸王朝のなかで、カザン・ハン国は16世紀中頃にモスクワ大公国によって征服され、その主要な住民だったテュルク系のタタール人はカザンの町から追放された。だが18世紀後半のプガチョフの反乱を機にエカチェリーナ二世が市内でのモスク建設を認めるなどの寛容政策を採ると、その庇護下にタタール人は経済的な発展を始めた。彼らは民族的、宗教的な親和性を利用して、綿花、家畜を中心とするロシアの中央アジア交易を一手にひきうけ、その結果、タタール人のネットワークが中央アジア一帯にはりめぐらされることになる。彼らはやがて工業部門にも進出し、19世紀にはカザン、オレンブルクなどでタタール人ブルジョアが繁栄したのである。彼らは文化的にも覚醒し、タタール語による出版活動もきわめて活発になった。

しかし同じ頃、ロシアで産業革命が進行すると、タタール人とロシア人との間の競合・軋轢が表面化し、タタール人の経済的独占が崩されてゆく。世紀半ばにクリミア戦争が始まると、物理的な圧迫の増大に伴って反露感情も高まり、クリミア・タタール10数万がオスマン帝国へ移住した。さらに1860年代に入ると、ロシア政府はタタール人に対して同化政策を実施し始め、これに対してタタール人の間にナショナリズムが興るのである。

クリミアのバフチサライに生まれたイスマイル・ガスプリンスキー（あるいは「ガスプラル」1851〜1914、第46章参照）は、パリ、イスタンブルで学んだのち、1878年から故郷バフチサライの助役、のちに市長を務めた。この間、シンフェロポリで刊行されていた新聞に寄稿して「ロシアのムスリム」概念を提起していたが、1882年に市長職を辞したのちにはムスリムの伝統的な教育方法を批判して、西洋風のカリキュラムを導入した「新方式」の学校を設立する運動に着手した。さらに1883年には新聞『翻訳者《テルジュマン》』を創刊したが、その新聞はロシア語と並んで「共通トルコ語」によって書かれていた。これは、当時西洋起源の「科学的」概念を最も豊富に取り込んでいたオスマン・トルコ語を、より簡略にしたもので、ガスプリンスキーはこれによって「ロシアのムスリム」すなわちロシア支配下のテュルク系の人々すべてに語りかけようとしたのである。ユーラシアに広く散在するテュルクが、ガスプリンスキーの構想力によって、一つの「民族」と見なされたと言うことができる。新聞の標語として掲げられた「言語における、思想における、行動における一体化」は、ロシア当局には「汎テュルク主義」として警戒されたが、『翻訳者』はオスマン帝国を含む広大な領域の読者たちに大きな影響を与えた。

やがて1905年にロシア第一革命が起こると、ガスプリンスキーと、彼の影響を受けたより若い世代の活動家たちが「ロシア・ムスリム同盟」を結成し、ロシアの立憲民主党とも協力して選挙運動を行うまでになるが、ストルィピンによってこれが抑え込まれると、ユースフ・アクチュラ（1876〜1935）らのナショナリストは、1908年7月の青年トルコ革命によって言論の自由が回復されたオスマン帝国の首都イスタンブルへと活動の拠点を移し、オスマン人のトルコ・ナショナリストとの協力を模索してゆく。1911年になるとアクチュラがロシア領内に残ったタタール人ブルジョワからの財政的支援を受けて『トルコ人の母国《テュルク・ユルドゥ》』誌を創刊し、チンギス・カンの歴史的功績を紹介する論説を連載したり、また東トルキスタンに至る広大なテュルク世界の現状を紹介する記事を定期的に掲載したりして、テュルクの一体性を強調し、紹介することに努めた。この雑誌にはやがてオスマン帝国の一体性維持を目的とするオスマン人のトルコ・ナショナリストたちも合流するが、彼らも第一次世界大戦が勃発してロシアとの戦端が開かれると、汎テュルク主義的色彩を強めていった。オスマン軍もまた、テュルク同胞のロシア支配からの解放と統一とを夢見るエンヴェル・パシャ（1881〜1922）に率いられてコーカサス越えを強行したが失敗し、やがて大戦そのものにも敗北して汎テュルクの夢は潰えた。

ユースフ・アクチュラ（https://tr.wikipedia.org/ より）

　戦後連合国はオスマン領の分割を実行すべく、イスタンブル政府との間にセーヴル条約を締結したが、

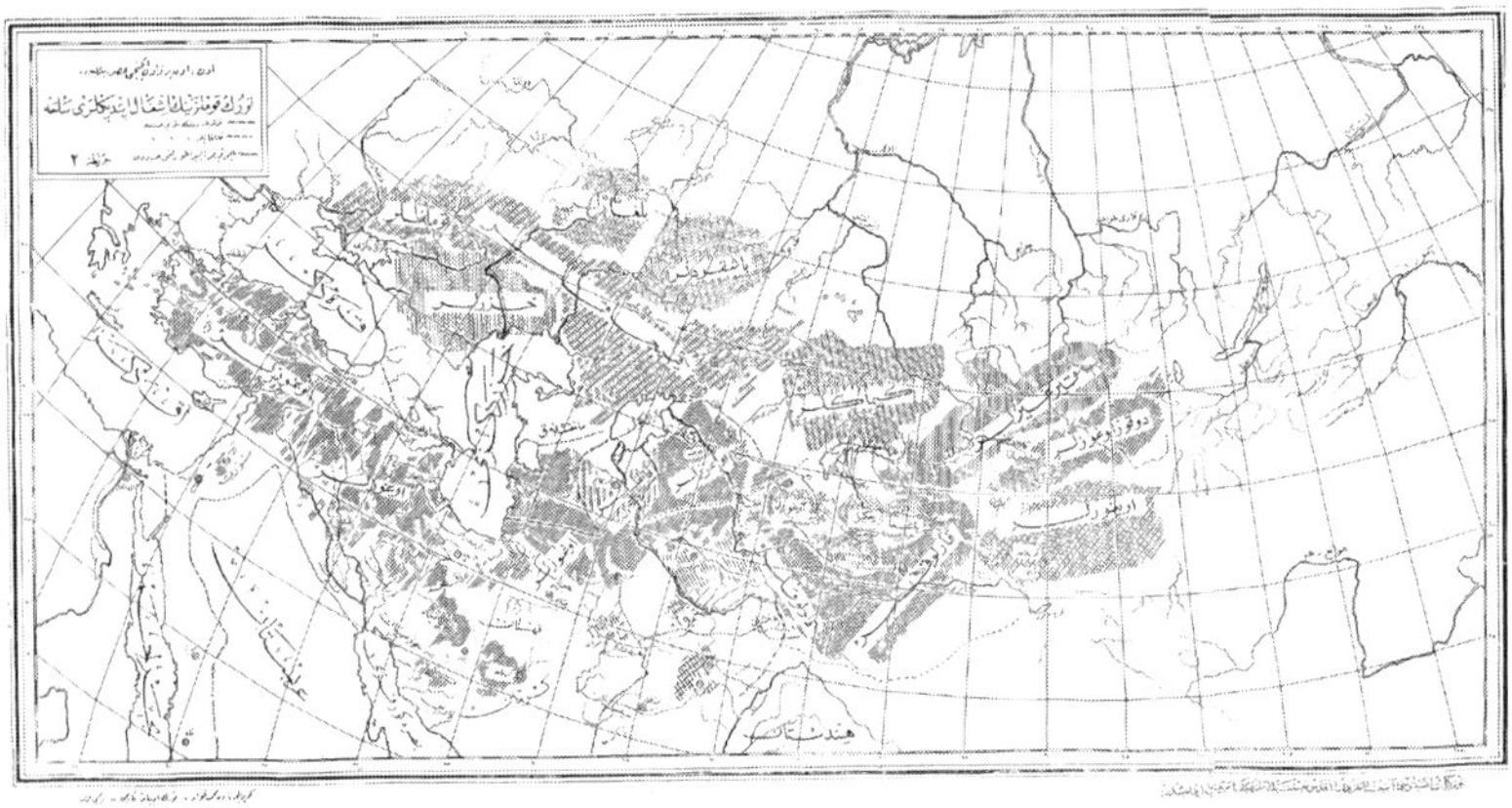

10 ～ 12 世紀にテュルク諸部族が占めていた地域を示す地図。東方のトクズ・オグズやウイグルから西方のオグズまでが描かれている。（アクチュラ編『テュルク年鑑 1928』より）

ナショナリストたちはこれに反対して抵抗運動を開始した。１９２０年にアンカラに議会を開いて革命政権を立ち上げたこの運動を、国外ではレーニンのソヴィエト政権のみが支持し、支援も与えた。１９２２年にこの抵抗運動が勝利し、１９２３年にトルコ共和国が成立したのちも、ソヴィエトとの友好関係は継続し、トルコは経済政策もソヴィエトからの援助を受けつつ計画経済を実施した。したがって、中央アジアにおけるテュルク系の民族運動を抑圧しつつあるソヴィエトとの関係悪化に直結する危険のある汎テュルク主義は、トルコ共和国においては禁圧されることになった。ただし、新生トルコは脱イスラーム化政策をとって、従来のイスラームに替わるアイデンティティと誇りの拠り所としてトルコ民族の偉大な歴史的功績を強調していたから、政治的には禁圧された汎テュルク主義は、心情の面ではトルコ国民を強く惹きつける性格を持っていた。やがてドイツでナチズムが興隆すると、その人種主義的イデオロギーにも影響を受け、「反共・反ソ」を掲げる汎テュルク主義は影響力を強め、1944年に至って政府によってあらためて弾圧された。

だが戦後の冷戦体制のなか、スターリンが領土的野心を露わにしてくると、トルコは「西側」陣営に加わって「反ソ」姿勢を明確にし、国民の間にも汎テュルク的心情は根強く残ることになる。そして1960年代末にはアルプアルスラン・テュルケシュ（1917～97）によって率いられた民族主義者行動党（コラム11参照）が汎テュルク主義を掲げて政治運動を始め、常に一定の支持を得て、トルコ政治にも影響力を行使するようになった。さらに1991年にソヴィエト連邦が崩壊すると、汎テュルク主義を禁圧する大きな理由が消滅したため、政権党によっても中央アジアのテュルク系諸国との文化的・経済的連携が説かれ、また政策としても推進されるようになった。またキプロスや、旧ユーゴ等のバルカン諸国、さらにシリアをはじめとする中東諸国のテュルク系住民（トルコ語で言う「外のトルコ人」）との連帯やこれへの支援も、現代トルコに特徴的な汎テュルク主義的心情の表われと言うことができる。

（新井政美）

50

トルコにおける民族史の構想

★トルコ史テーゼ★

第一次世界大戦に敗北後、祖国解放運動を勝ち抜き、1923年にトルコ共和国を宣言し、続いて、世俗的な国民国家建設のためにイスラームの諸制度を国家管理のもとに置くことによって「トルコ革命」を成し遂げた初代大統領ムスタファ・ケマル・アタテュルク（第45章参照）は、共和国建設のイデオロギーの柱とすべき新しい歴史認識の普及を目的とした「トルコ史テーゼ」を提唱した。

「トルコ史テーゼ」とは、私なりに要約すれば、「氷河期に中央アジアは水と緑に溢れる理想郷であった。そこの『原住民』であるトルコ人は、世界に先駆けて高度な文明を建設した。やがて、氷河が後退し中央アジアが乾燥化すると、彼らはこの高度な文明をたずさえて世界各地に移住して古代諸文明の建設に大きな役割を果たした」というものである。この「テーゼ」をまとめた500頁からなる『トルコ史概要』が1930年に出版された。この本は、「テーゼ」の趣意を述べた第一章「人類史序説」以後、順に中国、インド、カルディア・エラム・シュメール、エジプト、アナトリア、エーゲ地域、古イタリアとエトルリア人、イラン、そして中央アジアが古代史を中心に叙述されている。このうち、ロシアのカザンからオスマン帝国に亡命したユースフ・アクチュラ（1876～1935）が執筆した中央アジア史はともかく、それ以外の地域の古代文明も中央アジアから移住したトルコ人によって建設されたということになると、たしかに雄大な構想ではあるが、これはもう法外な自民族中心主義と言うほかはない。しかし、この本は、「真摯で、客観的で、学問的な研究によるトルコ史の発見」を命じたアタテュルクの要求を満たすものではなかったため、わずか100部だけ印刷されて識者の検討にゆだねられた。ただし、アタテュルクはこの本の趣意までも否定したわけではない。そのため、この本の、序文「この本はなぜ書かれたのか？」、第一章「人類史序説」、第二章「トルコ史序説」までの、87頁からなる『トルコ史概要　序説』が学校の補助教材として利用されるために3万部印刷されて配布された。

私は、この「テーゼ」に最初に接した時に、このような「テーゼ」がいったいどのようにして生まれたのかという疑問から、いろいろと調べてみた。結論からさきに述べよう。この「テーゼ」の核心は、おそらく、メソポタミアのシュメール文明とアナトリアのヒッタイト文明がトルコ人の手によるものであるというところにある。つまり、「トルコ史テーゼ」は、祖国解放運動によって守り抜いたアナトリアにおけるトルコ人の「先住権」と「占有権」を高らかに宣言した政治的イデオロギーにほかならない。事実、その後国民経済建設のために設立された国立銀行のなかには、「シュメール銀行」（1933年設立）と「ヒッタイト銀行」（1935年設立）の名が冠せられている。そして、この「テーゼ」に基づいた研究を推進するために1931年に設立された「トルコ歴史学協会」はアナトリアのヒッタイト遺跡の発掘・研究に重点を置き、かつその成果を「アナトリア文明博物館」に展示することに

「ヒオス島の虐殺」(ドラクロア、**1824**年)
(寺内威太郎・永田雄三・矢島國雄・李成市『植民地主義と歴史学——そのまなざしが残したもの』刀水書房、2004年、141頁)

よって、国際世論に訴えたのである。

一方、この「テーゼ」の背後に見られる心性を推し量ってみると、そこには19世紀以来のヨーロッパ諸国による激しい「トルコ人バッシング」に対する反発と、それによって傷ついたトルコ人の名誉を回復しようとする意志とが感じられる。19世紀になって、バルカン諸民族の独立運動が高揚すると、これを鎮定しようとするオスマン政府軍との間に激しい戦いが起った。これに対して、ヨーロッパではいっせいに「残虐なるトルコ人!」、あるいは「トルコ人は中央アジアの草原に帰れ!」といったキャンペーンが繰り広げられた。それを象徴するのが、たとえばドラクロアの「ヒオス島の虐殺」(1824年)と名付けられた「オリエンタリズム絵画」である。それは、近代ヨーロッパの遠祖である古代ギリシア文明の担い手であるギリシア人を殺害するトルコ人と、それに耐えて「自由を希求する」ギリシア人という構図である。

他方、この「テーゼ」が提唱されるにあたって、その役割を担わされたのは、アタテュルクの側近で「歴史家」を自認する政治家たちであった。彼らが参照した書物が「テーゼ」の「学問的根拠」である。私は、これにも驚いたのであるが、それらは、いずれも、当時のヨーロッパで出版された第一級のもので、しかも、それらの多くはすぐに、あるいはのちに、日本語に翻訳されているのである。いくつか例を挙げよう。まず、ドイツの地理学者で、「シルクロード」の名付け親として知られるリヒトホーフェンの大著『支那』（1877〜1912年刊）である。これは1942年に岩波書店から出版されている（全5巻）。この本によれば、かつて中央アジアには地中海に匹敵する広さの海（ツラン海）があり、その「原住民」であるアーリア人はこの地方の乾燥化とともに四方へ移住したことが示唆されている。この記述は、あたかも「アーリア人」を「トルコ人」に変えれば、「トルコ史テーゼ」そのものである。しかも、こうした考え方は、当時先史学の泰斗として知られたジャック・ド・モルガンの『有史以前の人類——先史学概論』（1924年刊、邦訳1933年、東京堂［鳥居《とりい》龍蔵《りゅうぞう》博士校閲］）や日本でも多くの読者を獲得したH・G・ウェルズの『世界文化史大系』（1921年刊［邦訳1938年］）など多くの書物にも見られるのである。つまり、「トルコ史テーゼ」の原点に位置する中央アジアの研究は、まさに「満蒙へ！」という日本の大陸政策を正当化する格好の材料だったのである。

この「テーゼ」に関する優れた分析を発表したトルコの社会学者B・E・ベハールは、当時のフランスの実証主義的歴史学とドイツのロマン主義的・国民主義的歴史学とがトルコ共和国初期の歴史学にインスピレーションを与えていたとし、このうちフランスの実証主義史学は「実践的な世俗主義の目的のために都合が良かったからである」と述べている。この意見は、『トルコ史概要』の「序文」において、宇宙の生成、人類の創造、そして人類の先史時代に関して宗教的な迷信（旧約聖書—引用者）から脱して科学的で実証主義的な歴史学を確立せねばならないと主張されていることを根拠にしていると思われる。そして、これはまさにアタテュルクが「トルコ革命」の最重要課題として推進してき

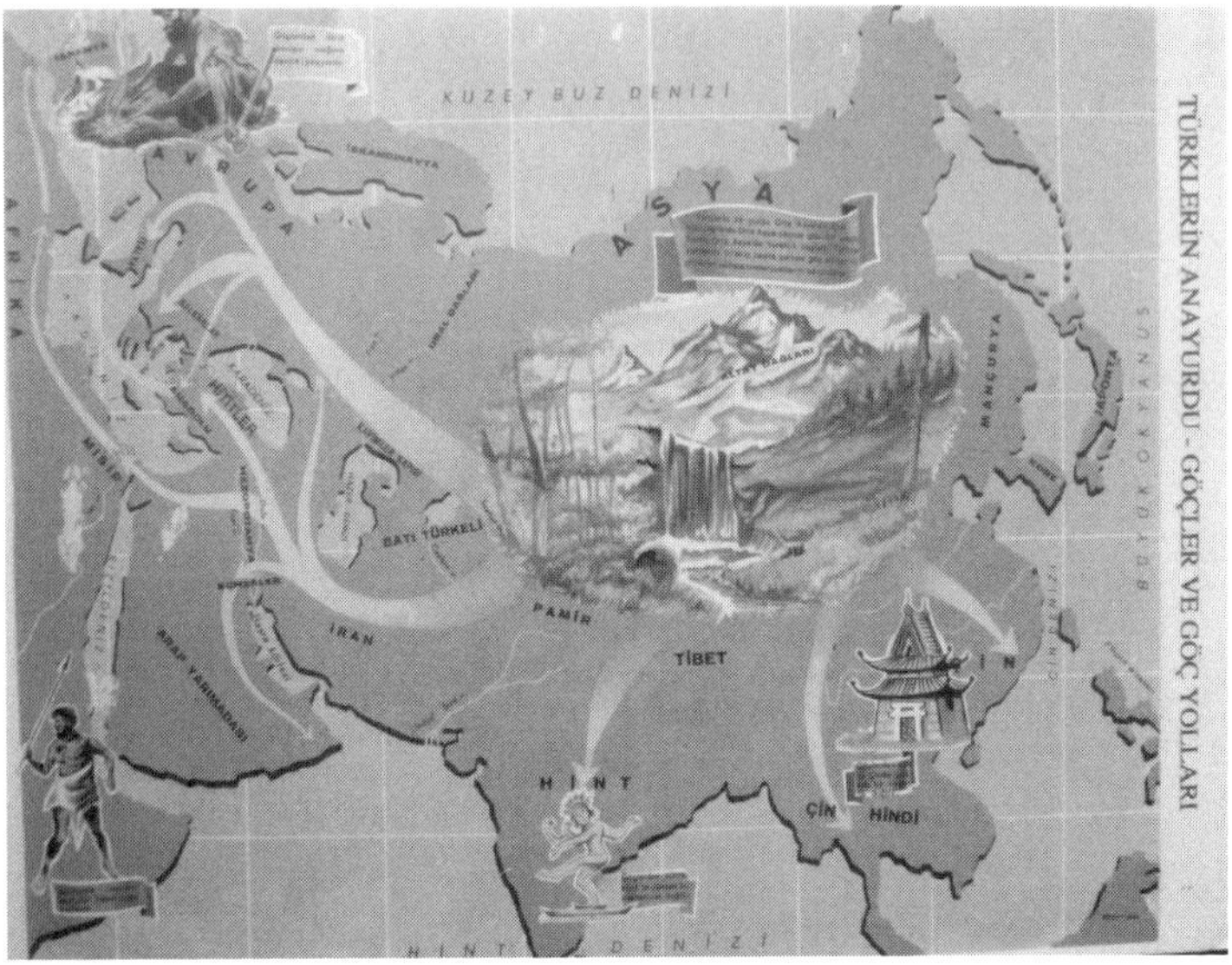

「トルコ人の中央アジアからの移住経路を示す図」
（出典：*Milli Tarih Atlası*, İstanbul, 1993, p.5（『国民歴史地図』イスタンブル、1993年、5頁）

た、「世俗主義」に基づく国民国家形成の理念と一致しているのである。

以上のような心性的・学問的背景から生まれ、なによりも祖国防衛の政治的イデオロギーとして提唱された「トルコ史テーゼ」ではあるが、現在では、さすがにこれをそのまま信じる人は少ない。とはいえ、たとえば、いま私の手元にある1993年刊行の『国民歴史地図』を開いてみると、その第一ページには「緑したたる中央アジア」の絵がカラーで描かれ、そこから「トルコ人が四方へ移住して、それらの地へ文明をもたらせた」ことが記述されている。この歴史地図は、「トルコ史テーゼ」がいまなお一定の影響力を持っていることを示している。

（永田雄三）

51

汎トゥラン主義

★ユーラシアにまたがる遙かな理想★

汎トゥラン主義とは、ユーラシアに広がるとされる「トゥラン人種」の団結を目指すべく、19世紀後半のハンガリーにおいて誕生した人種論的思想である。もともと「トゥラン」とはおおまかに言って中央アジアの草原地帯を指す地理概念であり、11世紀に完成されたペルシア語叙事詩『シャー・ナーマ』も、イランの王や英雄たちとトゥラン軍との闘争や悲哀が主題となっている。この語句は19世紀半ばになると、膠着語の特徴を持つウラル・アルタイ系の人々を指す、つまりインド・ヨーロッパ系の「アーリア人種」と対比される人種概念として用いられるようになった。当時ハプスブルク家の支配下にあったハンガリー人の一部は、アジア的出自という疎外感から東方に憧れを抱き、フィン・ウゴル系や本書が扱うテュルク系の諸民族に加え、モンゴル系やツングース系の諸民族、日本人などをトゥランの同胞と見なし、彼らとの一体性を模索するようになった。それを踏まえた上で、本章では日本とオスマン帝国／トルコ共和国における事例を取り上げることにしたい。

日本で初めて本格的にトゥラン（戦前の表記ではツラン）人種に言及したのは、高山樗牛《たかやまちょぎゅう》（１８７１～１９０２）だと思われる。

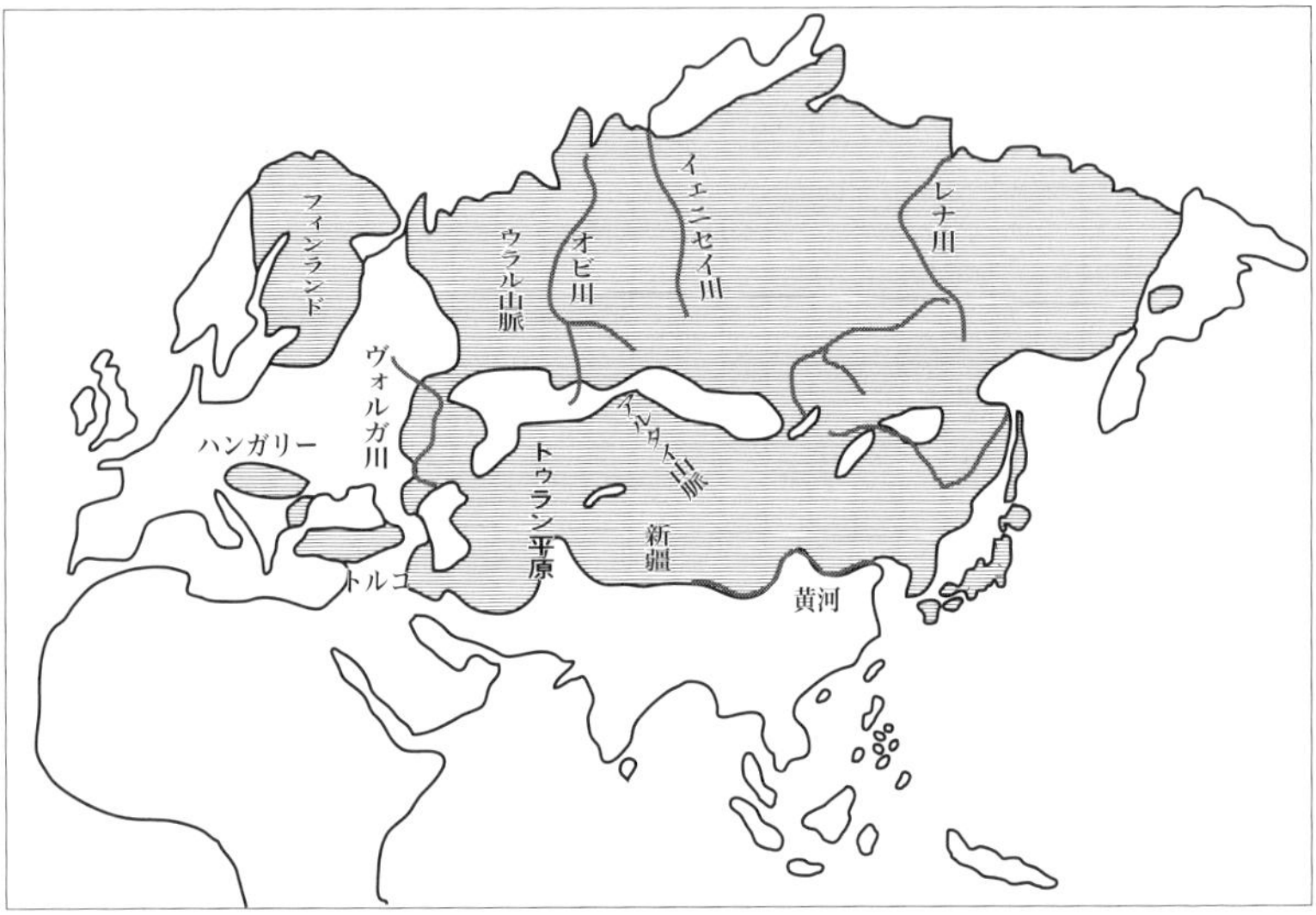

今岡十一郎によるトゥラン諸民族の分布（『ツラン民族圏』より一部修正）

「日清戦争は……『ツラン』人種の一大不幸に非ずや」と嘆く樗牛は、日中提携がアーリア人種に対抗する最終手段だと説いている（「人種競争として見たる極東問題」１８９８年）。しかし一般的には純トゥラン人種に含まれない中国人を彼が同胞と見なしていることからも、汎トゥラン主義が理論よりもむしろ国際情勢に即した思想であることが窺えよう。

日本における最も重要な汎トゥラン主義者はハンガリー研究者の今岡十一郎《いまおかじゅういちろう》（１８８８〜１９７３）である。そのため日本における汎トゥラン主義は、ハンガリーのそれの影響を強く受け、対象となる民族・地域もほぼ同じであるのが特徴と言える。ブダペストで研さんを積んだ今岡は、帰国後に数々の著作を著した。代表作の『ツラン民族圏』（１９４２年）は、ツングース（日本人、朝鮮人を含む）、モンゴル、テュルク、サモエード、フィン・ウゴル系の民族ごとに、その分布や身体的・民俗的特徴、歴史などについて詳述した大作である。同書の結論部分から明らかなように、今岡による汎トゥラン主義唱道の背景には、天皇制を指導原理とする皇道主義のアジア大陸への拡大と反ソ防共があった。彼は血統重視の家族制度に基づく皇道と血縁的トゥラン主義との親和性を介して、日本を盟主とするトゥラン的アジア新秩序の樹立を説いたのである。また今岡は汎トゥラン主義の高揚によって、中国西北部を共産主義への防波堤となすだけでなく、ソ連領内のテュルク系諸民族に対しては後方撹乱の効果をも期待している。

時期は前後するが、経済の側面から汎トゥラン主義を唱えた人物として、当時満洲国の官吏だったという野副重次《のぞえしげつぐ》（重遠《しげとお》）を挙げたい。野副は、日本人は満洲国を足掛かりとしてトゥラン民族の故地である北アジア、シベリアへ回帰すべき、という大胆な主張をした（『ツラン民族運動と日本の新使命』1934年）。ブロック経済を国際的搾取として批判する彼は、トルコやフィンランドにまで広がる血族が手を携え合い、経済的搾取のない「ツラン連邦」を構想するが、その根底にはトゥラン民族の同胞が指導者たる日本人の到来を歓迎するという根拠に乏しい過信があった。このように日本における汎トゥラン主義は、日本の大陸、とくに満蒙への進出やテュルク系諸民族を内包するソ連を強く意識したものだったが、トゥラン同胞からの呼応はついぞ見られず、終戦とともにひそかに終焉を迎えた。

一方、オスマン帝国／トルコ共和国における汎トゥラン主義の特徴は、対象範囲がテュルク系諸民族に限られることである。つまり汎テュルク主義（第49章参照）の一形態に他ならない。それまで辛うじて維持していたヨーロッパ領の大部分を二度のバルカン戦争（1912～13年）によって喪失したオスマン帝国では、埋め合わせとして汎テュルク主義イデオロギーの強化が図られた。汎イスラーム

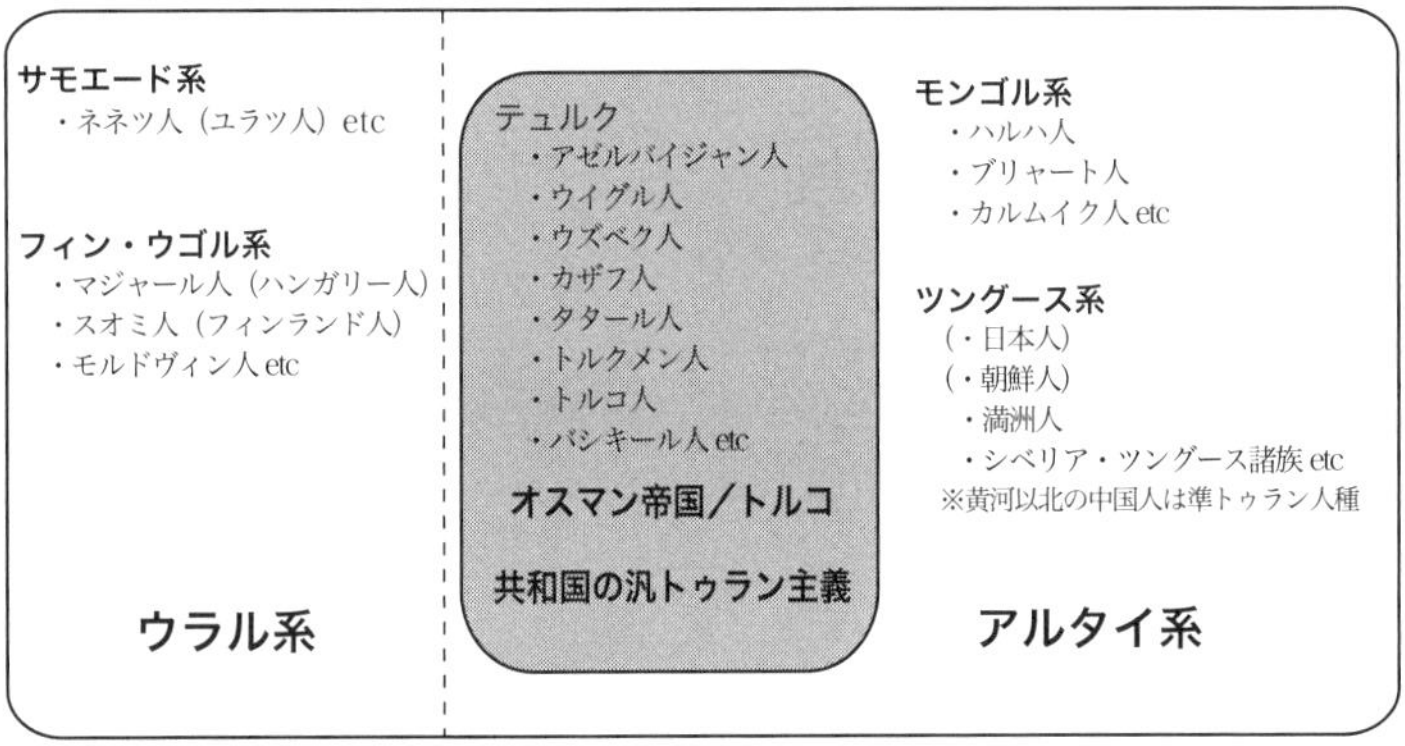

トゥラン民族の分類・範囲概略図

主義をも奉じた青年トルコ人政権にとって、両者が矛盾しないロシア帝国領内のテュルク系諸民族は格好の対象だったのである。そのためズィヤ・ギョカルプ（1876〜1924）ら当時の民族主義者たちは第一次世界大戦前・戦中期において、ロシア領内の同胞を含む団結の象徴として「トゥラン」を好んで取り上げている。他方イギリスにとって汎トゥラン主義はインド統治上の脅威であり、若き日の歴史家アーノルド・J・トインビー（1889〜1975）は、ベルリン〜イスタンブル（ビザンティウム）〜ブハラ間が鉄道で結ばれる可能性を検討している。オスマン帝国の同盟国たるドイツの3B政策は有名だが、汎トゥラン主義は地政学的には「新3B政策」の土台となるかもしれなかった思想と言えるだろう。

オスマン帝国の解体とトルコ共和国の成立によって汎トゥラン主義は収束するが、第二次世界大戦期、とくに独ソ戦の勃発（1941年）によって再び高揚を見た。英独双方と条約を締結していたトルコは中立を維持するが、ドイツ軍がバルカン半島を席巻し、国境まで迫ったことなどから事実上は親独だった。ドイツもトルコを取り込むため、駐アンカラ大使を通じ1942年まで汎トゥラン主義プロパガンダを展開した。とくに、占領（予定）地にテュルク系の傀儡国家を樹立し、トルコにも影響力行使を促すなどといった内容のドイツ外務省機密文書が戦後に暴露され、トガン（第48章参照）らロシアからの亡命者のみならず政府・共和人民党（当時は一党独裁制）の幹部や軍関係者の名も挙がっていたため物議を醸した。またこの時期、テュルクの血統的優越性を標榜する雑誌が相次いで出版されたように、汎トゥラン主義が政府によって容認されていたのは確実である。しかし1943年に入りドイツの劣勢が明白になると、汎トゥラン主義は左派知識人によって糾弾される。早くも戦後を見据え、悪化していた対ソ関係の修復を急いだトルコ政府は、翌年5月にトガンら主だった民族主義者を逮捕、見せしめ裁判にかけ、大統領イノニュは演説で汎トゥラン主義との決別を表明した。汎トゥラン主義は政府から梯子を外される形で凋落を迎えたが、被告の一人テュルケシュが率いた民族主義者行動党（コラム11参照）のイデオロギーとして復権を果たした。

このように日本、オスマン帝国／トルコ共和国の汎トゥラン主義は、いずれもロシア帝国／ソ連との対決やその解体を大前提としていた。しかしロシアは世界大戦や革命、内戦など多くの危機に直面しながらもそれらを克服した。その意味では、政治的な汎トゥラン主義はあくまで遙かな、そして未完の理想に過ぎないと言えよう。その現実はソ連崩壊後の現在も変わりないが、インターネットや学術交流などを通じて汎トゥラン主義が「文化的かつ汎テュルク」の枠内で再生する可能性は今後も十分に考えられる。

（小野亮介）

コラム11

民族主義者行動党（MHP）

三沢伸生

トルコ共和国における右派民族主義政党。同党の存在はカリスマ的党首であったアルプアルスラン・テュルケシュ（1917〜97）なくしては語れない。若い頃より汎テュルク主義を標榜していたテュルケシュは、陸軍中佐として1960年の軍事クーデータに参画したものの、民政移管方針をめぐって対立し、退役を余儀なくされ、1965年に共和農民国家党に入党して党首に就任した。その際にテュルケシュは「九つの光」と称する民族主義的な教条を定めて党の性格を民族主義政党へと一変させて、1969年に党名を民族主義者行動党と変更した。政情が不安定であった1970年代に、党はいずれも短命ではあったがスレイマン・デミレル率いる公正党（AP）が組閣した連立政権に二度参画して、テュルケシュ自身も副首相に就任した。その一方で党の青年組織である「灰色の狼（ボズクルト）」は、さまざまな勢力の対立のなかで極右的な非合法活動にも関与するようになった。しかし1980年の軍事クーデタによって政治的混乱が収束すると党は解散され、テュルケシュも10年間政治活動を禁じられた。しかしながら1983年にははやくも継承政党である保守党が組織され、同党は1985年に民族主義者労働党に改名した。そして3年早く1987年に禁を解かれたテュルケシュは同党の党首に就任し、1991年の総選挙で国

アルプアルスラン・テュルケシュ（民族主義者行動党ホームページより）

会議員にも返り咲いた。この1991年の総選挙で長く続いた祖国党（ANAP）政権が瓦解し、政治的混乱の渦中にあって党は1992年に党名を民族主義者行動党に戻して、1980年以前に戻ったかの様相を呈した。

しかし1995年の総選挙に際して、党は得票率が10％に満たずに国会での議席を喪失する。さらに1997年にテュルケシュが病没すると、党の存続さえもが危惧されるに至った。しかしテュルケシュの実子トゥールルを破って後継党首に就いたデヴレト・バフチェリのもと、党は1999年総選挙に際して17・98％という得票率でもって国会において129議席を占める議会内第二党の地位を得る一方、同年の地方選挙でも地方議会の17・17％、500名以上の首長を獲得するという歴史的大勝利を収めて、その存在を大いに誇示するに至った。この結果、党は、総選挙で第一党になったものの過半数の議席を得られなかったビュレント・エジェビット率いる民主左派党（DSP）と結んで、祖国党（ANAP）とともに3党連立政権の一翼を担うこととなった。21世紀に入り、2002年の総選挙で公正発展党（AKP）の独り勝ちという大躍進のかげで再び国会での議席を失ったが、続く2007、2011、2015年の総選挙ではいずれも10％を超える得票率を確保して国会での議席を回復し、盤石と言われる公正発展党による単独政権に対して一定の発言権を確保している。

さて1999年総選挙の歴史的大勝利に関してはさまざまな要因が挙げられているが、世界的なネオ・ナショナリズムの覚醒のなかで、総選挙直前にケニアでのクルディスタン労働者党（PKK）のアブドゥッラー・オジャラン党首の拘束によるトルコ国内のナショナリズム高揚もその要因の一つと言われる。テュルク主義さらには汎テュルク主義を党是とする民族主義者行動党は、一貫して国内におけるクルド民族の存在に対峙し、独立のための武装闘争を展開するクルディスタン労働者党と敵対している。オジャラン拘束後の総選挙に際して同党に対する期待が大いに高まり大勝利につながったことは事実であろう。しかしながら党首就任直後からバフチェリは、党の復活のために、かつて一時的に党が武装闘争も辞さなかったような極右的な方針からの脱却を目指して、イスラームをも重視しつつ党の方針を穏健なものに転換することを図っており、クルド問題に対して必ずしも旧来のような強硬な姿勢ばかりを継続しているわけではないとも言われている。

確かに21世紀の現在においては世界的なネオ・ナショナリズムの風潮のなかで、かつて党が組織した「灰色の狼」でさえも1970年代の極右的非合法活動の象徴的意味合いといった記憶はすっかりと風化してしまい、テュルク主義あるいは国境を越えた民族的連帯を標榜する汎テュルク主義の象徴的存在として、三つの新月を戴く党のマークやテュルケシュの肖像写真とともに、各種印刷物のみならず、ネット社会においてホームページ、SNS、フェイスブックに溢れている。こうした日常的風景が物語っているように、党の存在は、現在の穏健化方針とも相まって、老若男女を問わず広く認知・支持されているかのようである。

民族主義者行動党　マーク
(同党ホームページより)

しかしこうした現況にあって2011年に始まる隣国シリアの騒乱が、IS問題・クルド問題・米ロ対立などの諸問題を孕みながら激化・拡大して、トルコに大きな影響を及ぼすという状況が進展するなか、トルコ政府の対応と同程度の関心でもって民族主義を標榜する党の存在が国際的な注目を集めていることも忘れてはならない。

52

テュルク系サミット

★テュルク系諸国の国際関係★

1991年のソ連解体の過程において、コーカサス・中央アジアにテュルク系の独立国家（アゼルバイジャン、カザフスタン、ウズベキスタン、トルクメニスタン、クルグズスタン）が誕生した。こうした国際状況の変化のなかで、トルコは民族主義に基づく親近感と、政治的・経済的な実利追及意識をもってテュルク系諸国との接近を模索し始めた。1923年のトルコ共和国成立直後、汎テュルク主義（第49章参照）や汎トゥラン主義（第51章参照）は新国家の基盤を危うくするものとしてムスタファ・ケマルによって厳しく抑制を受けていたが、国民の間には綿々と受け継がれ、ソ連の崩壊によって従来まで制限されていた交流が可能になったことによって再び大きな潮流となった。一方、独立間もないコーカサス・中央アジアのテュルク系諸国にとっても民族・言語的親近感に裏打ちされて、アメリカ・ロシアといった大国やヨーロッパ諸国とは一線を画した、テュルク系諸国間での国際関係の構築を期待する姿勢が見受けられた。

　こうした背景のもと、1992年にトルコの提唱に基づき、アゼルバイジャン、カザフスタン、ウズベキスタン、トルクメニスタン、クルグズスタンの5か国が参画して、テュルク系サミット（＝テュルク諸語国首脳会議）が組織された。設立以来、１９９２年10月にアンカラ（トルコ）、１９９４年10月にイスタンブル（トルコ）、１９９５年８月にビシュケク（クルグズスタン）、１９９６年10月にタシュケント（ウズベキスタン）、１９９８年６月にアスタナ（カザフスタン）、２０００年８月にバクー（アゼルバイジャン）、２００１年４月にイスタンブル（トルコ）、２００６年11月にアンタルヤ（トルコ）、２００９年10月にナヒチェバン（アゼルバイジャン）、２０１０年９月にイスタンブル（トルコ）と不定期に開催されてきている。このように設立以来約20年間に開催された会議の半数がトルコにおいて開催されていることが示すように、とりわけトルコの主導性が強い。しかし２０１０年以降、サミット自体が開催に至っていないように、ソ連崩壊から時間が経過するにつれて、各国において当初の過熱した汎テュルク主義的期待感が縮小・後退し、かわって各国間の利害対立の増大、トルコの主導性に対する不満などの問題点も露呈し始めている。

このテュルク系サミットに並行して、やはりトルコが主導的な役割を演じながら、様々な組織が設立・整備されてテュルク系諸国間の関係強化が図られている。

経済面では、１９９２年にトルコによって設けられたテュルク協働協調機関（TİKA）は、テュルク系諸国において教育支援も含めたさまざまな開発援助実施機関として期待を集め、さらに１９９９年に総理府の直轄機関へ移行したことにより、トルコのテュルク系諸国との国際関係の諸政策に深くかかわっている。さらにトルコではテュルク系諸国・諸団体友好同胞協働ワクフ財団（TÜDEV）が組織され、テュルク・クリルタイ（＝テュルク系諸国・諸団体友好同胞協働会議）といった会議も開催されている。

文化面では、１９９３年にトルコがアンカラに設立したテュルク国際文化機構（TÜRKSOY）が挙げられる。

政治面では、協議が難航したものの、2008年にトルコ、アゼルバイジャン、カザフスタン、クルグズスタンの4か国によりテュルク諸語国家議会（TÜRKPA）の設立がイスタンブルにおいて合意された。4か国はこの合意に基づき、2009年10月に開催された第9回テュルク系サミットにおいて、テュルク諸国の関係をさらに進展させ強固にすべく、テュルク評議会（TK）の設立を目指す協定を締結し、2010年9月にイスタンブルで開催された第10回テュルク系サミットにおいて、その発足が正式に決定された。しかしながら、トルクメニスタンとウズベキスタンは将来的可能性を留保しつつも当面はこの評議会への参加を見送っており、現況では上記のトルコ、アゼルバイジャン、カザフスタン、クルグズスタンの4か国の参画にとどまっている。テュルク評議会は、組織として事務総局をイスタンブルに置きながら、上述のテュルク諸語国家議会とテュルク国際文化機構を取り込み、さら

TIKA マーク（同組織公式ホームページより）

TÜRKSOY（同組織公式ホームページより）

TIURKPA ロゴ（同組織公式ホームページより）

テュルク評議会のロゴマーク（同組織公式ホームページより）

に文化組織としてテュルク諸語アカデミーをアルマトゥ（首都移転に伴い現在はアスタナ）、経済産業組織としてテュルク産業評議会などの下部組織を設けながら活動している。事務総局のもとには、4か国の大統領評議会、外務大臣評議会、事務次官評議会、賢者評議会が組織されている。

こうした一方で、ソ連から独立したテュルク系諸国に対して、とりわけ天然資源・経済協力をめぐってアメリカ・ロシアを筆頭に中国やヨーロッパ諸国も接近を図っている。たとえば、1992年にイランが中心となってトルコを排除して、ロシア、アゼルバイジャン、トルクメニスタン、カザフスタンの5か国で結成された環カスピ海沿岸諸国協力機構、さらにそれに対抗して同年にトルコの主導により、アルバニア、アルメニア、アゼルバイジャン、ブルガリア、ジョージア（旧グルジア）、ギリシア、モルドバ、ルーマニア、ロシア、セルビア、ウクライナの12か国で結成された黒海経済協力機構（BSEC）といった国際組織が大きな注目を集めた。さらに経済面に限らず政治的にもコーカサス地域の民族対立、新疆《しんきょう》ウイグル自治区をめぐる東トルキスタン問題、北キプロス・トルコ共和国の存在などがさまざまに影響してきている。テュルク系諸国の国際関係は単純にテュルク系諸国間の問題だけにとどまってはいない。

（三沢伸生）

Ⅵ

テュルク学

—テュルクの歴史・言語・文化に関する研究

53

ロシア

★テュルク学発祥の地★

中央ユーラシア地域と歴史的にもつながりの深いロシアは、テュルク学の発祥の地として今日に至るまで数多くの重要な研究を生み出してきている。とくにテュルク諸語の文法書や辞書の出版においては他の国々を圧倒しており、これらの工具書類は世界の研究者や学習者にとって不可欠の存在となっている。

ロシアにおいて中央アジア研究の重要性を最初に主張したのは、チベット、モンゴルに関する書物に続いて1829年に『ジュンガリアと東トルキスタンの古代と現代』を出版した中国学者ニキータ・ビチューリン（ヤキンフ神父、1777〜1853）とされる。その後19世紀に活躍した研究者として、当時のロシア東洋学の中心であったカザン大学（1804年創設）で教職にあったアレクサンドル・カゼムベク（1802〜70）をはじめ、オットー・フォン・ビョートリンク（1815〜1904）、イリヤ・ベレジン（1818〜96）、ニコライ・イリミンスキー（1822〜91）、チョカン・ワリハーノフ（1835〜65）などの名前をあげることができる。とくに、インド学者として知られるビョートリンクが1851年にサンクトペテルブルクで刊行した『ヤクート人の言語について　文法、テキストおよび語彙』

（ドイツ語）は、ヤクート（サハ）語の詳細な記述文法として、またテュルク語比較言語学の嚆矢として、今日でもその重要性を失っていない。

少し遅れて、ドイツ生まれのワシーリー（ヴィルヘルム）・ラドロフ（１８３７～１９１８）は、１８５９年以来ロシアに居住し、各地のテュルク語民間文学から、当時新しく知られるようになったオルホン碑文、古ウイグル語仏典および文書、さらには『クタドゥグ・ビリグ』（第12章参照）など、幅広い分野にわたって数多くの業績を残した。なかでも４巻からなる『テュルク諸方言辞典』（１８９３～１９１１）は、現代語と文献言語をともに収録した最大のテュルク語辞典として不朽の存在であり、その後の研究に対して与えた影響ははかりしれない。まさにテュルク学という学問はラドロフによって確立されたと言っても過言ではない。なお１８５５年にはサンクトペテルブルク大学に東洋言語学部が開設され、以後東洋学の新たな拠点となっていく。

ワシーリー・ラドロフ

1559 тӱрӱlдӧ — тӱркlӱк 1560

тӱрӱlдӧ (v) [Kir.]
шумѣть — lärmen, brausen.
тӱрӱш (v) [Tar.]
толкнуться — sich stossen.
тӱрк [(AT.), (Uig.), (Dsch. Osm.)]
1) (AT.) династія и народъ, называемые китайцами Ту-кю — die von den Chinesen Tu-küe genannte Türken-Dynastie und das ihr unterworfene Volk; кӧк тӱрк голубые тюрки — die blauen Türken (X 4,7); тӱрк Біlгä kaған тюркскій Бельге Ханъ — der türkische Bilgä Chan (Ka 1,4); тӱрк kaған тюркскій Ханъ — der türkische Chan (Ka 3,8); Тӱргäш kaған тӱркӱм будуну äрті Тюргешъ Ханъ былъ моимъ тюркомъ, моимъ подданнымъ — der Türgäsch Chan gehörte zu meinen Türken, war mein Unterthan (X 16,4); тӱрк бäгläр будун тюркскіе беги и тюркскій народъ — die Türken-Bege und das Türkenvolk (X 2,7).
2) тюркскій, турецкій, турокъ (въ отличіе отъ другихъ народовъ, арабовъ, персовъ и т. д.) — türkisch, der Türke (im Gegensatz zu anderen Völkern, Arabern, Persern etc.); тӱркlär (Uig.) тюрки — die Türken (K. B. 5,7); тӱркчä по тюркски — auf türkisch (K. B. 8,2); тӱрк бäгläрі тюркскіе беги — die türkischen Fürsten (K. B. 19,26); بارچه تیللاردە برلە سوزلاب تازی فارسی توركیدین (Dsch.) онъ говорилъ на всѣхъ языкахъ: по арабски, по персидски и по тюркски — er sprach alle Sprachen: arabisch, persisch und türkisch (Abg. 11,9); біз тӱркlär (Osm.) мы турки — wir andere Türken; тӱркӱн аkлы сонрадан ïälip (Osm.) турки задникъ умомъ крѣпки (посл.) — der Türken Verstand kommt hinterher (Spr.); тӱрк олана шähірін ічі зындан олур для турка внутренность города какъ тюрьма (посл.) — für den Türken ist das Innere der Stadt ein Gefängniss (Spr.).
3) (Dsch.) храбрый и суровый — tapfer und roh; ترك و مردانه بيكيت ايدى онъ былъ храбрый и мужественный — er war tapfer und beherzt (Bb. 220,9).
4) (Osm.) необразованный, хищникъ, бродяга — roh, ungebildet, räuberisch, der Herumtreiber, Vagabond (поэтому османы не хотятъ называться тюрками, а называютъ себя всегда османы — wegen dieser Bedeutung des Wortes lieben die Osmanen nicht sich Türken zu nennen, sondern nennen sich stets османы).
тӱркі [تورکی, ترکی (Osm. Dsch.)]
1) тюркскій, простонародный — türkisch, volksthümlich, zum gemeinen Volke gehörig; lісаны-тӱркі турецкій языкъ — die türkische Sprache; тӱркіџä по турецки — türkisch.
2) (Dsch.) пѣсня — der Gesang, Volksgesang.
Тӱркістан [(Uig.), ترکستان (Dsch.)]
Туркестанъ, страна турокъ — Turkestan, das Türkenland (K. B. 2,16).
тӱркӱ [ترکی (Osm. Krm.)]
простонародная пѣсня — das Volkslied; тӱркӱ баѓламак, тӱркӱ сöiläмäк сочинять, речитировать стихи — Verse machen, Verse recitiren; тӱркӱ чаѓырмак пѣть пѣсню — ein Lied singen.
тӱркӱгӱн [Kkir., vergl. тіркä]
шестъ, служащій подпорою для палатки — die Zeltstange.
тӱркlän (v) [ترکلانمك (Osm.), von тӱрк+lä+n]
отуречиться — zum Türken werden.
тӱркläнтір (v) [ترکلشدرمك (Osm.), von тӱркlän+тір]
превратить въ турка — zum Türken machen.
тӱркlӱк [ترکلك (Osm.), von тӱрк+lӱк]

ラドロフ『テュルク諸方言辞典』第**3**巻「テュルク」の項目
（出典：V. V. Radlov, *Opyt Slovarya Tyurkskikh Narechii* III, Saint Petersburg 1905）

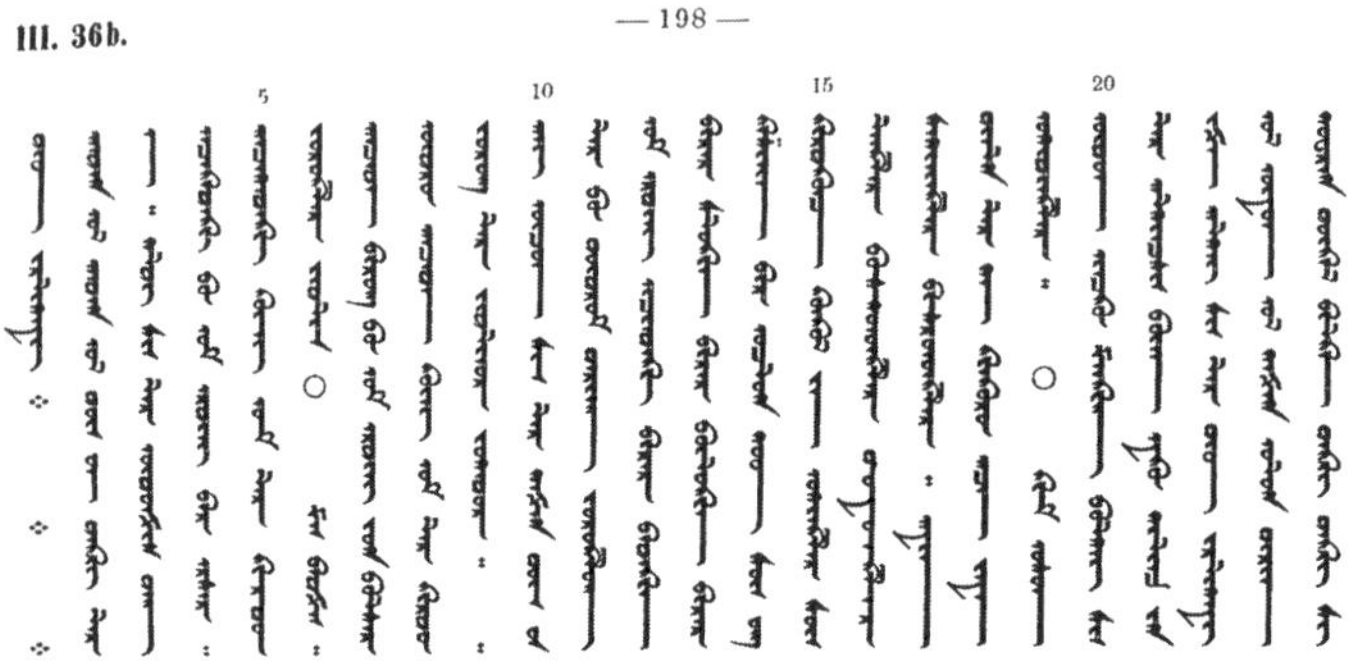

ラドロフとマロフによって刊行された古ウイグル語訳『金光明最勝王経』テキストから
（出典：V. V. Radlov and S. E. Malov, *Suvarṇaprabhāsa (Sutra zolotogo bleska). Tekst uigurskoi redaktsii*, Saint Petersburg 1913-1917 (repr. 1970)）

ラドロフに続く時代の研究者としては、ウリヤンハイ（トゥバ）語の重要な研究や東トルキスタンでのテキスト収集で知られるニコライ・カタノフ（1862〜1922）、古ウイグル語訳『金光明《こんこうみょう》最勝《さいしょう》王経《おうきょう》』写本の発見者で、ラドロフと共同でそのテキストを刊行したセルゲイ・マロフ（1880〜1957）、テュルク諸語の最初の分類案を発表したアレクサンドル・サモイロヴィチ（1880〜1938）、中期テュルク語に関する重要な研究を残したエミール・ナジプ（1899〜1991）とアレクサンドル・ボロフコフ（1904〜62）、『テュルク諸語語源辞典』の編者エルヴァント・セヴォルチャン（1901〜78）、現代テュルク諸語の幅広い研究やテュルク学の概説書などで知られるニコライ・バスカコフ（1905〜95）、さらに浩瀚なトルコ語文法・ウズベク語文法を著わし、二つの重要なチャガタイ語テキストを刊行したアンドレイ・コノノフ（1906〜86）など、挙げるべき名前はきわめて多い。ロシアのテュルク学においては、マロフが現代ウイグル語やサリグ・ヨグル語に関する著作も発表しているように、少なからぬ研究者が過去の言語の研究と並行して現代テュルク諸語の研究にも従事している点がとくに注目される。

言語研究とならんで、地理学者ピョートル・セミョーノフ＝チャンシャンスキー（1827〜1914）、インド学者セルゲイ・オリデンブルク（1863〜1934）といった人々によって行われた中央ユーラシアの探検・調査も特筆に値するものであるが、とりわけ重要なのは歴史学の分野でのワシーリー（ヴィルヘルム）・バルトリド（1869〜1930）の功績である。バルトリドは、その実証的な文献史学の方法により、中央アジア史・中央ユーラシア史研究に巨大な足跡を残した。『モンゴル侵攻期のトルキスタン』、『中央アジア・テュルク諸民族史に関する12講』、『トルキスタン文化史』など、その成果は多くの言語に翻訳されて広く読み継がれている。さらにエヴゲニー・ベルテリス（1890〜1957）によるチャガタイ語詩人ナヴァーイーの研究や、ヴィクトル・ジルムンスキー（1891〜1971）による中央アジア口承文芸の研究も、今日なおそれぞれの分野を代表する重要な文献である。

このようなロシアのテュルク学に大きな打撃を与えたのは、「内なる敵」の摘発をめざしたスターリン時代の粛清であった。ソ連科学アカデミー東洋学研究所長のときに逮捕されたサモイロヴィ

サモイロヴィチによって刊行された『バーブル詩集』テキストから
（出典：A. N. Samoilovich, *Tyurkskoe Yazykoznanie, Filologia, Runika*, Moscow 2005）

チの罪状は「日本のスパイ」であり、彼を告発した文書には「サモイロヴィチは、汎テュルク主義者ラドロフらの影響を受けてテュルク諸語の研究に従い、汎テュルク主義の思想を発展させた」という記述も見られた（その後サモイロヴィチの主要な業績は2005年にロシア科学アカデミーの「祖国の東洋学古典」シリーズの一冊としてモスクワで再刊された）。

戦後期の研究者では、サラル語やサリグ・ヨグル語の研究を発表したエトヒャム・テニシェフ（1921〜2004）、古代・中期テュルク語を中心に数多くのテーマをとりあげたアレクサンドル・シチェルバク（1926〜2008）、古代テュルク語碑文の研究で知られるセルゲイ・クリャシュトルヌィ（1928〜2014）、ウイグル仏典を専門とするリリヤ・トゥグシェヴァ（1932生）などが代表的である。テニシェフとシチェルバクは1969年に出版された『古代テュルク語辞典』の編者にも名を連ねているほか、それぞれテュルク諸語の比較言語学に関する研究を刊行している。またシチェルバクは反アルタイストとして、つまりアルタイ語族説に反対する立場から、テュルク諸語とモンゴル諸語の言語接触の問題も取り上げている。なおモスクワで学んだ歴史学者ユーリ・ブレーゲル（1925生）は、アメリカ移住の後、バルトリドの伝統に連なる中央アジア史研究をさらに発展させている。

19世紀以来ロシアのテュルク学はまさに世界の研究を主導してきたが、ソヴィエト連邦の崩壊など近年の情勢の変化により中央ユーラシアやシベリア地域の「開放」が進むにつれて、残念ながらかつての特権的な地位が失われているように見える。変化する時代状況のなかで、ロシアのテュルク学が、強固な伝統を生かしながらも各国の最新の研究成果を取り入れつつ、新たな次元へと歩を進めていくことが期待される。

（菅原　睦）

54

フランス

★外交政策と学術★

1071年のマンズィケルトの戦いの後、アナトリアの「テュルク化」は急速に進展し、遅くとも12世紀末のフリードリヒ赤髭王麾下の十字軍遠征の頃までには、西欧人はこの地を「トゥルキア」と呼ぶようになっていた。このトゥルキアに関する十字軍参加者の報告がヨーロッパにおける「テュルク学」の濫《らん》觴《しょう》であると言い得る。やがてオスマン帝国がバルカンと南東ヨーロッパを征服し地中海を支配下に置くに及んで、この帝国に関する情報を収集することは、ヨーロッパにとり喫緊の重大事となった。

フランソワ一世は、1525年のパヴィアの戦いに敗北した直後にイスタンブルに特使を派遣し、1535年からはオスマン政府の許に大使が恒常的に駐箚するようになった。大使たちは離任に際して在任中の交渉の記録をまとめて国王に提出することが慣行となった。フランス語で最初にオスマン帝国事情を紹介した『トルコ人の国について』を著したギヨーム・ポステル（1510～81）や『トルコにおける航海、遍歴、旅行』の著者ニコラ・ド・ニコレ（1517～83）は大使に随行して東方に赴いた知識人であり、前者は「王のコレージュ」（のちのコレージュ・ド・フランス）において東方諸言語を教授した。フランスとオスマン帝国の交渉は当初ギリシャ語とイタリア語を介して行われていたが、17世紀には本格的にオスマンの言語と文化に関心が向けられるようになった。大使ノワンテル侯爵に随行し長期にわたってイスタンブルに滞在したアントワーヌ・ギャラン（1646〜1715）は、『千一夜物語』の発見者として著名であるが、「王の図書館」とフランス東インド会社のために数多くの写本を収集して本国にもたらした。彼はオスマンの文人たちと交際し、フセイン・ヘザール・フェンの『オスマン朝法制概論』の翻訳も行った。

1669年、国務卿コルベールはマルセイユ商会議所の請願に基づき「青年言語学校」をイスタンブルのペラ（現在のベイオール）地区に開設し、1721年以降は、パリでアラビア語とトルコ語の基礎を学んだ学生が学業の完成のためにイスタンブルに送られるようになった。その学生たちは言語習得の実習のためにさまざまな分野のオスマン語文献の翻訳を課せられ、その手稿は定期的にパリに送られた。現在フランス国立図書館には、1730〜1753年の間になされた120以上の翻訳の写本が所蔵されている。

フランス革命後の共和暦第三年（1794〜95）、国民公会は教育を教会から解放し、共和国に有為な人材を育成するため、のちにグランゼコールと称されるようになる高等師範学校、工科学校、工芸学校などの専門学校を次々と設立した。東洋言語専門学校もその一つであり、初期にはアラビア、トルコ、タタールのテュルク、ペルシア、マレーの諸語が教授されていた。

マテュラン・ジョゼ・コール（1805〜54）は、パリの青年言語学校（のちに東洋言語専門学校に併合）に学び、若くしてオスマン帝国の近代化の推進者、ムスタファ・レシト・パシャの私的通訳になった。

彼は1839年のギュルハーネ勅令の起草に関わったとも言われる。この勅令発布直後、フランス大使館の通訳に転じた後もオスマン政府に対して影響力を行使し、1856年の改革勅令には彼の提言が多く採用された。1854年、ナポレオン三世によりコレージュ・ド・フランスのトルコ語教授に任命されたが程なくして死去した。

シャルル・シェフェール（1820～98）も東洋言語学校で東方諸言語を習得し、外交官としてオスマン帝国各地に滞在した。スルタン・アブデュルメジドの知遇を得て、1856年のパリ条約の締結に大きな役割を果たした後、東洋語学校の教授に任命され、次いで1867年からその死に至るまで校長を務めた。彼の許でこの学校は目覚ましい発展を遂げ、勃興期の東洋学の牙城となった。

19世紀中葉以降、テュルク学の関心はオスマン帝国の彼方のテュルク世界にも向けられるようになった。アベル・パヴェ・ド・クールテイユ（1821～89）は、『トゥーラーン諸言語で記されたバーブル、アブルガーズィー、アリー・シール・ナヴァーイー、及びその他の著作の講読を容易ならしめるための東方テュルク語辞書』（1870年）、次いで『バーブル・ナーマ』の翻訳を発表した。彼はアントワーヌ・ギャランによってパリにもたらされていたウイグル文字で書かれた『ミーラージュ・ナーマ』（預言者の昇天の書）と『聖者列伝』のテクストと翻訳も公刊した。同じ頃、イスタンブル駐箚の通訳官フランソワ・ブランはナヴァーイーに関する最初のまとまった論考を発表した。

ジャン・ドゥニ（1879～1963）は、20世紀前半のフランスにおけるテュルク学の総帥であった。彼もまた外交官の経歴を経た後、1908年に師のバルビエ・ド・メイナールの後を受けて東洋語学校のトルコ語教授になった。その主著『トルコ語（オスマン語方言）文法』（1921年）は、ラテン語文法の術語に則ってトルコ語を記述する従来の方法を一新して、この言語の特性に基づいて提示するものであり、現在も依然として参照さるべき著作である。

1949年に退官したドゥニを継いだルイ・バザン（1920～2011）は、20世紀後半の代表者である（東洋言語学校は1971年に東洋言語文化学院〔INALCO〕に改組された）。バザンの研究は、古代のテュルク語碑文からアタテュルクの言語改革、『晋書《しんじょ》』に見える匈奴《きょうど》の言語から現代トルコ語のシンタックスの変化まで、極めて広い分野に及んだ。

現在パリにおけるテュルク学研究は主として、研究機関である国立科学研究院（CNRS）と教育機関である社会科学高等学院（EHESS）とINALCO及びコレージュ・ド・フランスによって担われており、これらの機関に属する専門家の連絡組織として「テュルク・オスマン・バルカン・中央アジア研究センター」（CETOBaC）がある。このセンターは、30名ほどの正規メンバーとこれに倍する準メンバーで構成され、オスマン帝国史、現代トルコ、現代バルカン、中央アジア、テュルクの言語・文化・社会、イスラームとスーフィズムを「柱」とし、関連する研究者が共同でセミナーを開催している。研究分野は多岐に渡るが、バザンとジェームズ・ハミルトンの古代語研究を継承する者は目下の所不在である。この連絡組織に関係する機関として、イスタンブルのフランス・アナトリア研究所とビシュケクのフランス中央アジア研究所がある。これらは、フランス外務省とCNRSに両属する機関で、専門研究者が常駐するとともに招待学生を受け入れ現地体験の機会を与えている。外務省が地域研究に関わることは、16世紀以来のフランスの伝統とも言い得るであろう。（濱田正美）

55

トルコ

★国学としての歴史学★

トルコにおける国学としての歴史学研究の基本路線は、共和国初代大統領アタテュルク（1881～1938）が主導した「トルコ革命」（第一次世界大戦後の祖国解放運動の勝利と共和国初期の諸改革の総称）がほぼ達成された1930年に彼が語った次の言葉に象徴されている。すなわち、「ヨーロッパ人のオスマン帝国やトルコ・イスラーム文化に対する偏見は、彼らがもっぱら西方資料だけに依拠していることに由来する。トルコ人は、自らの祖先の残した資料を発掘して正しいトルコ史像を再構築せねばならない」。そして、それを実現するために31年に設立されたのが、「トルコ歴史学協会」である。

アタテュルクがこのような演説を行った背景には、『ローマ帝国衰亡史』の著者ギボン（1737～94）をはじめ、18世紀以来ヨーロッパに流布していた「オスマン帝国＝ネオ・ビザンツ帝国」説に対する反発がある。つまり、中央アジアの草原からやって来た野蛮な遊牧民がオスマン帝国のような優れた組織を持つ帝国を作れるはずがない。この国を作り上げたのは、イスラームに改宗した、あるいは改宗させられたギリシア人である。オスマン帝国は宮廷制度から、官僚機構、軍隊、法律、土地制度などのすべてに及んでビザンツの制度を模倣することによって初めてできたのである。したがって、オスマン帝国はイスラームの姿を借りたビザンツ帝国の再生に他ならない、というものである。

第一次世界大戦中、東部アナトリアで起きた諸事件が「トルコ人によるアルメニア人の虐殺」という脈略で喧伝され、「トルコ人バッシング」が最高潮に達した1916年に、オクスフォード大学から出版されたH・A・ギボンスなる人物の『オスマン帝国の創建』は、まさに、この「オスマン帝国＝ネオ・ビザンツ帝国」説の亜流である。この本はヨーロッパで大きな反響を呼ぶと同時に多くの反論も寄せられた。トルコにおけるギボンス説批判の先頭に立ったのは、イスタンブル大学付属「トルコ学研究所」の設立者であり、所長であったファト・キョプリュリュ（1890〜1966）である。彼は、17世紀に、弛緩した行政を引き締めて、オスマン帝国の再興に貢献したと言われる大宰相メフメト・キョプリュリュ（1578〜1661）の子孫で、民族的にはアルバニア人ないしクロアティア人であると言われるが、人を民族ではなく宗教で把握するオスマン帝国では、それは問題ではない。彼は、1931年に「ビザンツ諸制度のオスマン諸制度への影響」という逆説的なタイトルを付けた長大な論文を発表して、ギボンスをはじめとするヨーロッパ史家の「オスマン帝国＝ネオ・ビザンツ帝国」説を徹底的に批判した。彼もビザンツの影響を否定するわけではないが、それは史料に則して論証すべき問題であるという。キョプリュリュは1934年にパリに招かれ、そこで、『オスマン朝の起源』と題する講演を行い、その内容は翌年同じタイトルで出版され、アナール派の創始者の一人であるリュシアン・フェーブル（1878〜1956）らの支持を得た。

こうして、キョプリュリュはトルコにおける近代歴史学の創設者として、自他共に認める存在となった。キョプリュリュはその後政治家になって外務大臣の職を務めた経験もあるが、1966年にアンカラで交通事故により急逝した。彼の葬儀はイスタンブル大学の主宰により盛大に行われ、遺体は、さきに名を挙げたメフメト・パシャの廟の隣に埋葬された。大学からキョプリュリュ家の墓所までの200メートルほどの間、ずっと棺のわきに付き添ってきたゼキ・ヴェリディ・トガン（第48章参照）は、いよいよ棺が埋葬されるとき、突然群衆の方を振り返って、溢れる涙をぬぐおうともせず、キョプリュリュをたたえる演説を始めた。声はとぎれとぎれで、留学したばかりの私には聞き取りにくかったが、長い間学界を背負ってきた僚友の死を惜しむ心情に溢れた感動的な一幕であった。

キョプリュリュがパリで前述の講演をしたとき、ソルボンヌ大学のマルク・ブロックのもとに留学していたのが、オメル・リュトフィ・バルカン（1902～79）である。彼のオスマン語文書に依拠した16世紀の人口統計学的研究、貨幣史研究がフェルナン・ブローデル（1902～85）の『地中海』第二版に資料的根拠を提供したことはよく知られている。彼の研究は、ブローデルにとってさえ、まだ「不確かなゾーン」であったオスマン帝国の歴史の「リアリティ」をオスマン語文書によって明らかにすることに貢献したものと言えよう。

イスタンブルに存在する膨大な数にのぼる古文書を渉猟して、実証的な『オスマン史』（8巻）のほか、一連の制度史シリーズなど膨大な著作を残したイスマイル・ハック・ウズンチャルシュル（1888～1977）の業績もまた、さきに述べたアタテュルクの言葉をみごとに実践したものにほかならない。

現在、世界におけるオスマン史研究の大御所と言えるトルコのハリル・イナルジク（1916～）の父は、1905年にクリミア半島からトルコに移住したクリミア・タタール人である。彼も、かつて

首相府オスマン文書局の庭に立つハリル・イナルジク（1974 年）

「職業的な歴史家として自分は、いまなお存在する西洋の歴史学に一般的な、トルコ人に対する歪めれた見方を糺さなければならない」との決意は、生涯を貫く自分の問題意識であると述べている。彼の「検地帳」（あるいは「徴税台帳」）、「カーヌーン・ナーメ」（法令集）など数々の史料の出版という骨の折れる仕事もまた、アタテュルクの遺志に応えることであるとともに、「不確かなゾーン」であるオスマン朝史を文書史料の光のもとに照らし出そうとする作業である。一方では、彼が１９５３年に発表した「ステファン・ドゥシャンからオスマン帝国へ」という論文は、オスマン朝によるバルカンの征服と支配が、バルカン社会を急激に破壊するものではなく、既存の社会秩序との摩擦を極力避けようとする、むしろ保守的・現実主義的なものであったことを実証的に明らかにしたもので、バルカン諸語に翻訳されている。これは５００年におよぶオスマン帝国のバルカン支配は「暴力と圧政に彩られた暗黒時代」であるという、ヨーロッパ「世論」の偏見を批判するものである。こうした研究にはトルコ人の立場を擁護しようとする民族主義的な意図もうかがわれるが、国学としてのテュルク学自身、そうした色彩を必然的に持たざるを得ないであろう。

以上のように、トルコにおける歴史学を支える膨大な数のオスマン語文書は、イスタンブルの首相府文書局あるいはトプカプ故宮博物館文書部のほか、トルコ、アラブ諸国、そしてバルカン諸国に数限りなく存在している。それらアラビア文字で記された文書や写本資料を、ラテン文字を基本とした新トルコ文字化することが盛んに行われている。それは、「トルコ革命」の成果である「文字改革」の結果による。これと、オスマン語に際限なく取り入れられたアラビア語およびペルシア語の語彙を「純粋な」トルコ語に置き換えることが、１９３２年に設立された「トルコ言語学協会」の主要な課題である。

（永田雄三）

56

ハンガリー

★西遷騎馬遊牧民の終着点のテュルク学★

ハンガリー人またはハンガリー出身の学者がいなければ、テュルク学に限らず世界の東洋学研究は貧弱なものにとどまったであろう。優れた研究書・学術論文の著者として、また欧米の定評ある東洋学関係学術誌の編集者として、ルイ・アンビス（1906〜78）、デニス・サイナー（1916〜2011）、ジョルジュ・ハザイ（1932〜2016）等々、多くの研究者の名が想起される。ハンガリーは欧米における東洋学研究の中核の一つと言っても過言でないが、その背景には、ハンガリーの人文地理学的・歴史的環境があると思われる。

ハンガリー盆地には、内陸ユーラシア北部の東西に長く延びる草原の帯の最西端にあたる大草原（アルフェルド）が広がり、アジアからヨーロッパに突き出た楔《くさび》に例えられる。この草原の帯を伝い、東方からさまざまな騎馬遊牧民集団が到来した。すなわち、ゲルマン諸族の大移動を引き起こして古代ヨーロッパ史に終止符を打ったフン。ヨーロッパに鐙《あぶみ》をもたらし、重装騎士団を確立させて中世ヨーロッパ封建社会の成立を促したとも言われるアヴァール。中世ヨーロッパを震撼させたが、後にキリスト教に入信してハンガリー王国を立てたマジャールすなわ

第56章
ハンガリー

ちハンガリー人。その後も、モンゴル軍に敗れて西走したテュルク系のキプチャク人（クマン人、ポロヴェツ人）と東イラン系のアラン（アス）人――彼らの後裔は、それぞれ現代ハンガリー人の構成要素であるクン人とヤース人である――、そして最後にモンゴル軍が到来した（ただし、モンゴル人はハンガリー盆地に定着することなく立ち去った）。

ハンガリー人（自称マジャール人）の言語は、ウラル方面に本源があるウラル系の言語（フィン＝ウゴル語派のウゴル諸語に属す）であり、インド＝ヨーロッパ系諸言語のなかに浮かぶ言語島をなしている。ハンガリー語はテュルク系の言語ではないが、初期のハンガリー人の構成要素には、テュルク系の人々も含まれていた。すなわち、南ロシア草原地帯にとどまったフンの末裔と言われるブルガルの系統を引くとされるオノグル集団である。「ハンガリー」という名称の語源は「フン」に基づくとしばしば言われるが、直接的には「オノグル」に由来するものである。それはともかく、ハンガリー人は、東方から移住した人々の末裔であると自他ともに認識されており、ヨーロッパでは、歴史的に長らくフンの後身と見なされていた。そのため、ハンガリーでは古くから東方への関心が強かった。

13世紀、チンギス・ハンの孫バトゥを総帥とするモンゴル軍が東欧・中欧に侵入する直前に、ハンガリー出身のカトリック修道士ユリアヌスは、ウラル方面、現在のバシュコルトスタンあたりに位置した、ハンガリー人の原郷とされる「大《マグナ》フンガリア」への旅行を敢行した。彼は、その地でマジャール語が話されていることを確認し、東方から迫り来たるタタールすなわちモンゴルの脅威に関する情報を得た。帰国した彼は、タタールをラテン語「タルタル」の名称で報告したが、これが西欧におけるタルタルという語の濫觴《らんしょう》である。なお、「大フンガリア」のマジャール人は、ユリアヌスの帰国後

バルトークがトルコで録音した民謡が収録されたハンガリー発行CD

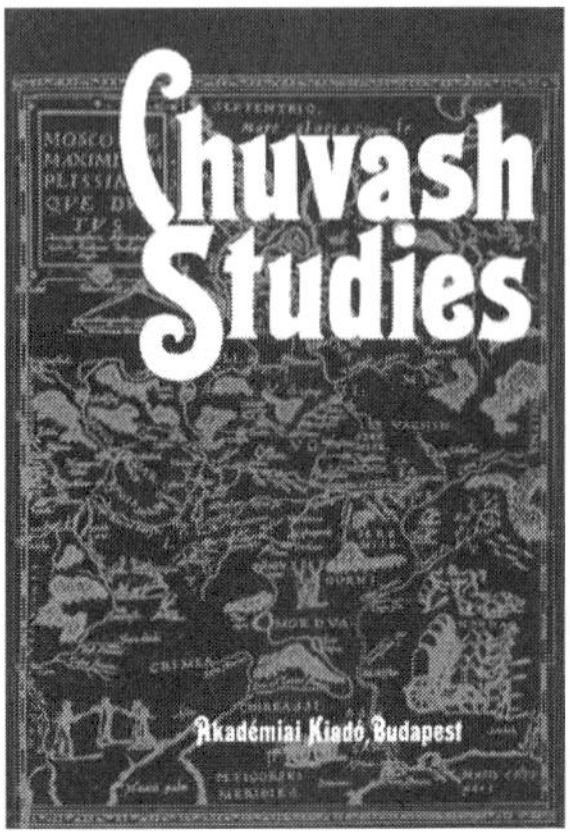

ハンガリーで刊行された学術論文集『チュヴァシ研究』

まもなく、モンゴルに征服され、彼らの一部はモンゴル軍に編入され四散したが、多くは宗教的にイスラーム化、言語的にキプチャク＝テュルク化し、今日のバシコルト（バシキール）人の構成要素における中核的集団となったと考えられている。

かくて、ハンガリーの歴史・文化の淵源を探究するハンガリー人学者にとって、ヴォルガ＝ウラル地域のテュルク系諸民族――バシコルト人、ブルガルの後裔とされるヴォルガ＝タタール人とチュヴァシュ人――の歴史・文化は重要な研究対象となった。たとえば、ハンガリーの民俗音楽研究者によって当該地域の諸民族の民俗音楽が採集・研究されている。ちなみに、ハンガリー民俗音楽の源流を求める録音採集旅行を行った先駆者は、20世紀最高の作曲家の一人、バルトーク（1881〜1945）であるが、彼は、古いハンガリー文化を保つ人々が住むルーマニアのほか、ハンガリーと文化的関係が深いと考えられたトルコ（アナトリア）へも音楽収集旅行を行い、蠟管レコードに貴重な音源を録音した。彼の足跡を追って、現代ハンガリーの研究者もトルコ民俗音楽の収集・研究を行っている。

さて、ハンガリー出身で中央アジア旅行を行った探検家としてはオーレル・スタイン（1862〜1943）が有名であるが、テュルク学を含むハンガリー東洋学の発展に大きな業績を残したという点では、ヴァーンベーリ・アールミン（アルミニウス・ヴァンベーリ。1832〜1913）に指を屈さねばなるまい。

現在スロヴァキアの首都であるブラチスラヴァの郊外で生まれたヴァーンベーリは、貧困のなかでギムナジウムに通いつつ独学でさまざまな言語を習得した。トルコ語を習得した彼はオスマン帝国の首都イスタンブルに移り、イスラーム文化の基礎的な素養を十分に身につけた後、ハンガリー学士院から援助を得、デルヴィーシュ（イスラーム托鉢僧）に偽装してイラン・中央アジア旅行を行い（1862年3月〜翌年5月）、卓絶した言語能力を武器に、ガージャール朝イランの各地と、帝政ロシアによる征服前夜のヒヴァ・ハン国とブハラ・アミール国を訪れた。この旅行の記録は1864年、ロンドンで刊行され、西欧で大きな名声を博し、それによって彼はハンガリーの大学で言語学の職を得ることができた。彼の旅行については、1889年刊の自伝の日本語訳（A・ヴァーンベーリ著、小林高四郎・杉本正年訳『ペルシア放浪記　托鉢僧に身をやつして』〔平凡社東洋文庫42〕平凡社、1965年）から知ることができるが、本書は単なる放浪記ではなく、当時の

ヴァーンベーリの肖像
（*Archivum Ottomanicum* 31）

トルコ・イラン・中央アジア事情を知る上で一級の価値を持つ。しかし、惜しむらくはヴァーンベーリには学術研究の基本に欠ける所があり、その著作には少なからぬ欠陥のあることが指摘され、本人もそれを認めざるを得なかった。また彼は、親英・反露的な政治的傾向が強く、日露戦争に際し、オーストリア＝ハンガリー公使牧野伸顕《まきののぶあき》の依頼に応えて反露的な著述を行うなど、政治的扇動者の側面もあった。いずれにせよ彼の業績は、今日では、ほとんど研究史上の古典的価値または研究対象としての資料的価値しかないというのが、学界における共通の認識であろう。

しかし、ハンガリーで最も有名なテュルク学者が彼であることは衆目の一致するところであり、「逆境から身を起し、超人的とも言える困難克服ののちに成果を挙げたヴァーンベーリは、やはりハンガリーの東洋学が世界に誇るに足る学者であろう」という小林高四郎《こばやしたかしろう》の評言に誤りはなかろう。彼は、近代における学術分野としてのテュルク学の開祖の一人として位置づけられており、2014年、著名な学術誌 *Archivum Ottomanicum* の31号に、没後百周年を記念した特集が組まれている。

もっとも、学術上、厳密な意味でハンガリーにおけるテュルク学の事実上の創始者は、ゴルドツィヘル（ゴルトツィーハー）・イグナーツ（1850〜1921）であると言うべきであろう。彼は、ハンガリーのテュルク学、というよりも、近代ヨーロッパのイスラーム学の創建者の一人であり、ハンガリー東洋学の学術上の地位は彼によって世界的水準に引き上げられたと高く評価される。そして、中央ユーラシア関係のみならずオスマン帝国史研究を含むハンガリーのテュルク学は、何人もの碩学によって継承され発展し、今日に至っているのである。

（赤坂恒明）

57

日本

★先達をふりかえる★

本章は、西アジアに移住したのちのテュルクに関する研究、それも主として歴史研究に焦点を絞って紹介することをあらかじめお断りしておきたい。

さて、日本における西アジアのテュルク学の発端は、一方では、日露戦争以後日本の大陸進出政策が展開されると、中国西北、旧満洲（中国東北部）、モンゴル方面のテュルク族の民俗学的調査・研究が行われ、他方では、いわゆる「東方問題」に対する関心の高まりによるところが大きい。昭和初年に在トルコ日本大使館に在任した経験を持ち、戦後に一時期首相を務めたことのある芦《あし》田《だ》均《ひとし》（1887〜1959）の著作に『君府海峡通行制度史論』（巌松堂、1930年）や『バルカン問題』（岩波新書、1939年）がある。しかし、研究者としても長く研究を続けたのは、内藤《ないとう》智《ち》秀《しゅう》（1886〜1984）である。内藤は通訳官として在トルコ日本大使館に赴任した外交官で、今日なお利用価値の高い『日土交渉史』（泉書院、1931年）をはじめ、『日土土日大辞典』（日土協会、1936年）、そして『西アジア民族史』（今日の問題社、1943年）のほか多数の著書・論文があり、戦後も長きにわたって聖心女子大学で教鞭をとった、文字通りの

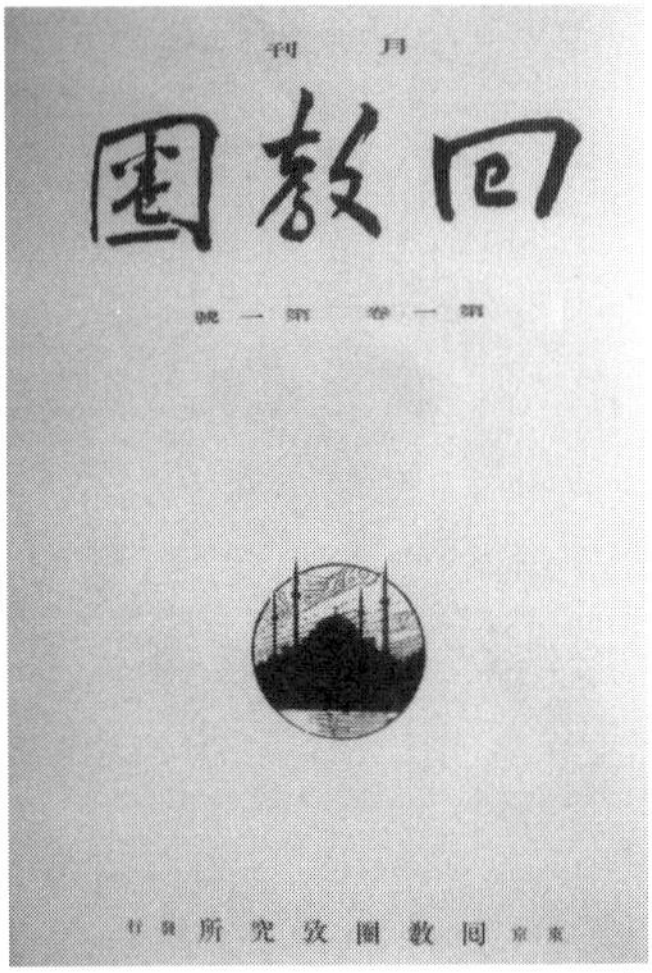

『月刊　回教圏』第一巻第一号の表紙（中央の影絵は**16**世紀イスタンブルのモスク）

日本における西アジア・テュルク研究の先達である。

戦前におけるテュルク学のいま一人の先達が駒澤大学の大久保《おおくぼ》幸次《こうじ》（１８８７〜１９５０）である。彼もまた、日本の大陸政策の推進に関連して、いわゆる「回教圏」研究の必要性を強く主張していた一人で、トルコをめぐる国際関係、とりわけアタテュルクが主導した「トルコ革命」に心酔した人物の一人である。１９２２年以降、「トルコ革命」に関わるさまざまな論文を当時のオピニオン雑誌に寄稿しているが、何と言っても彼の最大の功績は、１９３８年７月に回教圏攷究所（40年に研究所と改称）を設立したことであろう。研究所は、雑誌『月刊　回教圏』を発行している（巻末参考文献参照）。所長である大久保の筆によるその第一巻第一号の巻頭に掲載された「回教圏攷究所設立趣旨」によれば、当時、「満洲における回教徒対策」は現実問題であり、「北支における回教工作」は緊急であるにもかかわらず、日本にはイスラームに関する研究機関や大学の講座もほとんどない。このため、イスラーム学の基礎を築き、学界および国策に学的寄与をすべく「回教圏攷究所」を設立したのである。

このような趣旨で回教圏攷究所は設立されたのであるから、かならずしもトルコに特化していたわけではない。それでも、大久保がトルコの近代化改革に格別の関心を寄せていることは、しばしば「トルコ特集号」が組まれていることなどから明らかである。

１９４５年５月に研究所が空襲のために全焼し、ついで大久保が50年に死去したこともあって、かつて研究所に所属した研究員のなかには、戦後、イスラーム研究を放棄した人も多かった。しかし、小林元《こばやしはじめ》（１９０４〜６２）、井筒俊彦《いづつとしひこ》（１９１４〜９３）、蒲生礼一《がもうれいいち》（１９０１〜７７）、松田壽男《まつだひさお》（１９０３〜８２）らの旧研究員は戦後の日本のイスラーム研究および中央ユーラシア研究を牽引した存在であることも忘れてはならない。こうして、日本のイスラーム研究のなかで重要な位置を占めていたトルコ研究は一次頓挫したかに見えたが、そのなかで孤軍奮闘したのは、千葉大学で長く教鞭をとった三橋冨治男《みつはしふじお》（１９０９〜９９）である。三橋も、戦前は中国西北部のテュルク系ムスリムの調査・研究に従事した研究者の一人で、『月刊　回教圏』（第６巻第７号）にも「回教徒の洗浄に使用さるべき水に就いて」と題した論文を寄稿している。

三橋は、戦後は西アジアにおけるテュルク学の中心であるオスマン朝史に研究領域を定め、そのための第一次史料であるオスマン語史料に基づいた本格的な研究への道を初めて開いた、日本におけるオスマン朝史研究の文字通りの先駆者となった。彼は、ルーム・セルジューク朝（１０７７〜１３０８年）から近代に至る時期に及ぶ多数の論文を発表しているが、その成果をまとめた『トルコの歴史』（紀伊國屋書店、１９６４年）は、簡にして要を得た通史であるため、いまなお読み続けられており、１９９０年に再版本（近藤出版社）が出されている。この本の「まえがき」に付された「追補」の最後に「イスタンブル・ガラタサライでの日々の生活をしのびつつ」との一筆が見られる。これは、長い間トルコに行く機会がないままに研究を続けて、１９６７年になってはじめてトルコの地を踏んだときのうれしさがにじみでている。1966年に出版された『オスマン＝トルコ史論』（吉川弘文館）は、オスマン帝国という、「その雄大な世界帝国を支える制度的な特質」やその「近代化」などの問題に焦点を絞ったもので、いまなお参照されねばならない業績である。

中央ユーラシアにおけるトルコ民族史研究を専門とする東京大学の護雅夫《もりまさお》（1921〜96）は、1958年以降、3回にわたって、ほぼ3年のトルコでの滞在が契機となって、西アジアのテュルク学にも深くかかわることとなった。そのかかわり方とは、西アジアのセルジューク朝、とくにオスマン朝のなかに、テュルク族が中央ユーラシアからもたらしたテュルク的要素を検証することである。護のこの問題意識は、たとえば「イスラム世界帝国の完成」論文（参考文献『世界の歴史7』所収）で明快に述べられている。すなわち、オスマン帝国の性格を見極めるためには、①モンゴリア・中央アジア時代このかた、トルコ民族の固有のものとして保有されてきたトルコ的・遊牧的伝統、②イラン的・モンゴル的、東ローマ的要素、そして、③それらのすべてをおおい、一つのルツボのなかに溶解したイスラム的伝統を総合的に考える必要がある。こうした護の考えが、中央ユーラシア時代のテュルク民族史に対する深い造詣に裏打ちされていることは言うまでもない。こうした考え方は、じつは三橋も共有していることを付け加えておこう。

他方で、護はトルコ滞在中に観察したトルコの政治文化にも鋭い反応を示し、たとえば「現在のトルコにおける「極右」思想とその源流」（『月刊シルクロード』3—10、1977年）を著しているが、この論文も、古代トルコ史に関する漢文史料と突き合わせることなしには、書けないものである。これらとは別に、民話『ナスレッディン・ホジャ物語　トルコの智恵ばなし』（平凡社、1965年）やランシマン『コンスタンティノープル陥落す』（みすず書房、1969年）、そして遺稿となった『口で鳥をつかまえる男――アズィズ・ネスィン短編集』（藤原書店、2013年）など一般向けの翻訳も試みている。

戦後の日本のトルコ史研究は以上に述べた二人によって推進されてきたが、いずれも西アジアのテュルク学を東方世界、すなわち中央ユーラシア世界との関連のなかに捉えている点に、日本の学者らしい特徴がある。われわれは今後もっとこの点に学ぶべきであろう。1965年にトルコ政府の奨学金制度が発足して、日本から初めてトルコへ留学することが可能になった。これにより多くの研究者が育つ機会が与えられたことによって、日本のトルコ史研究は新たな段階に入るのである。

（永田雄三）

VII

テュルク世界と日本

58

戦前日本の大陸政策とテュルク

★アジア主義との関係★

19世紀末頃よりロシアによるシベリア鉄道・東清（中東）鉄道建設のために、ロシア領内のタタール人などテュルク系民族は、極東に移住し始めていた。彼らのなかには行商人として日本が勢力下においていた満洲にまで至る者たちがいた。同じ頃、日本もロシアと覇権を競いながら満洲を拠点に大陸進出をはかろうと模索していた。日本とロシアの対立は、朝鮮・中国を巻き込みながら、日清戦争・日露戦争へと推移していった。この過程で、日本の軍部・政治家・官僚・アジア主義者たちの一部は、満洲においてテュルク系ムスリム（＝イスラーム教徒）の存在を認識し、テュルク側は日露戦争における予想外の勝利に日本に対する認識を新たにしていた。

こうした背景のもと、日本とテュルクの関係は、1909年にシベリア出身のブハラ系タタール人であるアブデュルレシト・イブラヒム（1857～1944）が日本を訪問、半年近く滞在したことによって端緒が切られた。その際に大陸政策遂行上の回教（イスラーム）工作に関係して重要なのは、イブラヒムが知遇を得た陸軍の大原武慶《おおはらたけよし》・アジア主義者の中野常太郎《なかのつねたろう》（天《てん》心《しん》）らと設立したと言われる亜細亜義会の存在である。この団

千九百廿一年大隈公爵邸を訪れたるクルバンガリ
の率ゆる回教徒観光團
طوكيودا غراف اوكوما يورتنده مسلمان ايكسقورسيه‌سى، ۱۹۲۱ نچى يل، محمد عبدالحى
حضرت قربانغلى رياستنده.
大隈侯とクルバンガリー（**1921**年）（東京回教印刷所の絵葉書　筆者個人所有）

体はイブラヒムが標榜するイスラーム主義と日本のアジア主義が結合したものと言われるが、実際には相互に相手を利用しようと試みる打算でつながっていたに過ぎない。そのため１９１１年の武昌蜂起に際して大原・中野らが大陸に渡ると、亜細亜義会は自然消滅していく。この経緯から分かるように、亜細亜義会は日本が大陸進出を図るために立案・実行した回教工作、ないし全般的な回教政策の原型をなしていた。

一方、帝政ロシア末期の圧政、続く１９１７年のロシア革命による混乱を避けて、多くのタタール人たちが難民として満洲へと流入し居住し始めていた。そのなかでバシキール出身のムハンマド・ガブドゥルハイ・クルバンガリー（１８８９～１９７２）は、それまでの反露・反ソ的活動経歴から、大陸政策の立案・工作にあたる陸軍の四王天延孝《しおうてんのぶたか》率いる哈爾濱《ハルビン》特務機関の注視を引いていた。同機関の手配で彼は１９２０、２１年と２度にわたり訪日を果たし、後藤新平《ごとうしんぺい》や大隈重信《おおくましげのぶ》らと会見を行った。彼は１９２２年に満鉄の嘱託に採用され、１９２４年に東京に移住し、東京回教団を組織し、さらに東京回教学校そして同校内に東京回教印刷所を設けて満洲から日本

ملی بایراق

(140) 41 · 1938 · 21

Registered at the Gen. P. O. as a Newspaper
THE "MILLI BAIRAK"
CENT. P. O. BOX 354 MUKDEN.

The National Organ of Idel-Oural Turko-Tatars in the Far East

تاریخی کون.

بر تیین.

『ミッリー・バイラク』の第一面（筆者個人所有）

本土へと流入していた多くのタタール人をまとめ上げた。このように日本はクルバンガリーを介してタタール人らムスリムを組織して大陸政策の要の一つである回教工作を遂行していったのである。

　こうしたなか、亡命先のヨーロッパでタタール民族運動を展開していたカザン出身のアヤズ・イスハキー（1878〜1954）は、1931年の満洲事変に続く満洲国建国に際して、日本を利用して極東のタタール民族運動の組織化を目論み、1933年に来日した。そして1934年以降、大久保《おおくぼ》幸次《こうじ》（第56章参照）ら日本人の助力を得ながら、東京・名古屋・神戸・熊本・奉天・哈爾濱・ハイラルなどで日本および日本占領下の大陸においてイディル・ウラル・トルコ・タタール文化協会を組織し着実に計画を遂行していった。しかしながらその実行途上に、活動の主導権をめぐってクルバンガリーとの間に軋轢が生じ、両派の乱闘事件にまで発展して、在日タタール人たちの間に不和が生じた。

そのさなか1935年よりイスハキーは活動拠点を大陸に移し、奉天においてタタール語の新聞

『ミッリー・バイラク（民族旗）』紙を創刊して運動を大きく発展させていった。しかしクルバンガリーらとの対立が影響して、奉天特務機関はその運動を必ずしも歓迎していなかった。1936年、イスハキーは満洲を離れてヨーロッパに戻った。

イスハキーと『ミッリー・バイラク』編集スタッフ（『ミッリー・バイラク』掲載写真）

1937年の盧溝橋事件に端を発して日中戦争が勃発すると、日本は大陸政策の見直しを行い、大陸での回教工作の遂行上、クルバンガリーを代表として不適当であると見なして東京から満洲へ追放し、代わってイブラヒムを象徴的存在として代表者に据えた。新生共和国期のトルコで不遇な扱いを受けていたイブラヒムはイスタンブル日本大使館付陸軍武官である神田正種《かんだまさたね》の仲介で、回教政策が推進されるなか1933年に再来日を果たしていた。1938年に挙行された東京モスク（東京回教寺院）の開堂式には、前年の起工式に際しては主賓級の扱いを受けたクルバンガリーの姿はなく、かわってイブラヒムが中心的存在として祭り上げられていたものの、頭山満《とうやまみつる》が開扉を執り行うなど、式典は大陸での回教工作を含めて日本の回教政策の実態を如実に示していた。

日本の大陸での回教工作には、大原武慶がそうであったように、山岡光太郎《やまおかみつたろう》、川村狂堂《かわむらきょうどう》（乙麿）、須田正継《すだまさつぐ》、佐久間貞次郎《さくまていじろう》、田中《たなか》逸平《いっぺい》、三田了一《みたりょういち》、小村不二男《こむらふじお》ら日本人ムスリムもかかわっていた。

また満洲におけるさまざまなタタール人、中国人ムスリムなどもかかわっていたが、その実態については戦後に忘却されて不明な点がまだまだ多く、関係者の高齢化と史資料の埋没・散逸の危機のなか解明が急がれている。

さて大陸政策の主流とはなり得なかったものの、このほかテュルクがかかわった事例がいくつか存在する。たとえばバシキール出身の在日タタール人であるアリムジャン・タガン（１８９２～１９４８）は、今岡十一郎《いまおかじゅういちろう》（１８８８～１９７３）と来日したハンガリー人のバラトゥーシ・バロク・ベネディクとともに、ユーラシア規模での活動を目指す汎トゥラン主義（第50章参照）を日本に広める活動を展開したが、より限定した大陸政策に関心を抱く日本側を引き付けるには至らず失敗した。また頓挫したものの１９３１～３４年の新疆反乱（東トルキスタン独立運動）に際して、日本に招聘したオスマン皇族のメフメト・アブデュルケリム（１９０６～３５）を元首に据えて、満洲国に倣って新疆に傀儡国家を建国しようという動きもあった。

こうした状況のなか、開戦直前の１９４１年に近衛文麿《このえふみまろ》内閣が北進論から南進論へと大規模な政策転換を断行すると、回教工作の対象は大陸からインドネシア・マレーシアへと移ることとなった。この際にはテュルクではなく、鈴木剛《すずきたけし》・小林哲夫《こばやしてつお》らの日本人ムスリムが工作活動の中心的な担い手となった。一方、開戦後も多くのタタール人が満洲にとどまったものの、戦後すぐに、満洲のイディル・ウラル・トルコ・タタール文化協会は消滅し、クルバンガリーのように戦勝国側により拘束を受ける者も出るなどして、その存在は急速に歴史のなかに埋没していった。

（三沢伸生）

59

在日タタール人

★転遷の歴史★

現在、在日タタール人の数は減少の一途にあり、東京・神戸などにわずかに居住しているにすぎない。

タタール人が日本へと移住し、日本各地に共同体を形成するに至った経緯は、戦前日本の大陸政策における回教（イスラーム）工作に深くかかわっている。帝政ロシア末期の圧政、続く1917年のロシア革命による混乱を避けて、多くのタタール人が日本支配下にあった満洲・朝鮮半島、さらにそこを経由して日本に移住し始めた。戦前期の人数に関しては確たる史資料が存在しないが、開戦直前に駐日トルコ大使館に満洲在住600名、日本在住264名がトルコ国籍取得の申請をした記録が残っており、これが実数と大きく変わらないのではないかと目される。戦前日本の回教政策にとって日本にある程度のイスラーム教徒を迎え入れることは都合のよいことであった。軍部は1924年に満洲からバシキール出身のタタール人のムハンマド・ガブドゥルハイ・クルバンガリー（1889～1972）を東京に移住させ、東京回教団を組織させて、タタール人を中心とする在日外国人イスラーム教徒を掌握した。その後1933年に来日したカザン出身のアヤズ・イスハキー

イスハキー、大久保幸次と在日タタール人（筆者個人所有写真）

（1878〜1954）は日本を利用して極東タタール人の地位向上を図る活動を展開するが、クルバンガリーと衝突する。しかしこれを遠因として1938年に日本当局はクルバンガリーは代表として不適格を見なして満洲へと追放し、代わってシベリア出身のブハラ系タタール人のアブデュルレシト・イブラヒム（1857〜1944）を代表に据えた。このように指導者層に紆余曲折はあったものの、在日タタール人は戦前日本の回教政策の恩恵を受けつつ居住していた。

戦前の日本社会のなかで在日タタール人の多くは、満洲においてそうであったように行商人、とりわけ羅紗売行商人として暮らしていたことが、公文書・文学作品・写真などからうかがわれる。たとえば、東京や神戸に限定されるものの、宮内寒弥《みやうちかんや》、小林勝《こばやしまさる》、陳舜《ちんしゅん》臣《しん》などの文学作品に、日本人の反応も含めて彼らが描写されている。また最大規模の東京の共同体では、クルバンガリーによって1930年に東京回教学校（当初は新宿の大久保、1931年に渋谷区富ヶ谷に移転、1938年に渋谷区大山町に移転）が開設された。同校内にはトルコから取り寄せたアラビア文字活字を使う東京回教印刷所が併設され、子弟の教材のほか、日本の回教政策の宣伝誌たる『ヤポン・モフビリー』（のちに『ヤニ・ヤポン・モフビリー』）を刊行し、1934年にはアラビア語のままに『コーラン』を刊行した。また火葬を行わないイスラーム教徒の在日タタール人にとって墓地の問題も切実な問題であったが、在日タタール人が日本の回教政策に関係していたこともあり、1937年に東京・多磨霊園の一角にある外人墓地に墓地を確保することができた。

在日タタール人は日本におけるモスクの建設にも大きく貢献している。日本で最初のモスクとして1935年に開堂した神戸モスク（神戸ムスリム・モスク）は在日タタール人と在日インド人によって、戦争中の空襲で焼失して現存しないが1936年に開堂した名古屋モスク（名古屋トルコ・タタール・イスラム教会）は在日タタール人によって自主的に建立されたモスクである。1938年に開堂した東京モスク（東京回教礼拝堂）は資金源・敷地に関して日本側の支援を得ながら日本の回教政策に即して建立されたモスクであるが、クルバンガリーら在日タタール人が大きく寄与したものである。ちなみに戦後にさまざまな経緯を経て閉鎖・取り壊された東京モスクは、戦前と異なりトルコに帰属しながら2000年に東京ジャーミーとして再建・開堂された。

しかし第二次世界大戦が始まると在日タタール人は無国籍の旧

在日タタール系少女たち（『東京回教学校十周年記念写真帳』所収）

多磨霊園内のイスラーム墓地の一角（2014 年撮影）

ロシア難民として監視下に置かれるようになった。さらに当時の日本とトルコとの関係も彼らに不利に作用した。第一次世界大戦に際して日本とオスマン帝国とは直接交戦がないままに敵国関係にあったように、第二次世界大戦に際してもトルコは終戦間際に日本と断交、宣戦布告して敵国関係になり、直接交戦することなく終戦を迎えた。しかし宣戦布告以前から、日本は保護を口実に厳しい監督下に置くために東京のトルコ大使館を１９４３年に軽井沢の万平ホテルに移し、在日トルコ人も軽井沢に疎開させた。その際、トルコ国籍を有していないにもかかわらず在日タタール人も、あわせて軽井沢や有馬温泉へ疎開させられた。野上彌生子《のがみやえこ》や窪田空穂《くぼたうつほ》の文学作品には軽井沢における在日タタール人の苦しい生活の一端をうかがわせる描写が残されている。

早稲田大学中央図書館に保管される大日本回教協会寄託資料によれば、１９４３年10月現在で東京には少なくとも38家族１４３名が居住していた。多くの在日タタール人は空襲で家財を失い、日本人同様に苦境にあった。戦後になると、一部であるが彼らのなかから進駐軍に勤務して成功する者、柔拳試合やプロレス、芸能界などで頭角を現す者たちも現れた（第60章参照）。

戦後、在日タタール人に大きな変化をもたらしたのは、1950～53年の朝鮮戦争である。このときアメリカ軍を中心とした国連軍に、トルコも派兵していた。日本は国連軍にとって休暇先、負傷兵の治療場所となっていた。こうして戦争の間に日本を訪れたトルコ将兵に対して、在日タタール人は同じテュルク民族として日本語通訳・慰問・日本の案内などの支援活動を行い、両者の間で交流が生まれた。

朝鮮戦争が終結すると、在日タタール人に対してトルコ国籍が付与されることになる一方、アメリカも在日タタール人の受け入れを表明した。こうして多くの在日タタール人は新天地を求めて日本から出立し、以降、日本に残る在日タタール人は減少の一途にあるものの、現在もなお在日トルコ人共同体、トルコ関係諸団体、東京ジャーミー、多磨霊園内の回教墓地の維持管理などにおいて活躍している。

（三沢伸生）

コラム 12

ヨーグルトと煎餅

坂井弘紀

テュルクと日本の食文化、というと突飛であろうか。心理的にも遠く離れたテュルクの食文化には、意外にも日本の食文化に溶け込んでいるものもある。近年、日本の大きな都市でトルコ料理店を見かけるのは珍しいことではなく、世界三大料理とされるトルコ料理もよく知られるようになってきた。とくに、車で移動販売を行う、テイク・アウト式のドネル・ケバブ店は、その立ち食いの手軽さと手頃な価格で人気が高まっている。数は少ないが、ウズベク料理店やウイグル料理店も営業を始めている。

ヨーグルト、これもまたテュルクの食文化である。ヨーグルトという言葉は、トルコ語に由来し、欧米の言語を経て、日本で一般的に使われるようになった。もともとは「撹拌《かくはん》する」というテュルク諸語の動詞から生まれた言葉で、まさしくその動作によって作られる食品である。テュルクの人々と乳製品は切っても切れない関係にあるが、日本に根付いた疑いないテュルクの食文化である。ちなみに、「ヤクルト」と言えば、日本を代表する乳製品企業の一つだが、この社名・商品名はヨーグルトを意味するエスペラント語に基づいている。乳製品としては、近年「トルコ・アイス」として認知されている、トルコの「のびるアイスクリーム」ドンドゥルマも、そのコミカルなパフォーマンスとともに広がりつつある。

現在テュルク系民族が多く住む中央アジアの食文化と日本の食文化にも、歴史的に意外な関係があった。「ナン」と呼ばれるパンは中央アジアでは、テュルクの人々のみならず、この地域に住む人々が共有する「主食」であるが、ナンの流れをくむ食べ物が日本にもあるのである。といっても、インド料理店などで供されるタイプのナンのことではない。中央アジアのナンは、一般に日本で知られている形状のナンとは異なり、円形でこんがりとしたキツネ色のものである。このタイプのナンは、現在のように

中央アジアのナン

中央アジアがテュルク化するよりも前から、かの地で食されてきた。中国では唐王朝が栄えた時代、その都、長安（現在の西安）は国際色豊かな大都市であり、異国の物品・文化が流れ込んできたことで有名である。この国際的な文化を支えたのが、当時「西域」と言われた中央アジアとの国際貿易、いわゆる「シルクロード交易」である。サマルカンドを中心とするソグディアナ地方（現在のウズベキスタン共和国）は中国では「胡」と呼ばれ、この地の産物、もしくは交易を通じて異国から入ってきたものには、しばしば「胡」の字がつけられた。胡瓜（キュウリ）・胡麻（ゴマ）・胡椒（コショウ）・胡桃（クルミ）などは、現代の我々の生活にもなじみ深い。長安では胡弓が奏でられ、胡楽のしらべが流行した。ナンは当時、この字を使って「胡餅（コヘイ）」と呼ばれた。胡餅の味を知った遣唐使によって、日本でそれは米粉を用いて再現さ

れ、我々のよく知る「煎餅」となったのである。ナンは必ずしもテュルクの食文化に限られるものではないが、テュルクの広がりと同様に、「食のシルクロード」の広がりを実感させる例と言えないだろうか。

こうした「食のシルクロード」のつながりで言えば、日本の三大珍味と言われるカラスミは、地中海世界でも食され、現在ではトルコを代表する名産品の一つとして、人気がある。日本のカラスミ販売店のなかには、真偽は不明ではあるが、カラスミはトルコから伝わったものと、古いつながりを謳う店もある。

実際のテュルクの食文化からかけ離れた、イメージとしてのテュルクの食文化についても触れておこう。ヨーロッパには、タルタル・ステーキという料理がある。この「タルタル」とはタタールのことであり、カザン・タタールやクリミア・タタール、シベリア・タタールなど、タタールという言葉は、現在のテュルク系の民族名称にも用いられる。本来、タタール（タタル）とはモンゴル草原にいた一部族を指す他称であった。やがてタタルはモンゴルの有力部族となり、ユーラシアを西に遠征を行う。ヨーロッパ世界では、来襲するモンゴルを、ラテン語でタルタロス（冥界）を連想させる、この「タタール」ということばで呼んだ。俗説では、タルタル・ステーキは彼らの肉料理であるとか、「野蛮な」イメージにあやかってこのように命名されたとか言う。なじみ深いハンバーグの起源はこの料理であるとも言うが、そこにはもはやユーラシアの騎馬文化の影すら見られない。タルタル・ステーキは、テュルクの食文化ではないものの、騎馬民の歴史上の存在感を示す好例の一つと言えるだろう。

60

日本で活躍したテュルク

★在日トルコ・タタール人の戦後★

東京都府中市の多磨霊園の東南部第一区画、外国人墓地の東端にムスリム墓地がある。墓碑銘を見ると、被葬者の大半はテュルク（在日トルコ人）である。なかには東トルキスタン出身者（現ウイグル族）も含まれるが、多くはカザン、ヴャトカ等、ヴォルガ＝ウラル地域出身のタタール人、バシコルト（バシキール）人である。

そこには「韃靼の老士」アブデュルレシト・イブラヒム以下の墓があるが、異彩を放つのは、13歳で夭折した少年、クロード・ユセフ君（1976〜89）の墓碑である。

僕の夢　まず第一に、自分がどんどん元気になり思いっきり勉強もスポーツもしたい。（中略）次に将来自分がやらなければならないと思っていること、それは今実際に自分が経験し感じることで困ったことつらいことをなくしたいと言う事。例えば、皮膚の外から血管が見える鏡や、苦痛のない検査、副作用のない薬が発明されたらみんな喜ぶだろう。（中略）まだまだいっぱいあるが、（中略）これからは、人間を大切にする争いのない世界を作るように努力しなければならないと思う。

ユセフ・トルコの著書。三書の記載内容には矛盾もあり、注意を要する。

この惻々《そくそく》と胸に迫る日本語の銘文を残した少年の父はユセフ・オマル、すなわち、日本プロレス界の生き証人にして最古参プロレスラー兼レフェリー、**ユセフ・トルコ**（1930〜2013）である。やや小柄で人の良さそうな感じで、リングに上がると公正に試合を裁く名レフェリーであるが、時に外人悪役レスラーによって気絶させられ、レフェリー不在の間に悪役が反則攻撃に出る……　昭和時代のプロレスに熱狂した多くのファンには涙が出る程なつかしい存在である。

彼は在日タタール人と言われることもあるが、父**ケマル・ユセフ**（1903〜64）は「東京イスラム教団員名簿」（昭和十四年調査）に「イソフカ・カマル」の名で、「トルコタタル民族」でなく「ウズバク、トルコ民族」と見え、タタールとは異なる自己帰属意識《アイデンティティ》を持っていたようである。ケマルは戦前、アブデュルレシト・イブラヒムが団長を務めた東京イスラム教団と大日本イスラム教団連合会それぞれの理事長を務め、在日トルコ人におけるクルバンガリー派とイスハキー派の争いでは後者の有力者として活躍した。彼の墓も多磨霊園にあり、子息**オスマン・ユセフ**（1925〜82）と墓碑を共にしている。

オスマンはユセフ・トルコの兄にあたり、外人俳優として多数の日本映画や、『ウルトラセブン』、『レインボーマン』等のテレビ番組に出演している。

彼は、自らが出演するばかりでなく、在日タタール人**エンベル・アルテンバイ**（1925～2004）と共に、「**国際**」と通称されたプロダクション――「国際演技者紹介所」または「国際演技者集団」、「国際プロ」――を運営した。戦後昭和期の映画・テレビに出演した外人の大多数は、この「国際」所属であった。彼ら、外人出演者のほとんどは、本業の傍ら副業として出演した素人であり、そのぎこちない演技は視聴者の記憶に深く留められている（坂井弘紀氏の情報提供による）。

在日トルコ人の映画出演者としては、**サイド・ウンガン**、**アブドゥラ・モロズ**（東京イスラム教団発足時の評議員の一人）らが知られる。サイド・ウンガンは、ジャック・オンガン、A・ウンガン等、いくつもの芸名を持ち、テレビでは『ジャイアントロボ』、『仮面ライダー』等に出演した。

エンベル自身も俳優として何本もの映画や、『ウルトラマン』、『ウルトラセブン』、『仮面ライダー』等のテレビ番組に出演している。なお、オスマンとエンベルは、円谷プロ特撮ドラマの名作『マイティジャック』の出演者としても、知る人ぞ知る存在である。

外人出演者の紹介業を最初に始めたのは、エンベルの母**ズルカビレ**（1882～1979）とも言われる。彼女とその夫イブラヒム・アルトンバイ（1885～1969。東京イスラム教団理事）はヴォルガ河畔のサマラ出身であった。

彼らの子でエンベルの兄にあたるアフメット・アルテンバイ（1919～2011）は慶應義塾大学医学部に入学し、在日トルコ人から将来を嘱望された。期待に背かず彼は医師となり、長らく横浜で医院を開業していた。

さて、1929年3月9日、慶應病院で在日タタール人の男児が誕生した。父は、東京モスク（ジャーミー）創建時のムアッジン（礼拝の呼び掛け人）にして、のちに第五代東京イマームとなった**ガイナン（アイナン）ムハンマド・サファ**（1898～1984）。当時、貧困に喘いでいたが、病院が費用を全額免除してくれた。この厚意に非常に感謝した彼は、晩年に到るまで慶應への恩を忘れず、東京六大学野球では慶大を熱烈に応援し、東京モスクからも遠からざる神宮球場にて、ムアッジンとして鳴らしたよく通る声で檄を飛ばした。なお、彼は、クルバンガリー派に属していたと言われ、多くの在日タタール人と同様に服地等の行商、そして、洋服の仕立屋として生計を立てていた。

一方、男児はアブドゥルハンナン・サファ、すなわち**ロイ・ジェームス**（1982没）である。四角い黒縁眼鏡が商標《トレードマーク》の外人タレント第一号で、蒼い目の江戸っ子として生まれ育った東京の下町言葉に加え、山の手言葉をも流麗に操り、司会者としてテレビ等で大活躍し、1970年代前後にはほとんどの日本人が知っている、お茶の間にもなじみの顔であった。彼は最も有名な在日タタール人であるが、その出自を知る人は必ずしも多くはない。

ロイ・ジェームスの肖像（湯浅あつ子『ロイと鏡子』）

少年期のロイは、戦時中、父ともども憲兵によって理不尽にも拘留されて九段の軍人会館でひどい暴行を受け、さらに軽井沢に強制収容され（第59章参照）、労役を課せられて餓死寸前になるなど、戦時中、辛酸を嘗め尽した（湯浅あつ子『ロイと鏡子』中央公論社、1984年）。

ちなみに、ロイと父ガイナンが暴行を受けた背景は、小村不二男《こむらふじお》『日本イスラーム史』542〜3頁に「官憲でも下級者は教育や教養程度も低く、外人と見れば例外なく要注意で、特にロシアから移住してきた者と言えば赤色共産主義の回し者と見なして誰彼の区別なく拘留したりするのも決して珍しいケースではなかった」とあるとおりで、同様の災難が少なからぬ在日タタール人に降り懸かったことを窺い知ることができる。

戦後、ロイは、ボクサー、レスラー、映画出演者等として世過ぎをしていたが、人生の転機となったのが、三島由紀夫《みしまゆきお》の二十代頃からの私生活を深く知る最後の生き証人、湯浅《ゆあさ》あつ子との出会いである。三島由紀夫の小説『鏡子の家』のモデルとなった彼女の邸宅は、作家・音楽家・芸能関係者たちが集うサロンであった。あつ子と同居・結婚したロイの話術・教養は鍛えられ、磨き上げられ、彼女が仲人をした三島由紀夫の結婚式（1958年6月）の司会をつとめてより以降、彼は一流司会者への階段を駆け上がっていった。

ロイ・ジェームスの弟たちのうち、二弟は米国在住であるが、三弟と末弟は、いずれも日本人女性と結婚し、日本在住である。三弟ラマザン・サファ氏（1938生）は、父ガイナンがしばしば口にしていたという次の言葉を、『産経新聞』記者に語っている。

「日本人は、他人の国からきた外国人を住まわせてくれて、よくしてくれた。おかげさまでなあ」

日本には、戦前、少数ではあるが、タタール・バシキール人を中心とするムスリム・テュルクを受け入れ、現在に至るまで彼らと共生してきた歴史があるのである。

（赤坂恒明）

コラム13

日本人ファンの心をつかんだショル人ボクサー
――勇利アルバチャコフ

赤坂恒明

ソ連邦でペレストロイカ政策が始まると、その恩恵を受けて活躍の場を日本に得た、ソ連のテュルク系民族出身者が現れた。

1992年6月23日夜、東京の両国国技館で開催されたボクシングのWBCフライ級タイトルマッチで、プロボクシング史上初の旧ソ連出身世界王者《チャンピオン》が誕生した。当時のリング名《ネーム》は「ユーリ海老原」。のちの勇利アルバチャコフ（1966生）である。

南シベリア、ケメロヴォ州タシュタゴル地区の雪深い寒村、家が7軒しかないというウスチ＝ケゼス村に生を享けたテュルク系ショル人の青年ユーリ・ヤコヴレヴィチ・アルバチャコフは、1986年、ソ連軍に入隊、ボクサーとして頭角を現し、1989年、全ソおよび欧州フライ級・世界選手権51キロ級のチャンピオンに輝きアマチュア3冠のタイトルを獲得、バルセロナ五輪の金メダルは確実と評された。しかし、ペレストロイカ政策を背景にプロ転向、同年11月に来日して協栄ジムに所属し、翌1990年プロデビュー。当初「チャコフ・ユーリ」と名乗ったが、彼に目をかけていた同ジム初の世界王者 海老原博幸《えびはらひろゆき》（WBA・WBCフライ級。1991年没）にちなみリング名を改めた。

12戦12勝（11KO）で挑戦者として臨んだ世界戦の相手は、タイ人の世界王者ムアンチャイ・キティカセム。外国人同士であるため興行的に不安を覚えた主催者は、世界タイトルマッチにもかかわらず、米国ハリウッドの人気俳優ミッキー・ロークが〝出演〟する茶番試合、スーパーミドル級6回戦の前座という異例の扱いを

日本人ファンの心をつかんだショル人ボクサー

取った。『朝日新聞』記者によると、「まばゆいばかりのレーザー光線が飛び交う開始直前の場内」は「ファッションショーか何かが始まるような妙な気分を味わわされた」という。しかし、主催者の心配は無用であった。ユーリが王者を8回2分59秒KOで下したその試合は、「近年まれに見る好ファイト」で、激しい打ち合いの連続。「このド迫力には、テレビゲストとしてリングサイトに陣取った世界王者の井岡（弘樹）、鬼塚（勝也）も唖然呆然。完全にのまれていた」ほどの名勝負で、「ロシア人初の世界チャンプ誕生という歴史的瞬間に沸きに沸」いた両国国技館内は、一万人の「ユーリ」コールの熱狂的な大合唱に包まれたという（『サンケイスポーツ』）。こうして、ペレストロイカの申し子とも言える世界王者ユーリは、日本人ファンに忘れ難い鮮烈な印象を与えたのであった。

　ユーリは来日直後、『朝日新聞』記者に、プロで頂点に立つことを目指した理由の一つは「民族の名誉のためだ」と語っている。「日本人はともかく、母国でもわれわれのことを知っている人は極めて少ない。いつの間にか消えゆくかもしれない民族だが、ぼくがプロのチャンピオンになれば、少しは記憶にとどめてもらえると思った」。もっとも、彼の民族名を報じなかった新聞も少なくなく、報じた場合でも、『毎日新聞』に「総数五万人のアジア系の少数民族ショール族」とあるのは例外的で、多くはロシア語風に「ショルツ」と表記し、『日刊スポーツ』には「エスキモー系ショルツ民族の末えい」とあり、遺憾ながら日本人の間にショルの民族名称・系統は、さほど正確には知られなかったようである。

　ユーリをめぐる異文化間摩擦として顕著化したのがリング名問題である。彼は、姓を「奪われた」こと、および、「海老」という語がロシア語の卑猥な俗語と発音が酷似していることにより、屈辱的に感じられたリング名の変更を要求した。かくて、1993年3月20日の2度目の防衛戦では「ユーリ海老原アルバチャコフ」と名乗り、翌日の記者会見で「海老原」をリング名から外すことが表明され、7月16日の3度

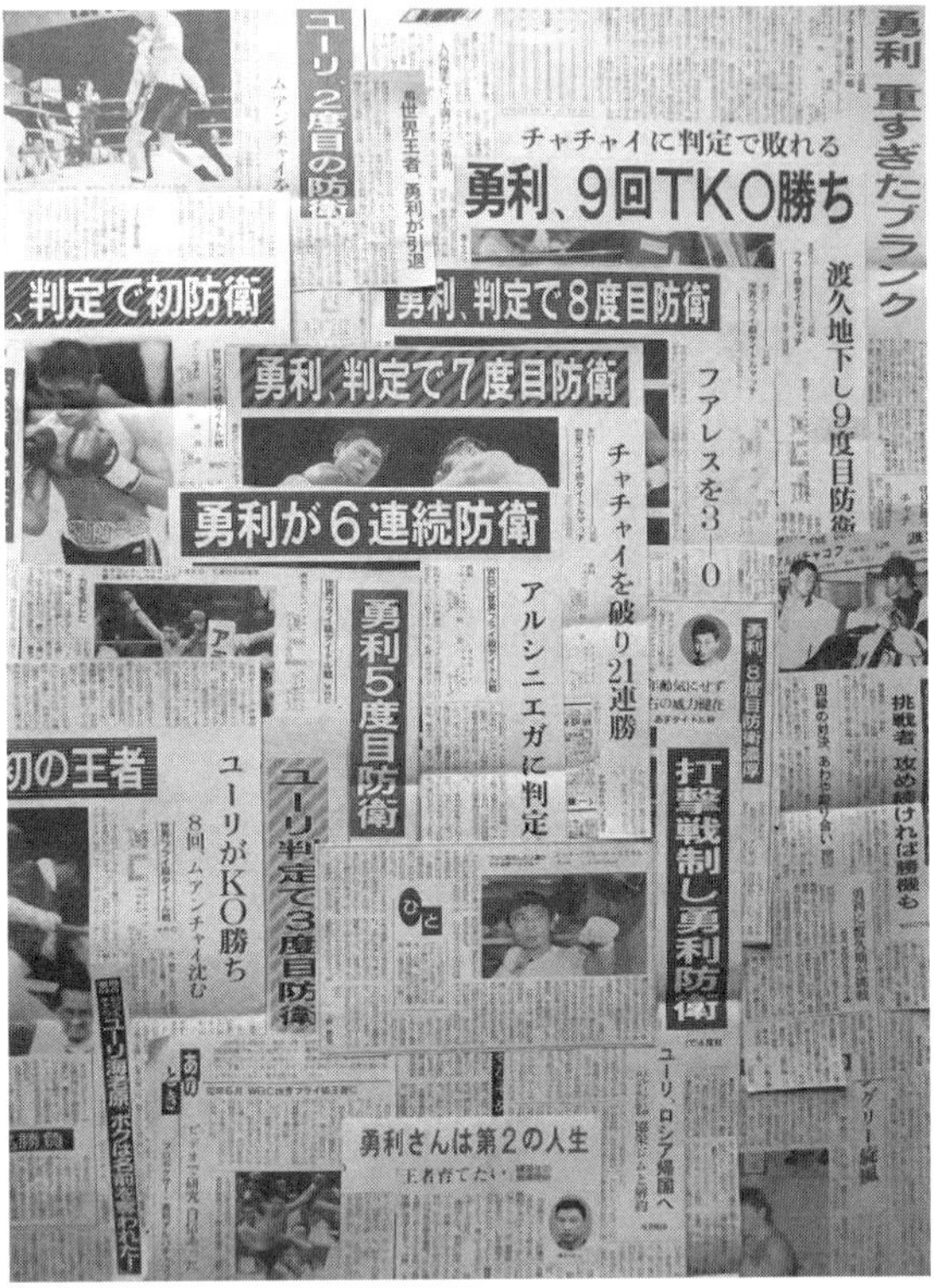

勇利アルバチャコフに関する『朝日新聞』記事
なお、彼が闘った10度の世界戦のうち、ムアンチャイ・キティカセム（タイ）との2戦、および、因縁の試合と言われた渡久地隆人に9回TKO勝ちした9度目の防衛戦は、日本ボクシングコミッション（JBC）から年間最高試合に選ばれている。

目の防衛戦では「ユーリ・アルバチャコフ」として出場、12月13日の4度目の防衛戦から「勇利アルバチャコフ」とリング名を改めたのであった。

彼は王座を9度防衛したが、1997年11月12日の10度目の防衛戦に判定負けし、年明けの1998年1月6日、電撃的に引退が明らかにされた。プロ戦績は23勝（16KO）1敗。日本のジムに所属する同級世界王者としては最多連続防衛記録である。

彼は、顔立ちが日本人とあまり変わりがなく、来日時の通訳をつとめた日本人女性と結婚し、流暢とは言えないが質朴で篤実な日本語を話し、『朝日新聞』記者が「勇利を日本人、と錯覚しかけていた」ように、日本人には違和感がなかった。

引退後は、日本でボクシングクラブのマネジャーや高校の通信課程特別講師などをつとめ、ロシア帰国後、格闘技選手のプロモーターとして日本との間を行き来し、2011年、ロシア・プロボクサー協会会長《プレジデント》となり、2013年にはケメロヴォ州議会《ソヴィエト》議員に選出され、とくにショル民族の社会・文化の発展のために尽力し、活躍の場を広げている。

なお、タタール人出身のロシアの著名バレエダンサー、イルギス・ガリムーリン（1964生）も、妻は日本人（バレリーナの成澤淑栄《なりさわよしえ》）であり、日本を拠点にしているわけではないが日本のバレエ団にしばしば客演し、日本人バレエ愛好者にとって、わが国のバレエ界の人のような感覚があるという。

われわれに身近に感じられる外国人のなかにも、意外な所でテュルク系民族出身者がいるのかも知れない。

61

現代日本に見られるテュルクの表象

★イメージか？現実か？★

日本では、テュルクという言葉は一般的ではなく、代わりにトルコが使われてきた。だが、トルコという言葉は、戦後しばらくの間、本来の意味とは大きくかけ離れ、特殊な意味を帯びていた。地名・国名でない一般名詞としての「トルコ」は「トルコ風呂」を指すことが多かったが、それは、中央アジアから西アジア・地中海世界におけるハンマーム（蒸し風呂）を意味するのではなく、現在では「ソープランド」と通称される性風俗サービス業を指していたからである。1984年にトルコ人留学生が抗議した結果、性風俗としての「トルコ風呂」という名称は一掃された。現在では、トルコという言葉がいかがわしい意味を含むことはほとんどなくなった。しかし、この言葉は実態を必ずしも正確に反映しているわけではない。たとえば、トルコ・ライスである。厳密なトルコ・ライスの定義はないが、おおむねピラフとナポリタン、トンカツからなるプレートの料理である。もちろん、トルコには、厳密には日本のものとは異なるものの、ピラフがある。しかし、ムスリムである彼らに豚肉であるトンカツを食べる習慣はなく、誤解を与える料理名は文化摩擦の一因にもなりかねない。トルコということばは、日本では、誤解の上、独自の意味をもって使われることが多いようである。

さて、マスメディアを通じて、テュルクはどのように伝えられてきただろうか。第60章で取り上げられたユセフ・トルコやロイ・ジェームスなど、戦後のマスコミを通じて、多くの日本の人々の目に触れるようになったテュルク系の人はいるが、彼らをテュルク系の人物であると認識していた人はほとんど皆無であろう。一方テレビや新聞では、日本国内のテュルクではなく「本場」のテュルクの情報が伝えられた。多くの紀行番組がテュルク世界を紹介してきたが、1980年代前半の「NHK特集シルクロード」はその最たるものであろう。この番組で、中国の新疆ウイグル自治区や旧ソ連の中央アジア諸国について初めて知った人は少なくないはずである。しかし、東西冷戦下、これらの地域はまだまだ遠いところであった。

ソ連解体により、中央アジア諸国が独立すると、これらの国々はぐっと日本に近づいた。いわゆる「シルクロード」観光をする人たちも増え、テレビ番組や新聞・雑誌記事でも、この地域の情報がしばしば取り上げられるようになった。古くからの異国情緒に溢れる文化とともに、それぞれの国の経済発展や政治問題など現在の状況が伝えられるようになった。また、テュルク世界の情報は、インターネットを通じて、以前よりもずっと入りやすくなった。ネット上のニュースやサイトで多くの知識や情報を得るだけでなく、テュルクの人々と、メールやSNSで直接つながりを持てるようになったのである。今後、生きた情報によって、テュルクに対するイメージも急激に変わっていくだろう。

映画では、2015年に公開された、日土合作の『海難1890』（田中光敏監督）がトルコを取り上げた作品として記憶に新しい。オスマン帝国海軍の軍艦エルトゥールル号が遭難し、その乗組員が和歌山県串本の人々に救出された出来事とイラン・イラク戦争時におけるトルコ航空による日本人脱出を描くこの作品は、近現代史における日本とトルコとの関係を広く知らしめることに寄与したと言えよう。国籍や民族を越えた人々の心の温かさが心を打ち、日本ではなじみの薄いトルコを身近にさせた。その一方で、この映画にある種の「プロパガンダ」的要素が見られることも、こうした「美談」の描き方の難しさを痛感させた。

ここで、日本のサブカルチュアにおけるテュルクの表象について、いくつか取り上げてみよう。テュルクを扱った漫画としては、トルコを舞台とした『クルドの星』がある。機動戦士ガンダムのキャラクター・デザインで有名な安彦良和《やすひこよしかず》によるこの作品は、トルコとソ連との関係を背景に、現在も解決していないクルド人問題を取り上げている。主人公がイスタンブルからヴァン湖、アララト山などを巡り、トルコ語のセリフも混在する、臨場感溢れる異色作である。

近年では、中央アジアの人々と文化を描いた、森薫《もりかおる》の漫画『乙嫁語り《おとよめがたり》』が高い人気を博している。19世紀後半の中央アジアを舞台としているこの作品は、魅力的なキャラクターが織りなすストーリーもさることながら、ミニアチュールを思わせる緻密な描写で、現在では失われてしまった「伝統的民族文化」を感じさせる。テュルク世界を描く代表的な漫画作品であると言えよう。

このほか、実際のテュルク世界を舞台として設定しているわけではないが、作品のイメージに合わせ、テュルク的な固有名詞を用いた作品も少なくない。小説、漫画、アニメで知られる田中芳樹《たなかよしき》の『アルスラーン戦記』に描かれる王国チュルクは、明らかに「テュルク」に由来するものと考えられ（テュルクはチュルクとも表される）、その首都へラートはティムール帝国の都をモデルとしているのだろ

日本のサブカルチュアにおけるテュルクの表象

う。チュルク王国に隣接する遊牧の国トゥラーンは、イーラーン（イラン）に対峙する北方草原地域のトゥーラーン（トゥランやツランとも。第51章参照）をイメージしている。アニメ化もされた漫画『マギ』（大高《おおたか》忍《しのぶ》作）に現れる「トランの民」という名称も、同じくトゥーラーンに由来するものであろう。カトウコトノの漫画『将国のアルタイル』には、トルキエ将国、首都アルトゥン、トゥグリル・マフムート・パシャといったテュルクの地名や歴史に因んだ人名が多く見られる。名称という点に限れば、映画化もされた宮崎《みやざき》駿《はやお》の漫画『風の谷のナウシカ』での、トルメキア、土鬼（ドルク）、タリア川、シル川、クシャナ、エフタルといった名称も興味をひく。

雪印乳業の劇場用広報アニメーションで、シンエイ動画初の制作作品『草原の子テングリ』（1977年、大塚《おおつか》康《やす》生《お》監督）も興味深い作品である。この作品は、中央アジアの遊牧生活を空想的に描いた、乳製品の想像上の起源譚である。主人公の少年テングリは、第5章で取り上げた天神とは関係ないものの、その名称がテュルクの天神の名に由来することは明白である。主人公が大切にする仔牛の名タルタルは、「タタール」によるものであろう。なお、この作品は、手塚治虫《てづかおさむ》（原案）や宮崎駿（原画）が関わったことでも有名である。日本のアニメーションの歴史とテュルクとの意外な関係である。

日本人がテュルクに持つイメージは、エキゾティズムに偏りがちだが、けっして悪くはない。そして、日本では一般的に、テュルクは「親日」であると考えられている。たしかに、テュルクの人々や国々が日本に悪いイメージを持っているという話はあまり聞かない。しかし、思考停止的にテュルクが「親日」であると考えることはやめ、イメージだけに左右されない、現実的な理解に基づく、対等な関係を深めていくべきではないだろうか。そのような関係の上に現れる「テュルクの表象」をぜひ見てみたいものである。

（坂井弘紀）

テュルクを知るための参考文献

全体に関係する文献

宇山智彦 編著『中央アジアを知るための60章【第2版】』(エリア・スタディーズ26) 明石書店、2010年。
宇山智彦・藤本透子 編著『カザフスタンを知るための60章』(エリア・スタディーズ134) 明石書店、2014年。
帯谷知可・北川誠一・相馬秀廣 編『中央アジア』(朝倉世界地理講座5) 朝倉書店、2012年。
川端香男里ほか 監修『新版 ロシアを知る事典』平凡社、2004年。
小杉泰・林佳世子・東長靖 編『イスラーム世界研究マニュアル』名古屋大学出版会、2008年。
小松久男 編『中央ユーラシア史』(新版世界各国史4) 山川出版社、2000年。
小松久男・梅村坦・宇山智彦・帯谷知可・堀川徹 編『中央ユーラシアを知る事典』平凡社、2005年。
高田時雄 編著『東洋学の系譜 欧米編』大修館書店、1996年。
V・V・バルトリド 著/小松久男 監訳『トルキスタン文化史1・2』(東洋文庫805・806) 平凡社、2011年。
Golden, Peter B., *An Introduction to the History of the Turkic Peoples*, Wiesbaden: Otto Harrassowitz, 1992.
Findley, Carter V., *The Turks in World History*, Oxford-New York: Oxford University Press, 2005.

Ⅰ　記憶と系譜そして信仰

佐口透、山田信夫、護雅夫 訳注『騎馬民族史2　正史北狄伝』（東洋文庫223）平凡社、1972年。〔1〕

護雅夫『遊牧騎馬民族国家――〝蒼き狼〟の子孫たち』（講談社現代新書116）講談社、1967年。〔1〕

宇野伸浩「『集史』の構成における「オグズ・カン説話の意味」『東洋史研究』61（1）、2002年。〔2、3〕

長谷川太洋『オグズナーメ――中央アジア・古代トルコ民族の英雄の物語』創英社／三省堂書店、2006年。〔2、3〕

杉山正明、北川誠一『大モンゴルの時代』（世界の歴史9）中央公論社、1997年。〔3〕

豊川浩一『ロシア帝国民族統合史の研究――植民政策とバシキール人』北海道大学出版会、2006年。〔3〕

S・A・プリエートニェヴァ 著／城田俊 訳『ハザール　謎の帝国』新潮社、1996年。〔3〕

小笠原弘幸『イスラーム世界における王朝起源論の生成と変容――古典期オスマン帝国における起源伝承をめぐって』刀水書房、2014年。〔3、4〕

菅原睦・太田かおり 訳『デデ・コルクトの書――アナトリアの英雄物語集』（東洋文庫720）平凡社、2003年。〔4〕

ウノ・ハルヴァ 著／田中克彦 訳『シャマニズム1・2　アルタイ系諸民族の世界像』（東洋文庫830・835）平凡社、2013年。〔5〕

後藤正憲「実践としての知の再／構成――チュヴァシの伝統宗教と卜占」『スラヴ研究』56号、2009年。〔5〕

坂井弘紀「死から逃れようとする賢者――テュルク世界の伝説的人物コルクトについて」和光大学総合文化研究所・永澤峻 編『死と来世の神話学』言叢社、2007年。〔5〕

坂井弘紀「中央アジアの母神ウマイ」『千葉大学ユーラシア言語文化論集』18号、千葉大学ユーラシア言語文化論講座、2014年。〔5〕

坂井弘紀「英雄叙事詩とシャマニズム」『和光大学表現学部紀要』15号、2015年。〔5〕

シャルル・ステパノフ、ティエリー・ザルコンヌ 著／中沢新一 監修／遠藤ゆかり 訳『シャーマニズム』（「知の再発見」双書162）創元社、2014年。〔5〕

坂井弘紀「『草原の英雄を生んだ両親は誰か？――ユーラシア英雄叙事詩『エディゲ』の秘密」小長谷有紀 編『「大きなかぶ」はなぜ抜けた？　謎とき世界の民話』（講談社現代新書1848）講談社、2006年。〔6〕

坂井弘紀「中央ユーラシアと日本の民話・伝承の比較研究のために」『和光大学表現学部紀要』16巻、2016年。〔6〕
奈良康明、石井公成 編『文明・文化の交差点』（新アジア仏教史05 中央アジア）佼成出版社、2010年。〔7〕
前嶋信次 編『オリエント史講座3 渦巻く諸宗教』学生社、1982年。〔7〕
松川節『図説 モンゴル歴史紀行』河出書房新社、1998年。〔7〕
黒川知文『ロシア社会とユダヤ人――1881年ポグロムを中心に』ヨルダン社、1996年。〔コラム1〕
ニコラス・ポッペ 著／下内充・板橋義三 訳『ニコラス・ポッペ回想録』三一書房、1990年。〔コラム1〕
早坂真理『ウクライナ　歴史の復元を模索する』リブロポート、1994年。〔コラム1〕
林徹「カライム語」亀井孝・河野六郎・千野栄一 編著『言語学大辞典』第一巻 世界言語編 上、三省堂、1988年、1267～1271頁。〔コラム1〕
林徹「クリムチャク語」亀井孝・河野六郎・千野栄一 編著『言語学大辞典』第一巻 世界言語編 上、三省堂、1988年、1525～1528頁。〔コラム1〕
『郷土派の政治思想――戦間期のリトアニアの政治文化――』（課題番号 13610446）平成13年度～平成16年度科学研究費補助金（基盤研究（C⑵研究成果報告書）』（研究代表者 早坂真理、2005年5月）
イブン・ファドラーン 著／家島彦一 訳注『ヴォルガ・ブルガール旅行記』（東洋文庫789）平凡社、2009年。〔8〕
濱田正美『中央アジアのイスラーム』（世界史リブレット70）山川出版社、2008年。〔8〕

Ⅱ　文学と言語

坂井弘紀「語り継がれる「記憶」」林佳世子・桝屋友子 編『記録と表彰　史料が語るイスラーム世界』（イスラーム地域研究叢書第8巻）東京大学出版会、2005年。〔9〕
坂井弘紀 訳『ウラル・バトゥル――バシュコルト英雄叙事詩』（東洋文庫814）平凡社、2011年。〔9〕
坂井弘紀「英雄叙事詩の伝える記憶」塩川伸明・小松久男・沼野充義 編『ユーラシア世界3　記憶とユートピア』東京大学出版会、2012年。〔9〕
坂井弘紀 訳『アルパムス・バトゥル――テュルク諸民族英雄叙事詩』（東洋文庫862）平凡社、2015年。〔10〕

坂井弘紀「テュルク英雄叙事詩の地域的特徴　『チョラ・バトゥル』の分類をもとに」『地域研究論集』3巻2号、国立民族学博物館地域研究企画交流センター、２０００年。〔11〕
菅原睦「ユースフ『クタドゥグ・ビリグ』とカーシュガリー『テュルク語諸方言集成』——11世紀テュルク諸語とイスラーム」柳橋博之編『イスラーム　知の遺産』東京大学出版会、２０１４年。〔12、14〕
間野英二「トルコ・イスラーム社会とトルコ・イスラーム文化」間野英二編『アジアの歴史と文化８　中央アジア史』同朋舎、１９９９年。〔12、14〕
Yūsuf Khāṣṣ Ḥājib, *Wisdom of Royal Glory (Kutadgu Bilig), A Turko-Islamic Mirror for Princes*, trans. Robert Dankoff, Chicago: The University of Chicago Press, 1983.〔12〕
庄垣内正弘「中央ユーラシアの言語接触　チュルク語の場合」『Ex Oriente』６、２００２年。〔13〕
菅原睦「トルコ系諸語」『歴史学事典　第15巻　コミュニケーション』弘文堂、２００８年。〔13〕
Schönig, Claus, The internal division of modern Turkic and its historical implications. *Acta Orientalia Academiae Scientiarum Hungaricae* 52, 1999.〔13〕
Maḥmūd al-Kāšγarī, *Compendium of the Turkic Dialects (Dīwān Luγāt at-Turk)*, ed. and trans. with introduction and indices by Robert Dankoff in collaboration with James Kelly, 3 vols., [Cambridge]: Harvard University Printing Office, 1982-1985.〔14〕
アフメト・ハムディ・タンプナル著／和久井路子訳『心の平安』藤原書店、２０１５年。〔15〕
近藤信彰編『ペルシア語文化圏史研究の最前線』東京外国語大学アジア・アフリカ言語文化研究所、２０１１年。〔16〕
森本一夫編著『ペルシア語が結んだ世界——もうひとつのユーラシア史』（スラブ・ユーラシア叢書７）北海道大学出版会、２００９年。〔16〕
児島満子・児島和男訳『ホジャの笑い話』（ハルク叢書１　トルコの民話）れんが書房新社、１９９７年。〔コラム２〕
護雅夫訳『ナスレッディン・ホジャ物語——トルコの知恵ばなし』（東洋文庫38）平凡社、１９６５年。［ワイド版東洋文庫38、平凡社、２００８年］〔コラム２〕

Ⅲ　テュルク系の諸民族

廣瀬陽子『アゼルバイジャン――文明が交錯する「火の国」』群像社、２０１６年。〔17〕

Cornel, Svante E., *Azerbaijan Since Independence*. (Studies of Central Asia and the Caucasus), London: Routledge 2011.〔17〕

Shaffer, Brenda, *Borders and Brethren: Iran and the Challenge of Azerbaijani Identity* (BCSIA Studies in International Security), Cambridge: MIT Press, 2002.〔17〕

清水由里子「『新生活』紙にみる「ウイグル」民族意識再考」『中央大学アジア史研究』35、２０１１年。〔18〕

新免康 他『越境する新疆・ウイグル』（日中文化研究15・アジア遊学１）勉誠出版、１９９９年。〔18〕

SHIMIZU Yuriko, *The Memoirs of Muhammad Amīn Bughra: Autograph Manuscript and Translation*, TIAS Central Eurasian Research Series No.6, TIAS: Department of Islamic Area Studies, Center for Evolving Humanities, Graduate School of Humanities and Sociology, The University of Tokyo, 2012.〔18〕

小松久男『革命の中央アジア――あるジャディードの肖像』（中東イスラーム世界７）東京大学出版会、１９９５年。〔19〕

宇山智彦、藤本透子 編著『カザフスタンを知るための60章』（エリア・スタディーズ１３４）明石書店、２０１４年。〔20〕

野田仁『露清帝国とカザフ＝ハン国』東京大学出版会、２０１１年。〔20〕

藤本透子『よみがえる死者儀礼――現代カザフのイスラーム復興』風響社、２０１１年。〔20〕

坂井弘紀「カラカルパクの知識人ダウカラエフについて」高倉浩樹・佐々木史郎 編『ポスト社会主義人類学の射程』（国立民族学博物館調査報告78）国立民族学博物館、２００８年。〔コラム３〕

秋山徹『遊牧英雄とロシア帝国――あるクルグズ首領の軌跡』東京大学出版会、２０１６年〔21〕。

澤田稔「16世紀後半のキルギズ族とイスラーム」『帝塚山学院短期大学研究年報』43、１９９５年〔21〕。

吉田世津子「英雄叙事詩マナスとネイション形成再考――北部クルグズ（キルギス）農村から見たネイション実践」高倉浩樹・佐々木史郎 編『ポスト社会主義人類学の射程』（国立民族学博物館調査報告78）国立民族学博物館、２００８年。〔21〕

濱本真実『共生のイスラーム――ロシアの正教徒とムスリム』（イスラームを知る5）山川出版社、２０１１年。〔22〕
Kefeli, Agnès Nilüfer, *Becoming Muslim in Imperial Russia: Conversion, Apostasy, and Literacy*, Ithaca: Cornell University Press, 2014.〔22〕
Rorlich, Azade-Ayşe, *The Volga Tatars: A Profile in National Resilience*, Stanford, Calif.: Hoover Institution Press, 1986.〔22〕
Fisher, Alan, *The Crimean Tatars*, Stanford, Calif.: Hoover Institution Press, 1987.〔23〕
Magocsi, Paul Robert, *This Blessed Land: Crimea and the Crimean Tatars*, Toronto: University of Toronto, 2014.〔23〕
Williams, Brian Glyn, *The Crimean Tatars: The Diaspora Experience and the Forging of a Nation*, Leiden: Brill, 2001.〔23〕
濱本真実「ポーランド＝リトアニア・タタール人のイスラームの記憶」塩川伸明・小松久男・沼野充義 編『ユーラシア世界3――記憶とユートピア』東京大学出版会、２０１２年。〔コラム４〕
宇山智彦「「個別主義の帝国」ロシアの中央アジア政策――正教化と兵役の問題を中心に」『スラヴ研究』53、２００６年。〔24〕
塩谷哲史『中央アジア灌漑史序説――ラウザーン運河とヒヴァ・ハン国の興亡』風響社、２０１４年。〔24〕
地田徹朗「ポスト・ニヤゾフ時代のトルクメニスタン政治――ベルディムハメドフ「改革」の方向性と政治体制の変化」『日本中央アジア学会報』７、２０１１年。〔24〕
Bregel, Yuri, "Nomadic and Sedentary Elements among the Turkmens," *Central Asiatic Journal*, 25, 1981.〔24〕
新井政美『トルコ近現代史――イスラム国家から国民国家へ』みすず書房、２００１年。〔25〕
坂本勉『トルコ民族の世界史』慶應義塾大学出版会、２００６年。〔25〕
石川真作『ドイツ在住トルコ系移民の文化と地域社会――社会的統合に関する文化人類学的研究』立教大学出版会、２０１２年。〔コラム５〕
内藤正典『ヨーロッパとイスラーム――共生は可能か』（岩波新書９０５）岩波書店、２００４年。〔コラム５〕
坂井弘紀 訳『ウラル・バトゥル――バシュコルト英雄叙事詩』（東洋文庫８１４）平凡社、２０１１年。〔26〕
豊川浩一『ロシア帝国民族統合史の研究――植民政策とバシキール人』北海道大学出版会、２００６年。〔26〕
鴨川和子『トゥワー民族』晩声社、１９９０年。〔27〕

等々力政彦『シベリアをわたる風　トゥバ共和国、喉歌《フーメイ》の世界へ』長征社、1999年。〔27〕
等々力政彦 編著『トゥバ音楽小事典』浜松市楽器博物館、2012年。〔27〕
西村幹也『もっと知りたい国 モンゴル』心交社、2009年。〔27〕
メンフェン＝ヘルヒェン 著／田中克彦 訳『トゥバ紀行』（岩波文庫）岩波書店、1996年。〔27〕
高倉浩樹『極北の牧畜民サハ――進化とミクロ適応をめぐるシベリア民族誌』昭和堂、2012年。〔28〕
米原万里『マイナス50℃の世界』（角川ソフィア文庫）角川書店、2012年。〔28〕
N・ヴィシネフスキー 著／小山内道子 訳『トナカイ王――北方先住民族のサハリン史』成文社、2006年。〔コラム6〕
田中了、D・ゲンダーヌ『ゲンダーヌ ある北方少数民族のドラマ』現代史出版会／徳間書店、1978年。〔コラム6〕
内務省警保局『外事警察概況5』昭和14年（龍渓書舎、1980年）〔コラム6〕
山本祐弘『北方自然民族民話集成――オロッコ・ギリヤーク・樺太アイヌ』相模書房、1968年。〔コラム6〕
山本祐弘 編著『樺太自然民族の生活』相模書房、1979年。〔コラム6〕
志田恭子『ロシア帝国の膨張と統合――ポスト・ビザンツ空間としてのベッサラビア』北海道大学出版会、2009年。〔29〕
服部四郎「タタール語の成立とチュヴシュ族の起源」『東方学会創立二十五周年記念 東方学論集』東方学会、1972年。〔29〕
早坂真理『ウクライナ――歴史の復元を模索する』リブロポート、1994年。〔29〕
グスタフ・ラムステッド 著／荒巻和子 訳『七回の東方旅行』中央公論社、1992年。〔コラム7〕
佐口透、山田信夫、護雅夫 訳注『騎馬民族史2　正史北狄伝』（東洋文庫223）平凡社、1972年。〔コラム7〕
ボルジギン・ブレンサイン 編著／赤坂恒明 編集協力『内モンゴルを知るための60章』（エリア・スタディーズ135）明石書店、2015年。〔コラム7〕

Ⅳ　世界史のなかのテュルク

小松久男 編『中央ユーラシア史』（新版世界各国史4）山川出版社、2000年。〔30、34〕

護雅夫『古代トルコ民族史研究Ⅰ、Ⅱ、Ⅲ』山川出版社、１９６７、１９９２、１９９７年。〔30〕
護雅夫『古代遊牧帝国』（中公新書４３７）中央公論社、１９７６年。〔30〕
内藤みどり『西突厥史の研究』早稲田大学出版部、１９８８年。〔31〕
内田吟風、田村実造他 訳註／佐口透、山田信夫、護雅夫 訳註／羽田明、佐藤長他 訳註『騎馬民族史１・２・３　正史北狄伝』（東洋文庫１９７・２２３・２２８）平凡社、１９７１、１９７２、１９７３年。〔32〕
森部豊 編『ソグド人と東ユーラシアの文化交渉』（アジア遊学１７５）勉誠出版、２０１４年。〔32〕
山田信夫『北アジア遊牧民族史研究』東京大学出版会、１９８９年。〔32〕
森部豊『安禄山――「安史の乱」を起こしたソグド軍人』（世界史リブレット人０１８）山川出版社、２０１３年。〔33〕
森安孝夫『シルクロードと唐帝国』（興亡の世界史 05）講談社、２００７年。〔33〕
森安孝夫『東西ウイグルと中央ユーラシア』名古屋大学出版会、２０１５年。〔33〕
イブン・ファドラーン 著／家島彦一 訳注『ヴォルガ・ブルガール旅行記』（東洋文庫７８９）平凡社、２００９年。〔コラム８〕
梅田良忠『ヴォルガ・ブルガール史の研究』弘文堂、１９５９年。〔コラム８〕
櫻間瑛「文明の交差点における歴史の現在――ボルガル遺跡とスヴィヤシスク島の「復興」プロジェクト」『文化空間としてのヴォルガ』（スラブ・ユーラシア研究報告集４）北海道大学スラブ研究センター、２０１２年。〔コラム８〕
小谷汪之 編『南アジア史２　中世・近世』（世界歴史大系）山川出版社、２００７年（とくに第二章と第三章）。〔35〕
真下裕之「南アジア史におけるペルシア語文化の諸相」森本一夫 編著『ペルシア語が結んだ世界――もうひとつのユーラシア史』（スラブ・ユーラシア叢書７）北海道大学出版会、２００９年。〔35、コラム10〕
Jackson, P., *The Delhi Sultanate*, Cambridge: Cambridge University Press, 1999.〔35〕
清水宏祐「イラン世界の変容」『西アジア史Ⅱ』（新版世界各国史９）山川出版社、２００２年。〔36〕
Hillenbrand, C., *Turkish Myth and Muslim Symbol: The Battle of Manzikert*, Edinburg, 2007.〔36〕
佐藤次高『マムルーク――異教の世界からきたイスラームの支配者たち』東京大学出版会、１９９１年。〔37、コラム９〕
清水和裕『軍事奴隷・官僚・民衆――アッバース朝解体期のイラク社会』（山川歴史モノグラフ）山川出版社、２００５年。〔37、コラム９〕

清水和裕『イスラーム史のなかの奴隷』（世界史リブレット101）山川出版社、2015年。〔37、コラム9〕
赤坂恒明『ジュチ裔諸政権史の研究』風間書房、2005年。〔38〕
イブン・バットゥータ 著／イブン・ジュザイイ 編／家島彦一 訳注『大旅行記4』（東洋文庫659）平凡社、1999年。〔38〕
ボルジギン・ブレンサイン 編著／赤坂恒明 編集協力『内モンゴルを知るための60章』（エリア・スタディーズ135）明石書店、2015年。〔38〕
NHK「文明の道」プロジェクト、杉山正明、弓場紀知、宮紀子、宇野伸浩、赤坂恒明、四日市康博、橋本雄『NHKスペシャル 文明の道⑤ モンゴル帝国』日本放送出版協会（NHK出版）、2004年。〔38〕
栗生沢猛夫『タタールのくびき――ロシア史におけるモンゴル支配の研究』東京大学出版会、2007年。〔39〕
城田俊『ことばの道――もう一つのシルクロード』大修館書店、1987年。〔39〕
濱本真実『共生のイスラーム――ロシアの正教徒とイスラーム』（イスラームを知る5）山川出版社、2011年。〔39〕
松木栄三「ロシア史とタタール問題」『歴史評論』619、11月号、2001年。〔39〕
川口琢司『ティムール帝国支配層の研究』北海道大学出版会、2007年〔40〕
川口琢司『ティムール帝国』（講談社選書メチエ570）講談社、2014年〔40、コラム10〕
久保一之『ティムール――草原とオアシスの覇者』（世界史リブレット人36）山川出版社、2014年。〔40〕
クラヴィホ 著／山田信夫 訳『チムール帝国紀行』（東西交渉旅行記全集 第三巻）桃源社、1967年〔40〕
バーブル 著／間野英二 訳注『バーブル・ナーマ――ムガル帝国創設者の回想録1・2・3』（東洋文庫853・855・857）平凡社、2014、2014、2015年。〔コラム10〕
間野英二『バーブル・ナーマの研究4 研究篇――バーブルとその時代』松香堂、2001年。〔コラム10〕
ジョナサン・ハリス 著／井上浩一 訳『ビザンツ帝国の最期』白水社、2013年。〔41〕
村田奈々子「理念（idea）としてのヨーロッパ」『言語と文化』12号、法政大学言語・文化センター、2015年。〔41〕
新井政美『オスマン vs. ヨーロッパ――〈トルコの脅威〉とは何だったのか』（講談社選書メチエ237）2002年。〔42〕

アンドレ・クロー著／濱田正美訳『スレイマン大帝とその時代』(りぶらりあ選書)法政大学出版局、１９９２年。新装版『スレイマン大帝とその時代』（イスラーム文化叢書２）法政大学出版局、２０００年。〔42〕

八尾師誠『イラン近代の原像——英雄サッタール・ハーンの革命』（中東イスラーム世界９）東京大学出版会、１９９８年。〔43〕

森本一夫 編著『ペルシア語が結んだ世界——もう一つのユーラシア史』（スラブ・ユーラシア叢書７）北海道大学出版会、２００９年。〔43〕

小松久男『革命の中央アジア——あるジャディードの肖像』（中東イスラーム世界７）東京大学出版会、１９９５年。〔44〕

小松久男『激動の中のイスラーム——中央アジア近現代史』（イスラームを知る18）山川出版社、２０１４年。〔44〕

ブノアメシャン 著／牟田口義郎 訳『灰色の狼 ムスタファ・ケマル——新生トルコの誕生』筑摩書房、１９６５年初版、１９７５年新装版第一刷、１９９０年改装版。〔45〕

山内昌之『納得しなかった男——エンヴェル・パシャ 中東から中央アジアへ』岩波書店、１９９９年。〔45〕

V　イデオロギーと政治

磯貝真澄「ロシア帝国ヴォルガ・ウラル地域ムスリム社会の「新方式」の教育課程」秋葉淳・橋本伸也 編『近代・イスラームの教育社会史——オスマン帝国からの展望』（叢書・比較教育社会史）昭和堂、２０１４年。〔46〕

Meyer, James H., *Turks across Empires: Marketing Muslim Identity in the Russian-Ottoman Borderlands, 1856-1914*, Oxford U.P., 2014.〔46〕

長縄宣博「ヴォルガ・ウラル地域の新しいタタール知識人——第一次ロシア革命後の民族に関する言説を中心に」『スラヴ研究』第50号、２００３年。〔47〕

Frank, Allen J., *Islamic Historiography and 'Bulghar' Identity among the Tatars and Bashkirs of Russia*, Leiden: Brill, 1998.〔47〕

UYAMA Tomohiko, "From "Bulgharism" through "Marrism" to Nationalist Myths: Discourses on the Tatar, the Chuvash and the Bashkir Ethnogenesis," *Acta Slavica Iaponica* 19 (2002): 163-190.〔47〕

小野亮介「『新トルキスタン』誌におけるゼキ・ヴェリディ・トガンの文化観とその背景」『史学』84―1～4、２０１５年。〔48〕

小山皓一郎ほか「ゼキ・ヴェリディ・トガン自伝（1～6）」『史朋』1～19、１９７６～１９８２年。〔48〕

新井政美『トルコ近現代史――イスラム国家から国民国家へ』みすず書房、２００１年。〔49〕

坂本勉『トルコ民族の世界史』慶應義塾大学出版会、２００６年。〔49〕

永田雄三「トルコにおける「公定歴史学」の成立――「トルコ史テーゼ」分析の一視角」寺内威太郎、永田雄三、矢島國雄、李成市 編著『植民地主義と歴史学――そのまなざしが残したもの』（明治大学人文科学研究所叢書）刀水書房、２００４年。〔50、51〕

Büşra Ersanlı Behar, *İktidar ve Tarih: Türkiye'de 'Resmi Tarih' Tezinin Oluşumu (1929-1937)*〔権力と歴史学――トルコにおける〝公定歴史テーゼの形成〟〔１９２９～１９３７〕〕, İstanbul, 1992.〔50〕

浜由樹子『トゥラン主義とその時代――汎イズム比較研究のための予備的考察』津田塾大学国際関係研究所、２０１１年。〔51〕

Gökalp, Ziya; Devereux, Robert (tr.), *The Principles of Turkism*, Leiden: E. J. Brill, 1968.〔51〕

Landau, Jacob M., *Pan-Turkism: from Irredentism to Cooperation*, 2nd ed., London: Hurst, 1995. (1st ed. 1981)〔51〕

Ministry of Foreign Affairs of the USSR, *German Policy in Turkey 1941-1943*, Honolulu: University Press of the Pacific, 2005. (1st pub.: Moscow, 1948.)〔51〕

関口陽子「現代トルコのナショナリズム政党とエリート――民族主義者行動党（ＭＨＰ）の組織と関連団体」『アジア地域文化研究』5、２００８年。〔コラム11〕

早水伸光「１９９９年総選挙回顧――民族主義者行動党圧勝の理由」『イスラム世界』58号、２００２年。〔コラム11〕

ティムール・ダダバエフ『中央アジアの国際関係』東京大学出版会、２０１４年。〔52〕

Almagül İsina, *Dünya Türk Forumu : Türk Konseyi, Türk diasporası ve sosyo-ekonomik işbirliği*, Istanbul: TASAM, 2012.〔52〕

Ⅵ　テュルク学

デイヴィド・シンメルペンニンク＝ファン＝デル＝オイエ著／浜由樹子 訳『ロシアのオリエンタリズム——ロシアのアジア・イメージ、ピョートル大帝から亡命者まで』成文社、２０１３年。〔53〕
羽田亨「ラードロフ博士」『羽田博士史學論文集　下巻　言語・宗教篇』東洋史研究会、１９５８年（初出＝『藝文』第拾年第七号、１９１９年）。〔53〕
I・F・ポポヴァ 著／岩本明美 訳「19世紀末から20世紀初頭におけるロシアの中央アジア探検隊」『特別展覧会　シルクロード　文字を辿って　ロシア探検隊収集の文物』京都国立博物館、２００９年。〔53〕
I・F・ポポヴァ 著／野田仁 訳「ロシア科学アカデミー東洋学研究所サンクト・ペテルブルク支部（SPbF IVRAN）の東洋写本コレクション」『東京大学史料編纂所研究紀要』18、２００８年。〔53〕
Poppe, Nicholas, *Introduction to Altaic Linguistics*, Wiesbaden: Otto Harrassowitz, 1965.〔53〕
Hitzel, F. (éd.), *Istanbul et les langues orientales*, l'Harmattan, 1997.〔54〕
永田雄三「トルコにおけるオスマン朝史研究の近況」『オリエント』11巻３～４号、１９６８年。〔55〕
永田雄三「イナルジク」尾形勇・樺山紘一・木畑洋一 編『20世紀の歴史家たち(4)　世界編下』（刀水歴史全書45）刀水書房、２００１年。〔55〕
A・ヴァーンベーリ 著／小林高四郎・杉本正年 訳『ペルシア放浪記　托鉢僧に身をやつして』（東洋文庫42）平凡社、１９６５年。〔56〕
『歴史学事典5　歴史家とその作品』弘文堂、１９９７年。〔56〕
回教圏研究所『月刊　回教圏』復刻版　第一巻1号～第八巻9号（1～70号）合本全10冊、ビブリオ、１９８６年。〔57〕
筑摩書房編集部 編『世界の歴史7　イスラム文化の発展』筑摩書房、１９６１年。〔57〕

Ⅶ　テュルク世界と日本

アブデュルレシト・イブラヒム 著／小松香織・小松久男 訳『ジャポンヤ——イブラヒムの明治日本探訪記』（イスラー

ム原典叢書）岩波書店、２０１３年。〔58〕

シナン・レヴェント『戦前期・戦中期における日本の「ユーラシア政策」――トゥーラン主義・「回教政策」・反ソ反共運動の視点から』（早稲田大学モノグラフ107）早稲田大学出版部、２０１４年。〔58〕

三沢伸生「日本におけるイスラーム主義とアジア主義の交錯」松浦正孝 編著『アジア主義は何を語るのか――記憶・権力・価値』ミネルヴァ書房、２０１３年。〔58〕

メルトハン・デュンダル「１９３０年代における日本のイスラーム政策とオスマン皇族」『史学』75―２／３、２００７年。〔58〕

沼田彩誉子「東京のタタール移民関連写真資料」『アジア文化研究所研究年報』48号、東洋大学、２０１４年。〔59〕

福田義昭「神戸モスク建立」『アジア文化研究所研究年報』45号、東洋大学、２０１１年。〔59〕

福田義昭「昭和期の日本文学における在日ムスリムの表象(1)」『アジア文化研究所研究年報』50号、東洋大学、２０１６年。〔59〕

松長昭『在日タタール人――歴史に翻弄されたイスラーム教徒たち』（ユーラシア・ブックレット１３４）東洋書店、２００９年。〔59、60〕

吉田達矢「戦前期における在名古屋タタール人の交流関係に関する一考察」『アジア文化研究所研究年報』48号、東洋大学、２０１３年。〔59〕

ACRI, TOYO University(ed.), *Tokyo Muslim School album*, Tokyo: TOYO University, 2011.〔59〕

NUMATA Sayoko, "Fieldwork Note on Tatar Migrants from the Far East to the USA," *Annals of Japan Association for Middle East Studies*, 28-2, 2013.〔59〕

古賀登「ヌンと胡餅とせんべいと」『歴史公論　シルクロードと日本』12月号、雄山閣出版、１９７８年。〔コラム12〕

小村不二男『日本イスラーム史』日本イスラーム友好連盟、１９８８年。〔60〕

田澤拓也『ムスリム・ニッポン』小学館、１９９８年。〔60〕

湯浅あつ子『ロイと鏡子』中央公論社、１９８４年。〔60〕

ユセフ・トルコ『破乱の半世紀　俺は日本人だ!!　I am NIHONJIN. Written by YUSUF OMAR.』ジャパン・プロレスリング・

ユニオン、１９８２年。〔60〕
「この国に生きて　異邦人物語53～57　モスクを建てた亡命タタール人 ムハンマド・クルバンガリー１～５」『産経新聞』（多摩支局 徳光一輝）２００２年３月10・12・13・14・15日。〔60〕
「ひと　プロに転向したアマ世界一ボクサー　ユーリー・アルバチャコフさん Yurii Arbachakov」『朝日新聞』１９８９年12月６日（上野隆記者）〔コラム13〕
フロント企画「朝日ジョブウイークリー」３７１「あの人とこんな話　スポーツは自信を与える。それは若い人の生きる力になるよ。　プロボクシング元ＷＢＣ世界フライ級チャンピオン 勇利アルバチャコフさん」『朝日新聞』２００１年12月11日（田中美絵＝文）〔コラム13〕
http://arbachakov.ru/　Будем работать все вместе! Арбачаков Ю.Я.〔コラム13〕
森薫『乙嫁語り』１～８巻、KADOKAWA/エンターブレイン。〔61〕
安彦良和『クルドの星』上・下、チクマ秀版社。〔61〕

三沢　伸生（みさわ　のぶお）〔52、58、59、コラム 11〕
東洋大学社会学部教授。
【主要著作】
Ali Merthan Dündar & Nobuo Misawa (eds.), *Books in Tatar-Turkish printed by Tokyo'da Matbaa-i İslamiye (1930-38)* [DVD ed. Ver. 1], Toyo University, 2010.; Nobuo Misawa, *Türk-Japon ticaret ilişkieleri*, İstanbul Ticaret Odası, 2011.; Nobuo Misawa (ed.), *Tatar exiles and Japan*, Toyo University, 2012.

山下　宗久（やました　むねひさ）〔28〕
和光大学非常勤講師。
【主要著作】
「叙事詩の復興を目指して――東シベリアのサハ共和国での取り組みと課題」（『叙事詩の学際的研究』〔科研報告書〕、2001 年）、「祈祷から見たサハ（ヤクート）の馬乳酒祭り」（『シベリア狩猟・牧畜民の生き残り戦略の研究』〔科研報告書〕、2000 年）、「英雄叙事詩における英雄とは――サハ（ヤクート）の英雄叙事詩を考察して」（『口承文藝研究』第 22 号、1999 年）。

野田　仁（のだ　じん）［20、26］
東京外国語大学アジア・アフリカ言語文化研究所准教授。
【主要著作】
The Kazakh Khanates between the Russian and Qing Empires: Central Eurasian International Relations during the Eighteenth and Nineteenth Centuries, Brill, 2016.;『中国新疆のムスリム史——教育、民族、言語』（編著、早稲田大学アジア・ムスリム研究所、2014 年）、「日本から中央アジアへのまなざし——近代新疆と日露関係」（『イスラーム地域研究ジャーナル』6 巻、2014 年）。

濱田　正美（はまだ　まさみ）［8、15、34、54］
龍谷大学文学部特別任用教授。
【主要著作】
"Gisant aux pieds des saints: les souverains et leurs intercesseurs en Asie centrale médiévale," in A. Caiozzo (éd.), *Mythes, rites et émotions, Les funérailles le long de la Route de la soie*, Honoré Champion, 2016.;「政治思想研究——スィヤーセト・ナーメと歴史書」（東長靖編『オスマン朝思想文化研究——思想家と著作』京都大学イスラーム地域研究センター、2012 年）、"Le coran chez Tursun Beg," *Eurasian Studies*, 2010 (VIII).

濱本　真実（はまもと　まみ）［39、コラム 4、8］
日本学術振興会 特別研究員（東洋文庫）。
【主要著作】
『共生のイスラーム——ロシアの正教徒とムスリム』〔イスラームを知る 5〕（山川出版社、2011 年）、『「聖なるロシア」のイスラーム—— 17 － 18 世紀タタール人の正教改宗』（東京大学出版会、2009 年）。

林　俊雄（はやし　としお）［31］
創価大学文学部教授。
【主要著作】
『遊牧国家の誕生』〔世界史リブレット 98〕（山川出版社、2009 年）、『スキタイと匈奴——遊牧の文明』〔興亡の世界史 2〕（講談社、2007 年）、『ユーラシアの石人』〔ユーラシア考古学選書〕（雄山閣、2005 年）。

松長　昭（まつなが　あきら）［17］
笹川平和財団特任研究員。
【主要著作】
『在日タタール人——歴史に翻弄されたイスラーム教徒』（東洋書店、2009 年）、『簡明日本語アゼルバイジャン語・アゼルバイジャン語日本語辞典』（国際語学社、2009 年）、『アゼルバイジャン語文法入門』（大学書林、1999 年）。

三浦　徹（みうら　とおる）［37、コラム 9］
お茶の水女子大学基幹研究院人文科学系教授。
【主要著作】
『イスラーム世界の歴史的展開』（放送大学教育振興会、2011 年）、『イスラームの都市世界』〔世界史リブレット 16〕（山川出版社、1997 年）。

清水　由里子（しみず　ゆりこ）［18］
中央大学文学部兼任講師。
【主要著作】
SHIMIZU Yuriko (ed.), *The Autograph Manuscript of Muhammad Amīn Bughra's Sharqī Turkistān Tārīkhi*, Vol. I-II, TIAS: Department of Islamic Area Studies, Center for Evolving Humanities, Graduate School of Humanities and Sociology, The University of Tokyo, 2014 (Vol. II), 2016 (Vol. I).;「『新生活』紙にみる「ウイグル」民族意識再考」(『中央大学アジア史研究』35、2011 年)、「カシュガルにおけるウイグル人の教育運動（1934 ～ 37 年）」(『内陸アジア史研究』22、2007 年)。

菅原　睦（すがはら　むつみ）［12、13、14、53］
東京外国語大学大学院総合国際学研究院准教授。
【主要著作】
"*Kutadgu Bilig*'in Herat (Viyana) nüshası ve XV. yüzyıl Türk dili." In: Musa Duman (ed.), *Doğumunun 990. Yılında Yusuf Has Hacib ve Eseri Kutadgu Bilig Bildirileri, 26-27 Ekim 2009*, Ankara: Türk Dil Kurumu 2011.;「中央アジアにおけるテュルク語文学の発展とペルシア語」（森本一夫編著『ペルシア語が結んだ世界――もうひとつのユーラシア史』北海道大学出版会、2009 年)、『ウイグル文字本『聖者伝』の研究　I ／ II 』（神戸市看護大学 2007/2008 年)。

鈴木　宏節（すずき　こうせつ）［7、30、32、33］
青山学院女子短期大学現代教養学科助教。
【主要著作】
「三十姓突厥の出現――突厥第二可汗国をめぐる北アジア情勢」(『史学雑誌』第 115 編第 10 号、2006 年)、「唐代漠南における突厥可汗国の復興と展開」(『東洋史研究』第 70 巻第 1 号、2011 年)、「突厥碑文から見るトルコ人とソグド人」（森部豊編『ソグド人と東ユーラシア文化交渉』〔アジア遊学 175〕、勉誠出版、2014 年)。

永田　雄三（ながた　ゆうぞう）［45、48、50、55、57］
東洋文庫研究部研究員。
【主要著作】
『前近代トルコの地方名士――カラオスマンオウル家の研究』（刀水書房、2009 年)、『成熟のイスラーム社会』〔世界の歴史 15〕（羽田正との共著、中央公論社、1998 年、2008 年文庫化)、『中東現代史 I　トルコ・イラン・アフガニスタン』〔世界現代史 11〕（加賀谷寛、勝藤猛との共著、山川出版社、1982 年)。

長縄　宣博（ながなわ　のりひろ）［22、23、47］
北海道大学スラブ・ユーラシア研究センター准教授。
【主要著作】
『北西ユーラシアの歴史空間――前近代ロシアと周辺世界』〔スラブ・ユーラシア叢書 12〕（小澤実との共編著、北海道大学出版会、2016 年)、『越境者たちのユーラシア』〔シリーズ・ユーラシア地域大国論 5〕（山根聡との共編著、ミネルヴァ書房、2015 年)、*Volgo-Ural'skii region v imperskom prostranstve: XVIII-XX vv.*（共編、Moscow: Vostochnaia Literatura, 2011).

近藤　信彰（こんどう　のぶあき）［43］
東京外国語大学アジア・アフリカ言語文化研究所教授。
【主要著作】
KONDO Nobuaki (ed.), *Mapping Safavid Iran,* Research Institute Language and Culture Asia and Africa, 2015.;「アフガニスタンの司法改革――イスラーム法裁判制度を中心に」（堀川徹、大江泰一郎、磯貝健一編『シャリーアとロシア帝国――近代中央ユーラシアの法と社会』臨川書店、2014 年）、"Between Tehran and Sulṭāniyya: Early Qajar Rulers and their Itinerates," *Turko Mongol Rulers, Cities and City Life*, Brill, 2013.

坂井　弘紀（さかい　ひろき）［1、2、5、6、9、10、11、61、コラム 2、12］
和光大学表現学部教授。
【主要著作】
『アルパムス・バトゥル――テュルク諸民族英雄叙事詩』〔平凡社東洋文庫 862〕（翻訳・解説、平凡社、2015 年）、「英雄叙事詩の伝える記憶」（塩川伸明・小松久男・沼野充義編『ユーラシア世界３　記憶とユートピア』東京大学出版会、2012 年）、『ウラル・バトゥル――バシュコルト英雄叙事詩』〔平凡社東洋文庫 814〕（翻訳・解説、平凡社、2011 年）。

塩谷　哲史（しおや　あきふみ）［19、24、コラム 3］
筑波大学人文社会系助教。
【主要著作】
「ヒヴァ・ハン国と企業家――イチャン・カラ博物館の一勅令を手がかりに」（堀川徹、大江泰一郎、磯貝健一編『シャリーアとロシア帝国――近代中央ユーラシアの法と社会』臨川書店、2014 年）、『中央アジア灌漑史序説――ラウザーン運河とヒヴァ・ハン国の興亡』（風響社、2014 年）、"Who Should Manage the Water of the Amu-Darya?: Controversy over Irrigation Concessions between Russia and Khiva, 1913-1914," P. Sartori (ed.), *Explorations in the Social History of Modern Central Asia (19th - Early 20th Century)*, Leiden: Brill, 2013.

島田　志津夫（しまだ　しずお）［16］
東京外国語大学大学院総合国際学研究院特任講師。
【主要著作】
Ṣadr al-Dīn ʻAynī, *Bukhārā inqilābīning ta'rīkhī*, SHIMADA Shizuo and Sharifa TOSHEVA (eds.), Tokyo: Department of Islamic Area Studies, Center for Evolving Humanities, The University of Tokyo, 2010.

清水　宏祐（しみず　こうすけ）［36］
九州大学名誉教授。
【主要著作】
「再び『宰相たちの歴史』について――写本と刊本の間」（『史淵』147、2012 年）、『イスラーム農書の世界』〔世界史リブレット 85〕（山川出版社、2010 年）、「イラン世界の変容」（永田雄三編『西アジア史Ⅱ　イラン・トルコ』〔新版世界各国史 9〕山川出版社、2002 年）。

稲葉　穣（いなば　みのる）［35］
京都大学人文科学研究所教授。
【主要著作】
“From Caojuzha to Ghazna / Ghaznīn: Early Madieval Chinese and Muslim Descriptions of Eastern Afghanistan,” *Journal of Asian History* 49, 2015.; “A Venture on the Frontier: Alptegin’s Conquest of Ghazna and its Sequel,” A. C. S. Peacock & D. G. Tor (eds.), *Medieval Central Asia and the Persianate World,* London: I.B.Tauris, 2015.;『統治の書』〔イスラーム原典叢書〕（ニザーム・アルムルク著、井谷鋼造との共訳、岩波書店、2015 年）。

小笠原　弘幸（おがさわら　ひろゆき）［4、41］
九州大学人文科学研究院准教授。
【主要著作】
『イスラーム世界における王朝起源論の生成と変容――古典期オスマン帝国の系譜伝承をめぐって』（刀水書房、2014 年）、「トルコ共和国公定歴史学における「過去」の再構成――高校用教科書『歴史』（1931 年刊）の位置づけ」（『東洋文化』第 91 号、2011 年）、「オスマン朝における歴史叙述のなかのモンゴル像」（『イスラム世界』第 71 号、2008 年）。

小野　亮介（おの　りょうすけ）［51］
慶應義塾大学大学院文学研究科後期博士課程。
【主要著作】
“Zeki Velidi Togan’ın Viyana’daki İlk Günleri (1932-1933): Aurel Stein Paper’a Göre Togan’ın I. Türk Tarih Kongresi’ne Bakışı ve Sonraki İlmi Çalışma Planları,” *Kırkambar 2013* C.1 (2016);『亡命者の二〇世紀――書簡が語る中央アジアからトルコへの道』〔ブックレット《アジアを学ぼう》37〕（風響社、2015 年）、「『新トルキスタン』誌におけるゼキ・ヴェリディ・トガンの文化観とその背景」（『史学』84 巻 1 ～ 4 号、2015 年）。

川口　琢司（かわぐち　たくし）［40、コラム 10］
藤女子大学文学部講師。
【主要著作】
“Rethinking the Political System of Jöchid,” *Acta Orientalia Academiae Scientiarium Hungaricae*, vol.69 (2), 2016.;『ティムール帝国』〔講談社選書メチエ 570〕（講談社、2014 年）、「ティムールの冬営地と帝国統治・首都圏」（『史学雑誌』第 122 編第 10 号、2013 年）。

＊小松　久男（こまつ　ひさお）［44］
編著者紹介参照。

【執筆者紹介】（［ ］は担当章、50音順、＊は編著者）

赤坂　恒明（あかさか　つねあき）［3、27、29、38、56、60、コラム1、6、7、13］
内蒙古大学蒙古学研究中心専職研究員。早稲田大学・東海大学・聖学院大学・千葉大学・埼玉学院大学・玉川大学非常勤講師
【主要著作】
「『集史』第一巻「モンゴル史」校訂におけるアラビア語版写本Ayasofya 3034の価値」（『歐亞學刊〔國際版〕』新1輯〔総第11輯〕、北京、2011年）、「モンゴル帝国期におけるアス人の移動について」（塚田誠之編『中国国境地域の移動と交流――近現代中国の南と北』有志舎、2010年）、『ジュチ裔諸政権史の研究』（風間書房、2005年）。

秋山　徹（あきやま　てつ）［21］
早稲田大学イスラーム地域研究機構次席研究員。
【主要著作】
『遊牧英雄とロシア帝国――あるクルグズ首領の軌跡』（東京大学出版会、2016年）、"Why Was Russian Direct Rule over Kyrgyz Nomads Dependent on Tribal Chieftains "*Manap*s" ?", *Cahiers du monde russe*, vol.56(4), 2015.;「混成村落の成立にみる20世紀初頭のクルグズ－ロシア関係」（『日本中央アジア学会報』第8号、2012年）。

新井　政美（あらい　まさみ）［25、42、49］
東京外国語大学大学院総合国際学研究院教授。
【主要著作】
『憲法誕生――明治日本とオスマン帝国　二つの近代』（河出書房新社、2015年）、『オスマン帝国はなぜ崩壊したのか』（青土社、2009年）、『トルコ近現代史――イスラム国家から国民国家へ』（みすず書房、2001年）。

石川　真作（いしかわ　しんさく）［コラム5］
東北学院大学准教授。
【主要著作】
「ドイツにおけるイスラーム運動と教育――ヒズメット運動による教育への取り組み」（『白山人類学』19、2016年）、『ドイツ在住トルコ系移民の文化と地域社会――社会的統合に関する文化人類学的研究』（立教大学出版会、2012年）、『周縁から照射するEU社会――移民・マイノリティとシティズンシップの人類学』（共編著、世界思想社、2012年）。

磯貝　真澄（いそがい　ますみ）［46］
京都外国語大学外国語学部非常勤講師。
【主要著作】
「19世紀後半ロシア帝国ヴォルガ・ウラル地域のムスリムの遺産分割争い――オレンブルグ・ムスリム宗務協議会による「裁判」とイスラーム法」（『東洋史研究』74巻2号、2015年）、「ヴォルガ・ウラル地域におけるムスリムの遺産分割――その制度と事例」（堀川徹・大江泰一郎・磯貝健一編『シャリーアとロシア帝国――近代中央ユーラシアの法と社会』臨川書店、2014年）、「19世紀後半ロシア帝国ヴォルガ・ウラル地域のマドラサ教育」（『西南アジア研究』76号、2012年）。

【編著者紹介】

小松　久男（こまつ　ひさお）

東京外国語大学大学院総合国際学研究院特任教授。東京大学名誉教授。

【主要著書・論文】

『革命の中央アジア――あるジャディードの肖像』東京大学出版会、1996 年
『中央ユーラシア史』〈新版世界各国史 4〉山川出版社、2000 年（編著）
『岩波イスラーム辞典』岩波書店、2002 年（共編）
『中央ユーラシアを知る事典』平凡社、2005 年（共編著）
『イブラヒム、日本への旅――ロシア・オスマン帝国・日本』刀水書房、2008 年
『記憶とユートピア』〈ユーラシア世界 3〉（共編著）、東京大学出版会、2012 年
『激動の中のイスラーム―中央アジア近現代史』山川出版社、2014 年
Islam in Politics in Russia and Central Asia (Early Eighteenth to Late Twentieth Centuries), Kegan Paul: London・New York・Bahrain（共編著）
Intellectuals in the Modern Islamic World: Transmission, transformation, communication, Routledge: London and New York, 2006（共編著）

エリア・スタディーズ 148
テュルクを知るための 61 章

2016年 8 月20日　初版 第 1 刷発行

編著者　小 松 久 男
発行者　石 井 昭 男
発行所　株式会社 明石書店
〒 101–0021 東京都千代田区外神田 6-9-5
電話 03（5818）1171
FAX 03（5818）1174
振替　00100-7-24505
http://www.akashi.co.jp/
組版／装丁　明石書店デザイン室
印刷／製本　日経印刷株式会社

（定価はカバーに表示してあります）　ISBN978-4-7503-4396-9

エリア・スタディーズ

1 **現代アメリカ社会を知るための60章**
明石紀雄、川島浩平 編著

2 **イタリアを知るための62章**【第2版】
村上義和 編著

3 **イギリスを旅する35章**
辻野功 編著

4 **モンゴルを知るための65章**【第2版】
金岡秀郎 著

5 **パリ・フランスを知るための44章**
梅本洋一、大里俊晴、木下長宏 編著

6 **現代韓国を知るための60章**【第2版】
石坂浩一、福島みのり 編著

7 **オーストラリアを知るための58章**【第3版】
越智道雄 著

8 **現代中国を知るための40章**【第4版】
高井潔司、藤野彰、曽根康雄 編著

9 **ネパールを知るための60章**
日本ネパール協会 編

10 **アメリカの歴史を知るための63章**【第3版】
富田虎男、鵜月裕典、佐藤円 編著

11 **現代フィリピンを知るための61章**【第2版】
大野拓司、寺田勇文 編著

12 **ポルトガルを知るための55章**【第2版】
村上義和、池俊介 編著

13 **北欧を知るための43章**
武田龍夫 著

14 **ブラジルを知るための56章**【第2版】
アンジェロ・イシ 著

15 **ドイツを知るための60章**
早川東三、工藤幹巳 編著

16 **ポーランドを知るための60章**
渡辺克義 編著

17 **シンガポールを知るための65章**【第4版】
田村慶子 編著

18 **現代ドイツを知るための62章**【第2版】
浜本隆志、髙橋憲 編著

19 **ウィーン・オーストリアを知るための57章**【第2版】
広瀬佳一、今井顕 編著

20 **ハンガリーを知るための47章** ドナウの宝石
羽場久美子 編著

21 **現代ロシアを知るための60章**【第2版】
下斗米伸夫、島田博 編著

22 **21世紀アメリカ社会を知るための67章**
明石紀雄 監修 赤尾千波、大類久恵、小塩和人、落合明子、川島浩平、高野泰 編

23 **スペインを知るための60章**
野々山真輝帆 著

24 **キューバを知るための52章**
後藤政子、樋口聡 編著

25 **カナダを知るための60章**
綾部恒雄、飯野正子 編著

26 **中央アジアを知るための60章**【第2版】
宇山智彦 編著

27 **チェコとスロヴァキアを知るための56章**【第2版】
薩摩秀登 編著

28 **現代ドイツの社会・文化を知るための48章**
田村光彰、村上和光、岩淵正明 編著

29 **インドを知るための50章**
重松伸司、三田昌彦 編著

30 **タイを知るための72章**【第2版】
綾部真雄 編著

エリア・スタディーズ

31 **パキスタンを知るための60章**
広瀬崇子、山根聡、小田尚也 編著

32 **バングラデシュを知るための60章【第2版】**
大橋正明、村山真弓 編著

33 **イギリスを知るための65章【第2版】**
近藤久雄、細川祐子、阿部美春 編著

34 **現代台湾を知るための60章【第2版】**
亜洲奈みづほ 著

35 **ペルーを知るための66章【第2版】**
細谷広美 編著

36 **マラウィを知るための45章【第2版】**
栗田和明 著

37 **コスタリカを知るための55章**
国本伊代 編著

38 **チベットを知るための50章**
石濱裕美子 編著

39 **現代ベトナムを知るための60章【第2版】**
今井昭夫、岩井美佐紀 編著

40 **インドネシアを知るための50章**
村井吉敬、佐伯奈津子 編著

41 **エルサルバドル、ホンジュラス、ニカラグアを知るための45章**
田中高 編著

42 **パナマを知るための55章**
国本伊代、小林志郎、小澤卓也 著

43 **イランを知るための65章**
岡田恵美子、北原圭一、鈴木珠里 編著

44 **アイルランドを知るための70章【第2版】**
海老島均、山下理恵子 編著

45 **メキシコを知るための60章**
吉田栄人 編著

46 **中国の暮らしと文化を知るための40章**
東洋文化研究会 編

47 **現代ブータンを知るための60章**
平山修一 著

48 **バルカンを知るための66章【第2版】**
柴宜弘 編著

49 **現代イタリアを知るための44章**
村上義和 編著

50 **アルゼンチンを知るための54章**
アルベルト松本 著

51 **ミクロネシアを知るための60章【第2版】**
印東道子 編著

52 **アメリカのヒスパニック＝ラティーノ社会を知るための55章**
大泉光一、牛島万 編著

53 **北朝鮮を知るための51章**
石坂浩一 編著

54 **ボリビアを知るための73章【第2版】**
真鍋周三 編著

55 **コーカサスを知るための60章**
北川誠一、前田弘毅、廣瀬陽子、吉村貴之 編著

56 **カンボジアを知るための62章【第2版】**
上田広美、岡田知子 編著

57 **エクアドルを知るための60章【第2版】**
新木秀和 編著

58 **タンザニアを知るための60章【第2版】**
栗田和明、根本利通 編著

59 **リビアを知るための60章**
塩尻和子 著

60 **東ティモールを知るための50章**
山田満 編著

エリア・スタディーズ

61 グアテマラを知るための65章　桜井三枝子 編著

62 オランダを知るための60章　長坂寿久 著

63 モロッコを知るための65章　私市正年、佐藤健太郎 編著

64 サウジアラビアを知るための63章【第2版】　中村覚 編著

65 韓国の歴史を知るための66章　金両基 編著

66 ルーマニアを知るための60章　六鹿茂夫 編著

67 現代インドを知るための60章　広瀬崇子、近藤正規、井上恭子、南埜猛 編著

68 エチオピアを知るための50章　岡倉登志 編著

69 フィンランドを知るための44章　百瀬宏、石野裕子 編著

70 ニュージーランドを知るための63章　青柳まちこ 編著

71 ベルギーを知るための52章　小川秀樹 編著

72 ケベックを知るための54章　小畑精和、竹中豊 編著

73 アルジェリアを知るための62章　私市正年 編著

74 アルメニアを知るための65章　中島偉晴、メラニア・バグダサリヤン 編著

75 スウェーデンを知るための60章　村井誠人 編著

76 デンマークを知るための68章　村井誠人 編著

77 最新ドイツ事情を知るための50章　浜本隆志、柳原初樹 著

78 セネガルとカーボベルデを知るための60章　小川了 編著

79 南アフリカを知るための60章　峯陽一 編著

80 エルサルバドルを知るための55章　細野昭雄、田中高 編著

81 チュニジアを知るための60章　鷹木恵子 編著

82 南太平洋を知るための58章　メラネシア ポリネシア　吉岡政德、石森大知 編著

83 現代カナダを知るための57章　飯野正子、竹中豊 編著

84 現代フランス社会を知るための62章　三浦信孝、西山教行 編著

85 ラオスを知るための60章　菊池陽子、鈴木玲子、阿部健一 編著

86 パラグアイを知るための50章　田島久歳、武田和久 編著

87 中国の歴史を知るための60章　並木頼壽、杉山文彦 編著

88 スペインのガリシアを知るための50章　坂東省次、桑原真夫、浅香武和 編著

89 アラブ首長国連邦（UAE）を知るための60章　細井長 編著

90 コロンビアを知るための60章　二村久則 編著

エリア・スタディーズ

91 **現代メキシコを知るための60章**
国本伊代 編著

92 **ガーナを知るための47章**
高根務、山田肖子 編著

93 **ウガンダを知るための53章**
吉田昌夫、白石壮一郎 編著

94 **ケルトを旅する52章** イギリス・アイルランド
永田喜文 著

95 **トルコを知るための53章**
大村幸弘、永田雄三、内藤正典 編著

96 **イタリアを旅する24章**
内田俊秀 編著

97 **大統領選からアメリカを知るための57章**
越智道雄 著

98 **現代バスクを知るための50章**
萩尾生、吉田浩美 編著

99 **ボツワナを知るための52章**
池谷和信 編著

100 **ロンドンを旅する60章**
川成洋、石原孝哉 編著

101 **ケニアを知るための55章**
松田素二、津田みわ 編著

102 **ニューヨークからアメリカを知るための76章**
越智道雄 著

103 **カリフォルニアからアメリカを知るための54章**
越智道雄 著

104 **イスラエルを知るための60章**
立山良司 編著

105 **グアム・サイパン・マリアナ諸島を知るための54章**
中山京子 編著

106 **中国のムスリムを知るための60章**
中国ムスリム研究会 編

107 **現代エジプトを知るための60章**
鈴木恵美 編著

108 **カーストから現代インドを知るための30章**
金基淑 編著

109 **カナダを旅する37章**
飯野正子、竹中豊 編著

110 **アンダルシアを知るための53章**
立石博高、塩見千加子 編著

111 **エストニアを知るための59章**
小森宏美 編著

112 **韓国の暮らしと文化を知るための70章**
舘野晳 編著

113 **現代インドネシアを知るための60章**
村井吉敬、佐伯奈津子、間瀬朋子 編著

114 **ハワイを知るための60章**
山本真鳥、山田亨 編著

115 **現代イラクを知るための60章**
酒井啓子、吉岡明子、山尾大 編著

116 **現代スペインを知るための60章**
坂東省次 編著

117 **スリランカを知るための58章**
杉本良男、高桑史子、鈴木晋介 編著

118 **マダガスカルを知るための62章**
飯田卓、深澤秀夫、森山工 編著

119 **新時代アメリカ社会を知るための60章**
明石紀雄 監修 大類久恵、落合明子、赤尾千波 編著

120 **現代アラブを知るための56章**
松本弘 編著

エリア・スタディーズ

121 クロアチアを知るための60章　柴宜弘、石田信一 編著

122 ドミニカ共和国を知るための60章　国本伊代 編著

123 シリア・レバノンを知るための64章　黒木英充 編著

124 EU（欧州連合）を知るための63章　羽場久美子 編著

125 ミャンマーを知るための60章　田村克己、松田正彦 編著

126 カタルーニャを知るための50章　立石博高、奥野良知 編著

127 ホンジュラスを知るための60章　桜井三枝子、中原篤史 編著

128 スイスを知るための60章　スイス文学研究会 編

129 東南アジアを知るための50章　今井昭夫 編集代表　東京外国語大学東南アジア課程 編

130 メソアメリカを知るための58章　井上幸孝 編著

131 カマドリードとカスティーリャを知るための60章　川成洋、下山静香 編著

132 ノルウェーを知るための60章　大島美穂、岡本健志 編著

133 現代モンゴルを知るための50章　小長谷有紀、前川愛 編著

134 カザフスタンを知るための60章　宇山智彦、藤本透子 編著

135 内モンゴルを知るための60章　ボルジギン・ブレンサイン 編著　赤坂恒明 編集協力

136 スコットランドを知るための65章　木村正俊 編著

137 セルビアを知るための60章　柴宜弘、山崎信一 編著

138 マリを知るための58章　竹沢尚一郎 編著

139 ASEANを知るための50章　黒柳米司、金子芳樹、吉野文雄 編著

140 アイスランド・グリーンランド・北極を知るための65章　小澤実、中丸禎子、高橋美野梨 編著

141 ナミビアを知るための53章　水野一晴、永原陽子 編著

142 香港を知るための60章　吉川雅之、倉田徹 編著

143 タスマニアを旅する60章　宮本忠 著

144 パレスチナを知るための60章　臼杵陽、鈴木啓之 編著

145 ラトヴィアを知るための47章　志摩園子 編著

146 ニカラグアを知るための55章　田中高 編著

147 台湾を知るための60章　赤松美和子、若松大祐 編著

148 テュルクを知るための61章　小松久男 編著

——以下続刊

◎各巻2000円
（一部1800円）

〈価格は本体価格です〉